灼見

疫情後全球局勢預測

下一個十年，操控未來的關鍵賽局

博碩文化

Kevin Chen
（陳根） 著

掌握世界脈動的25道課題

解讀全球議題，挑戰創新科技，翻轉數位時代，重塑社會價值；
一本書看懂世界的危機與轉機。

本書如有破損或裝訂錯誤，請寄回本公司更換

作　　者：Kevin Chen（陳根）
責任編輯：何芃穎

董 事 長：陳來勝
總 編 輯：陳錦輝

出　　版：博碩文化股份有限公司
地　　址：221 新北市汐止區新台五路一段 112 號 10 樓 A 棟
　　　　　電話 (02) 2696-2869　傳真 (02) 2696-2867

發　　行：博碩文化股份有限公司
郵撥帳號：17484299　戶名：博碩文化股份有限公司
博碩網站：http://www.drmaster.com.tw
讀者服務信箱：dr26962869@gmail.com
訂購服務專線：(02) 2696-2869 分機 238、519
（週一至週五 09:30 ～ 12:00；13:30 ～ 17:00）

版　　次：2023 年 2 月初版一刷

建議零售價：新台幣 500 元
I S B N：978-626-333-395-6
律師顧問：鳴權法律事務所 陳曉鳴律師

國家圖書館出版品預行編目資料

灼見：疫情後全球局勢預測：下一個十年，操控未來
的關鍵賽局 / Kevin Chen（陳根）著 . -- 初版 . -- 新北
市：博碩文化股份有限公司，2023.02
　面；　公分

ISBN 978-626-333-395-6（平裝）

1.CST: 未來社會 2.CST: 資訊科技 3.CST: 趨勢研究

541.49　　　　　　　　　　　　　　　112000834

Printed in Taiwan

博碩粉絲團　歡迎團體訂購，另有優惠，請洽服務專線
(02) 2696-2869 分機 238、519

　　當我寫完這本書之後，我卻愈發感到憂傷。憂傷於自身認知的局限，憂傷於自身在時代潮流中的渺小。儘管我在自己的認知範圍內盡可能對一些領域進行預測，但我所能預測的範圍非常有限。由於時間倉促，還有很多領域沒有預測，但那些預測在我看來並不是最重要的。我認為最重要的，是真正意義上決定著本世紀對人類社會帶來顛覆性改變的技術，腦機介面技術。

　　如果 2050 年腦機介面技術能夠獲得全面的突破，實現真正的人機混合，也就是人類的大腦意識能與電腦融合，並實現意識的「永生」，這意味著人類當前所思考、探索、研究的諸多問題將會獲得 N 倍級的提速。

　　一方面是，現今人類社會一些最偉大的科學家或者企業領導者，他們的研究工作與戰略思考將不會因為生理軀體的限制而終止其思考，反而會因為電腦資訊的融入使得他們所思考的事情能夠借助於電腦技術無時限地繼續處理；另外一方面則是因為人機混合的發生，這些人類社會最具有探索、思考能力的大腦將可以「永續」思考、「永續」工作、「永續」探索下去，不會因為軀體死亡的到來而終結；更重要的是，人機混合之後，所有跨學科最優秀的大腦們得以藉由電腦連結成一個 TEM，利用電腦的強大運算能力不斷進行交叉融合與試錯，並且不斷地連結各大實驗室進行實驗，就能大幅提升宇宙探索的成功機率。

而一旦人類對宇宙的認識包括時空穿梭有了確切的認知，就意味著我們目前的生存方式都將會發生劇烈變化，包括人類的壽命也會大幅提高。我們的能源也將從當前的地球能源依賴轉向於開採太空暗物質的能量，包括探索反物質的實現，將徹底改變人類社會的能源方式與戰爭方式。我們已知宇宙中最大的能量釋放是反物質湮滅，反物質在和正物質相遇就會互相湮滅並且全部轉化成了能量，反物質的能量極大，鈾裂變和氫聚變也只有它的 1 到 2％左右；只需要 30 克反物質，裡面的能量便可進行 60 次太空梭發射；只需要不到 5 克反物質，就可以輕易地將一座中型城市毀滅掉。而當前我們受制於各種因素，在反物質研究、時空穿梭以及外太空研究上，遲遲未能獲得進展。

　　但腦機混合技術的實現，將會大大加速這些未解之謎的求解速度。當人類社會的能源與能量體系再一次發生改變的時候，人類社會的一切生存生活方式都將發生顛覆性的改變，人類將會真正從地球村走向宇宙村。而這就是為什麼在我看來，當前所有的預測對於我自己而言都不具有震撼性，唯一真正能帶給我震撼的，就是腦機介面技術實現與應用的那一天。

陳根

2021 年 12 月 16 日，於香港

得益於有效的治療手段、疫苗以及群體免疫力，人們逐漸走出了對新冠疫情的恐懼。就算新冠病毒無法徹底根除，人們也終於在與新冠病毒抗爭的三年裡，掌握了足夠多與病毒長期共存的經驗。

一方面，新冠疫情以一種猝不及防的姿態打碎了曾經直線型、平滑、可預測的社會，在某種意義上成為改寫或重塑人類歷史進程的「黑天鵝」事件，引發了現代史上空前的全球性危機，全世界乃至每一個人都因此陷入了幾十年來未曾有過的艱難境地。

新冠疫情造成了全球好幾億人感染、數百萬人死亡，大幅衝擊了當今時代的政治經濟格局。疫情期間，全球供應鏈受到嚴重衝擊，進一步加劇全球經濟陷入長期衰退的可能性，這種經濟上的危機又蔓延至政治領域，導致地緣局勢衝突、部分國家社會撕裂、政壇巨震事件增多等現象；本應在疫情中發揮全球治理作用的聯合國、世界衛生組織等，卻在在對抗新冠肺炎疫情的過程中更加曝露其不足；提升國際治理能力水準，成為後疫情時代亟需解決的重大課題。

另一方面，新冠疫情也提供了千載難逢的變革機遇。正如英國前首相邱吉爾所言：「永遠不要浪費一場危機。」歷史表明，危機期間做出的種種選擇可以塑造未來幾十年的世界格局。1944 年 7 月，各國領導人在布列敦森林制度上設計戰後世界時，二戰尚未結束，但吸取了一戰後錯失良機的教訓，他們明白重心必須從結束戰爭轉向奠定新基礎，從而迎來戰後全球經濟高速成長的「黃金三十年」。

新冠疫情雖然造成全球供需雙弱的獨特蕭條場景，卻也加速了全球經濟的艱難蛻變，為原本舉步維艱的數位轉型褪去沉重的桎梏，形成長期趨勢，數位化進程將為人們的生活和工作帶來更多數位化場景。疫情推動全球資訊技術進入全面滲透、加速創新、引領發展的新階段，也推動了網路化、資訊化與智慧化深度融合的第四次工業革命加速到來；疫情也讓一連串全球性風險日益突顯，包括氣候暖化、貧富分化、抗生素耐藥性危機、倫理挑戰等，使人類不得不正視它們、攜手合作共同應對。

新的世界正在興起，但新的藍圖我們尚未建立。真相是，這場大流行持續的時間愈長，情況就愈清晰：疫情不是暫時的干擾，許多曾經擁有的生活狀態並不會恢復正常。2020 年以前的世界已成為歷史，幾十年前那個即使並不完美但也似乎始終開放的樂觀時代，已經在這場疫情中消失。當前，疫情意料之外的快速變化依然層出不窮，引發第二波、第三波、第四波乃至更多，帶來連鎖反應以及難以預料的影響。僅從疫情角度來看，除了結束新冠疫情遙遙無期，隨著環境風險惡化，人們隨時有可能面臨下一場全球性的傳染病毒。

對疫情的厭倦並不是幫助人們走向新時代的最好情緒，習慣並且調整才是，而在未來面對各種不確定的風險或機會時，我們至少應該有所依據。本書正是立基於此——本書撰寫於疫情持續的三年裡，涉及主題包羅萬象，跨越政治、經濟、科技、倫理等領域，結合了疫情期間的諸多議題進行探討，並提出後疫情時代世界的預測，嘗試明確地闡述未來可能發生的變化，在「百年未有之大變局」的不確定中，找到確定的線索，以建立一個能幫助我們確認態度、生活和理想的框架。而這些簡單的確認，恰恰是一個人在不確定的世界裡能夠找到立場的基礎。

唯一不變的，是變化本身。客觀世界普遍存在著不確定性，縱觀人類歷史，全球不確定性事件其實是一種常態，它們在歷史上不斷出現，從黑死病到兩次世界大戰，歷史的走向不斷被這些意外改變，不確定性甚至比確定性更為基本。要準確描繪出疫情後的世界將如何重構為時甚早，但本書依然希望提供概念嚴謹、連貫一致的內容，引領讀者在當前繁雜的資訊中梳理出重新認識世界的線索，並盡可能對後疫情時代的社會、技術發展及相關領域做出預測。

陳根

2022 年 2 月 11 於香港

目錄

第 **1** 章　神祕的微觀世界

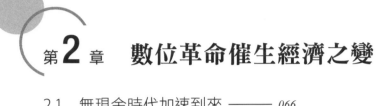

第 **2** 章　**數位革命催生經濟之變**

第 **3** 章　國際競合再升級

第**4**章　科技賦能未來社會

第 **5** 章　大健康時代加速到來

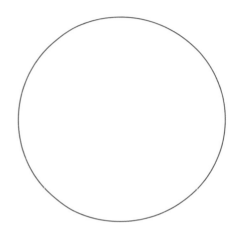

第 **6** 章　倫理價值問與思

後記

參考文獻

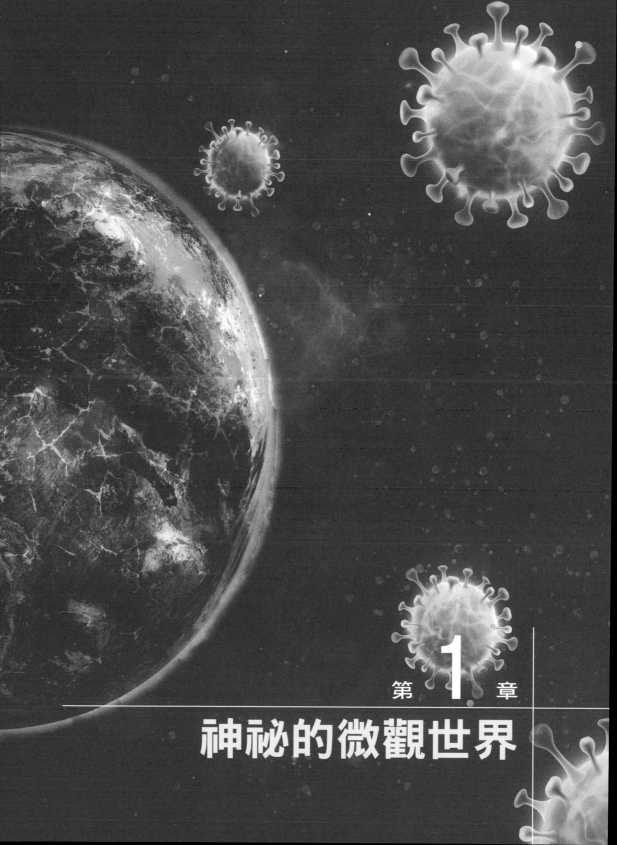

第 **1** 章

神祕的微觀世界

自新冠肺炎疫情全球大流行以來，它就成為了影響全球經濟走勢、國際政治等最重要的變數，使得國際經濟環境面臨「百年未有之大變局」。幾乎可以肯定的是，新冠疫情如同歷史上的任何一次瘟疫，對人類的社會生產和生活造成深刻影響。但不同的是，這次的新冠疫情對人類的影響會遠大於歷史上任何瘟疫，它是二次世界大戰以來人類社會所面臨最大、最廣、最深的影響與挑戰，影響範圍所及不僅對生活、社會關係、貿易關係、學習方式甚至包括國際政治關係，都帶來了巨大的衝擊與挑戰。儘管新冠疫情造成了供需雙弱、地緣政治震盪的獨特蕭條景況，但從更長遠的歷史視角來看，卻也加速了全球經濟、政治、社會治理的艱辛蛻變過程。

　　疫情曝露了過去全球化的弊端，在不同程度上改變了過去所建立的全球化與全球貿易體系，將促成新的、有限度的全球化；疫情使得全球政局更加波動，全球經濟陷入深度衰退，貿易爭端加劇，地緣緊張局勢升級，政治制度的衝突開始明朗化，激化個別國家內部社會矛盾，給全球政經帶來一場大考。疫情在世界各地都造成了痛苦和經濟損失，進一步加劇了經濟復甦的 K 型特徵，不同層次、不同類別、不同區域、不同人群的兩極分化均持續加劇；疫情的不確定性也讓宗教衝突的可能性加大，用文明對話來代替宗教衝突成為必然選擇。疫情考驗著聯合國的地位和影響，聯合國如何在後疫情時代進一步發揮其領導作用，與世界各國協調溝通來面對全人類的共同挑戰，將會突顯出來浮上檯面成為一個亟待解決的問題。疫情不是對社會暫時的干擾，而是建構一種全然不同的宏觀世界之開始。

1.1　疫情未來——風險、選擇和路徑

地區性爆發也好，全球性感染也好，在疫情的反覆上行裡，人們最常提出的疑問就是：「疫情還有沒有結束的可能？」與其說是提問，不如說是抱怨，人們厭倦了出門就得戴好防護口罩，厭倦了處處受限和隨時可能被中止的旅遊，厭倦了疫情防控下許多不夠人性化的處理方式。一種對於防控疫情的疲勞情緒不斷在蔓延。

當然，對於疫情來說，疲勞情緒是無效的。真相是，這場大流行持續的時間愈長，情況就愈清楚：疫情不是暫時的干擾，人們曾經擁有的生活模式並不會馬上恢復正常。2020 年以前的世界已經成為歷史，幾十年前那個即使並不完美，但也似乎始終開放的樂觀時代已經在這場疫情中消失得無影無蹤。

當前，意料之外的快速變化依然層出不窮，第一波甫結束又引發第二波、第三波、第四波乃至更多後果，帶來連鎖反應以及難以預料的影響。單從疫情角度來看，除了疫情的結束遙遙無期，隨著環境風險加劇，人們隨時有可能面臨下一場破壞力更強的全球性傳染病毒。

可以預見的是，疫苗與特效藥將會成為一種對抗新冠病毒的常態治療方式。這次的新冠病毒會在很長的一段時間內與人類社會共存，而這是人類全球化之後無奈的選擇與妥協。人類社會將不得不以類似於對待流感的方式，定期注射疫苗或服用口服藥來應對新冠病毒，世界各國最終會在致死率相對可控的情況下，被迫接受與病毒共存的方式來重啟國際往來與開放。佩戴口罩，也會是未來一段時間外出與公共活動的標準配置。

但我們不得不正視一個事實，那就是在疫情不能得到根本性控制的情況下，人類不斷接種疫苗與服用口服藥，試圖透過免疫藥物的方式來對抗新冠病毒。而從目前病毒變異的情況來看，與歷史中任何一次大瘟疫都無法相提並論，因為病毒在全球不斷流傳，一直處於不斷進化變異的過程，從 α、β、γ、δ，2021 年上半年的主流病毒變異株 Alpha，到 Beta、Gamma、Delta 再演變成最新的 Lambda，讓我們看到每一次的變異都在朝著感染率更高與傳播率更快更強的方向演變。

　　病毒變異株的產生是病毒自我複製過程中發生突變的結果，從自然界到人類，再從人類到自然界，並且伴隨著疫苗免疫後的病毒變異，這樣周而復始的交替變異，病毒變異已經朝向不可預測的方向發展。病毒為了能夠存活下來，會不斷複製自己，並且根據環境的變化而發生突變、產生變異株。而病毒複製愈多，感染人數愈多，流傳的範圍就愈廣，則發生突變的機率和出現變異的數量自然就愈大。如果人類無法盡速採取有效的截斷病毒流傳行動，那麼病毒在不斷的流傳過程中，其變異株將會導致病毒更容易繁殖、傳播速度更快，並且會在進化過程中對疫苗、藥物產生更強的抵抗力。

　　但從目前的全球抗疫情況來看，分為以中國為首的強力管控動態清零社交隔離模式、以美國為首的西方民主國家自由開放政策、以及非洲等未開發國家的落後衛生保護措施。這三種模式中，最容易給病毒造成變異突變的是未開發國家，因為醫療與衛生條件欠佳，加上醫學知識普遍不足，人與自然、野生動物相處的機會大幅增加，導致病毒在人與自然、野生動物之間相互流傳突變，根本上給了病毒變異並尋找突破的機會。爾後又隨著人員的流動，將病毒帶往西方自由民主國家，進一步擴散到全世界。

疫苗與口服特效藥並不能完全阻止病毒的變異，因為我們無法在強力管控的環境下切斷病毒變異的時間與機會，反而在人類每一次升級的疫苗藥物使用過後，給予病毒新的識別與突變機會、朝著更強的方向突變。因此，面對這場全人類的大浩劫，如若全世界不能協同阻斷病毒的傳播與流轉機會，我們將很難結束這場瘟疫，人類社會只能被迫選擇與病毒妥協，並適應有限度的社交隔離與行動，而我們將在與病毒共存的過程中不斷升級對抗病毒的藥物，被迫接受疫苗藥物的不定期注射與服用。

　　然而，使用這些藥物的後果，或許會在一兩代之後開始出現後遺症。或者說，根據重組技術所開發的藥物對人類潛在的風險目前不得而知，但是再過一兩個世代，這個問題極有可能會爆發出來；如同糖的出現改變了人類的飲食，但隨著時間的推移，肥胖症、高血壓、糖尿病等受糖所影響的疾病開始出現，並成為現代社會常見的疾病。

　　病毒在與人類的鬥爭中不斷變異，有可能變得更強，也有可能變得更弱。但是如果人類不正視自我，團結抗疫、合力對抗病毒，那麼最後的結果就是病毒變得愈來愈強，人類要不斷付出慘痛代價，直到有一天，人類承受不了這個代價，開始醒悟、改變、團結起來，只怕到了那時候上帝給人類的時間視窗已經快關閉了。新冠病毒就是這個世紀的法西斯，如果人類不能團結起來對抗它，期盼回到病毒肆虐地球以前的自由生活狀態恐怕會是一場空；如果全世界不能統一行動，對病毒傳播進行阻斷，我們很難從根本上消滅病毒。若干年後，我們只會回憶過去自由呼吸的美好歲月，也會想起這段時間以來某些人自私的放縱，肆意傳播病毒，讓病毒升級變異的齷齪時光。

永無止境的新冠疫情

就疫情的走向來看，許多研究報告已經給出了足夠多的證據分析疫情未來的可能方向。其中，基本傳染數（basic reproduction number, R0）、疫苗接種效力和抗原微變（antigenic）是最為直觀和科學的力證。

R0，即一個病人平均傳染的人數。R0 的估計數值與傳染病的傳播有直接聯繫：當 R0 大於 1 的時候，傳染病會迅速傳播開來變成流行病，如果不防控就會呈指數增長；R0 等於 1 的時候，傳染病是可控的地方性流行病，與人群長期共存；只有 R0 小於 1 的時候，傳染病才會因為無法傳播開來而逐漸消失。

新冠病毒的 R0 隨著新冠病毒的傳播和研究的深入也發生了改變。在疫情最開始爆發之時，研究人員估計，新冠病毒的 R0 值介於 2 到 2.5 之間，這意味著在沒有防控措施的情況下，每一名感染者平均約傳染給兩個人。然而研究人員發現，幾經突變的 Delta 變種 R0 卻高達 5 到 6 之間，是之前所認為的兩到三倍。也就是說，在其他條件相同的情況下，Delta 病毒會帶來更多的病毒傳播。

通常來說，傳染病消失所需的綜合疫苗功效和群體免疫的閾值計算為 1－1/R0。在 R0=2 時，此閾值僅為 50%。R0=5 時，想要徹底消滅病毒就需要做到讓 80% 的人擁有免疫力。但是，不論是從疫苗接種效力還是抗原微變的角度來看，讓全世界 80% 的人擁有免疫力並不是一件容易的事。

儘管新冠疫苗是目前人們對抗新冠肺炎的最有利武器之一，但是隨著變異株不斷出現，新冠病毒似乎已經在一定程度上突破了疫苗防線。從目前全球的感染情況來看，因 Delta 變異株感染的確診病例中，部分感染者早已接種過疫苗。

2021 年初，美國加州拉霍亞免疫學研究所（La Jolla Institute for Immunology）發表研究報告，聲稱新冠病毒感染者痊癒後自體免疫力能維持至少六個月，而英格蘭公共衛生署（Public Health England, PHE）的發現則是至少五個月。疫苗提供的免疫力和感染後自然產生的免疫力大致相同，但持續時間會因個人體質和健康狀況不同，可維持的時間有長有短。

但不論如何，可以確定的是，疫苗的保護效力並非是百分之百的，而且抗體有效性會隨著時間增加而衰退。事實上，就目前已經上市的疫苗來說，其免疫效力大多可持續 6 ～ 12 個月，但也取決於每個人個別情況以及疫苗的種類。

抗原微變，指基因突變導致抗原的小幅度變異。這種個別變異不同於流感的病毒重組，不會產生新的亞型，屬於量變，沒有質的變化，多引起中小規模的流行，不會對病毒流行產生大範圍影響。但如果抗原微變不斷累積，且累積的速率不斷增加，那麼自然就會篩選出傳播性更強的病毒。

具體來說，新冠病毒剛從動物跨界侵襲人類時，還不太適應人體。現在再來回顧疫情爆發初期，病毒也是疫情爆發以來最弱的病毒。但是，隨著病毒的進化，現在人們已經可以看到刺突蛋白的 S1 區域發生了快速的適應性突變，這也讓新冠病毒進攻人體更加地駕輕就熟。

以 Delta 病毒為例，從 2020 年末首次在印度出現到現在，Delta 病毒株已經成為世界大部分地區的主要流行株。Delta 病毒株不僅與尼泊爾、東南亞等地的新冠疫情反彈有關，在英國和美國的傳播更讓人們清楚看到了它有多危險，其傳播力比 2020 年末在英國發現傳染性極高的 Alpha 病毒株還要高出 60%。

最糟糕的變異病毒

2021 年 11 月 26 日，世界衛生組織（WHO）在召開關於在南非新近出現的新冠病毒變異株 B.1.1.529 緊急會議後向全世界拉響警報：一個新冠病毒新變異株正在世界各地傳播，各國亟需提高警惕，採取應對措施。世界衛生組織表示，新的變異株「令人擔憂」，同時宣布將其命名為「Omicron」——希臘字母表第 15 個字母。

2021 年 11 月 26 日，南非在週四新增確診病例 2,465 例，是前一天的兩倍，是兩周前的六倍以上。在短短兩周內，B.1.1.529 變種病毒已經取代了 Delta 變異株，成為南非新增確診病例中主要流行的變種，占新增總數的 75% 以上。

當晚，世界衛生組織召開了關於在南非新近出現的新冠病毒變異株 B.1.1.529 緊急會議，跳過了一般程序的中間階段，迅速將新的變異株認定為「高關注的變種」（variants of concern, VOC）——這是世界衛生組織關於變種嚴重程度的最高級別認定。

根據全球新冠病毒的變異是否增強了傳播性、毒性等，世界衛生組織對新冠病毒突變株做了分類，包括：高關注的變種（VOC）、值得關注的變種（variant of interest, VOI），以及需要進一步監測的變種。其中，高關注的變種（VOC）也是變種嚴重程度最高級別的病毒變異株。

而在我寫完這本書的時候，Omicron 已經被認為是迄今最兇猛的新冠病毒變異株，當然後續可能會有更多的變種病毒出現。Omicron 的突變之多、突變位點之重要，遠超過當前已經知道的幾點 VOC 病毒。

新冠病毒與 SARS-CoV 和 MERS-CoV 同為 β- 冠狀病毒屬，是感染人的第七種冠狀病毒，主要結構蛋白包括 S 蛋白（棘突）、E 蛋白（包膜）、M 蛋白（跨膜）和 N 蛋白（核衣殼），而在新冠病毒的四種結構蛋白中，S 蛋白上的突變位點最多，也最關鍵。

這是因為 S 蛋白是新冠病毒與人體結合而發生感染的關鍵蛋白，S 蛋白上的受體結合域（receptor binding domain, RBD），也是與人體細胞受體結合的重要區域。新冠病毒主要就是透過 S 蛋白上的 RBD 與宿主細胞表面 ACE2 受體結合感染宿主細胞，這也讓 S 蛋白成為絕大多數新冠疫苗發揮保護效力的標靶蛋白。

Omicron，即突變株，顧名思義，B.1.1.529 變種來自於 B.1.1 譜系，和 Alpha（B.1.1.7）屬於同一譜系。根據《Nature》報導，該突變 S 蛋白有 32 個突變，是目前突變株中 S 蛋白突變最多的，此突變數量相當於目前全球流行的 Delta 病毒兩倍之多。同時，Omicron 與 Delta 和 Alpha 變異株有多處重疊。

再進一步放大到受體結合域（RBD），RBD 是病毒首次接觸人體細胞的部分，在 B.1.1.529 的 RBD 上，研究發現了 10 個突變，是 RBD 突變最多的突變株，而橫掃全球的 Delta 變種只有兩個。刺突蛋白的突變會影響病毒感染細胞和傳播的能力，使得免疫細胞難以攻擊病原體。現在，大多數疫苗都還是依靠刺突蛋白來啟動免疫細胞抵抗新冠病毒的，這意味著 Omicron 擁有的感染能力和傳播能力可能遠遠大於 Delta。

此外，Omicron 的 furin 切割位點附近還有 H655Y、N679K 以及 P681H 突變，其中，furin 切割位點位於新冠病毒測出 S 蛋白的 S1 亞基與 S2 亞基中間連接處，也就是說透過 furin 把 S1S2 亞基從中間切開之後，S2 就可以發揮它能夠幫助病毒進入人體肺細胞的能力和水準。也就是說，酶切位點發生突變，會大幅增強病毒的感染性。

並且，Omicron 的 N 蛋白還具有 R203K/G204R 突變，根據此前 Cell 發表的研究，研究人員透過計算生物學分析發現，R203K/G204R 病毒具有高適應性，而透過病毒進化分析進一步發現，R203K/G204R 與高傳染性 SARS-CoV-2 譜系 B.1.1.7（Alph 突變株）的出現有關。簡單來說，203K/204R 突變有助於增加特定 SARS-CoV-2 突變株的傳播和病毒力。

流行病學家 Eric Feigl-Ding 援引流行疾病建模專家 JP Weiland 的預測，這種變種病毒相較於其他變種病毒可能有超過 500% 的感染率。當然，關於 Omicron 最重要的兩個流行病學特徵──傳播能力和免疫逃逸能力，目前還沒有 B.1.1.529 的具體資料，仍待科學鑒定以及資料公布。

顯然，在現代醫學發達、人類資訊化的今天，病毒雖一直處於不斷變異的狀態，但我們不應也不能讓疫情始終如大火般散播。實際上，當前人們做的全部努力，不論是有限度的國際通行限制或是新冠疫苗與特效藥的研發等，正是為了遏制疫情蔓延，盡可能降低疫情帶來的傷害。遺憾的是，層出不窮的新型變種病毒對人類社會現有的治理體系形成了重大挑戰，包括世界衛生組織在內的國際組織在這次的大疫情面前，組織領導力與公信力皆大受質疑，如果不盡快加以改革，重新樹立其專業性與領導力來適應新形勢，提升有效應對重大公共衛生危機的快速反應與迅速解決的能力，這些組織日後很可能難以穩健領導世界各國有效抗疫。

「動態清零」和「與病毒共存」

就目前來看，疫情的走向幾乎只剩下「接受新冠病毒成為一種新常態」這個選項最有可能發生。當然，面對新冠病毒成為新常態的客

觀現實，不同國家則做出了不同的選擇：一種是以中國為代表的「動態清零」，一種是在西方國家流行的「與病毒共存」。

動態清零，可以說是全世界防控新冠疫情中最嚴苛的政策，即第一時間隔離傳染源及全部密切接觸者，採取持續性的零感染、零傳播政策。這種「零傳播政策」在中國的疫情防控初期顯著地與其他國家拉開一大段距離。根據紐約時報官網顯示：2020 年 3 月，各國每日確診增長案例幾萬甚至十幾萬時，中國已經首次將新增確診人數成功控制在 100 以內。這不僅是一個數字，將近 100 ～ 10,000 倍的差距背後證實了「零傳播政策」的有效性。

更好的流行病管理也帶來了更好的經濟成績，與其他國家和地區相比，中國是唯一公布第二季度國內生產毛額（GDP）高於 2019 年底的國家，越南、韓國和中國香港緊隨在後。中國的成功讓澳洲、紐西蘭和新加坡等亞太地區國家也效仿中國類似的「清零」政策實施封城，直至病毒完全停止傳播為止。

然而，隨著新冠病毒變異株出現，尤其是 Delta 病毒的出現，中國的「動態清零」政策受到了愈來愈多的質疑。有觀點認為，新型 Delta 變異株所帶來的社會經濟和公共衛生成本可能過高，甚至遠超過防控所帶來的收益。但要知道，在流行病散播的社會裡沒有贏家，收益就是誰損失的更少。就當時來看，中國採取這樣的應對政策是可行的。

正如中國工程院院士鐘南山所說：「由於中國對世界重新開放，新冠疫情小規模爆發的出現實屬必然，但靠中國強力監管疫情的政策，包括立即確定零號病原、傳染鏈及密切接觸者，甚至進行地方性全員檢測，此類小爆發性疫情短時間內即可得到控制。」幾次小範圍的局部疫情也已經證明了這一點。

「與病毒共存」是完全不同於「動態清零」的防疫政策，即採用疫苗接種來抵抗新冠病毒，同時放寬社交距離限制。與病毒共存是絕大部分國家的主動或被迫選擇，而兩種路徑優劣分明，高下立判。

　　以美國為例，美國 CDC 疾病控制與預防中心規定，患者需根據自己症狀自行預約 COVID 檢測，若呈陽性，則需居家自我隔離 14天或直至無症狀，隔離過後 5 ～ 7 天再次檢測呈陰性後便可繼續回到工作崗位。但在患者進行自我隔離時，這又增加了患者家屬的接觸風險，導致後期成本嚴重增加。

　　美國內布拉斯加州一名妻子進行居家自我隔離，丈夫不得不停止工作來照顧家中三個學齡前兒童，而因為小孩並未測出陽性，他們還可以每天往返幼稚園，且無需佩戴口罩。這種發現病毒卻縱容的態度，最終會使得更多的家庭遭受感染。

　　截 至 2021 年 12 月 16 日，美 國 已 有 10,124,028 人 確 診，823,390 人死亡，累計確診數 51,290,979。而英國的死亡率高過美國。部分亞洲國家如新加坡早前也加入「與病毒共存」的行列，但結果不出所料，引起了不小的混亂。

　　具體來看，在開放共存之前，新加坡主要是 2020 年初外來勞工宿舍疫情，最高峰時每日確診數一千例左右，本地傳播一直較少，且在 2020 年 8 月即基本消退。外向經濟模式下，新加坡開放衝動遠大於中國內地。在疫苗接種率高、醫療儲備充沛情況下，新加坡於今年 6 月下旬宣布從新冠「共存」政策的新常態。彼時，新加坡政府參考疫苗保護水準，樂觀預期後續每日確診病例也就數百例，生活可正常。然而，天不遂人願，每日確診數、住院數、ICU 人數、死亡人數都出現了大幅躍升。

2021 年 9 月以來，社區傳播病例數即突破前期高點一千例，快速攀升至三四千例，最高峰在 10 月 23 日突破了 5,300 例每日確診病例。需要注意的是，該數字是在新加坡放棄追蹤每一位確診患者後的記錄數字，一般輕症可自行服藥、居家隔離不需報告，因此實際上社區輕症患者人數可能更為驚人。

普通病房的住院患者數量相對可以更準確反映疫情狀態。從 7 月不足百例住院患者，到 10 月份已經飆升至 1,500 例以上。9 月份以來，重症處於 ICU 病房的新冠確診患者也逐漸升高。自 10 月份中旬，新加坡因新冠原因住進 ICU 重症監護室人數維持在 70 人左右。實際上，還有 60 名左右的新冠確診患者因情況不穩定也住進 ICU 重症監護室中。也就是說，當時新加坡全國 400 個重症監護室有三分之一是在為新冠確診患者服務。

死亡病例也在當時近一個月內處於激增狀態。9 月 30 日，新加坡累計因新冠病毒而死亡的患者只有 95 人、尚不足百人。10 月份以來短短 40 多天，死亡數快速攀升，截止 11 月 13 日已經有 576 例確診者死亡，依照 ICU 病例數判斷，死亡案例數還會再繼續攀升一段時間。

截至 2021 年 11 月 13 日新加坡新冠疫情統計：有 2.4 萬例確診者，ICU 共 72 例，住院者 1,502 例，2.3 萬人在隔離，累計死亡 576 例。與「病毒共存」的失敗可見一斑。

在被疫情重塑的社會裡生活

和新冠病毒共存，意味著將新冠病毒當作一種常見的流行病常態化處理，「防」和「治」都是不可缺少的環節。從防控來看，接種疫

苗與開發疫苗依然是最有效的途徑；而從治療來看，新冠疫苗口服特效藥的研發則勢在必行。

對於接種疫苗來說，儘管疫苗不能提供百分之百的保護，但對於新冠病毒的變異株，各類疫苗依然展現出了高保護性。

2021 年 7 月中旬，《新英格蘭醫學期刊》（NEJM）發表了來自英國公共衛生部的最新研究，該研究包含四千多例 Delta 突變株感染病例的大規模病例對照和病毒測序分析表明，兩劑新冠疫苗對預防 Delta 突變株有症狀感染的保護力可高達 88.0%。相較於當地之前廣泛流行的 Alpha 突變株，兩劑疫苗帶來的保護力降幅並不大。

需要提醒的是，疫苗接種需注意其接種的完整性。在接種一劑 BNT162b2 疫苗的情況下，對 Delta 突變株有症狀感染的預防效果（30.7%）明顯低於對 Alpha 突變株的效果（48.7%）。同樣的，在只接種一劑時，預防 Alpha 和 Delta 突變株有症狀感染的有效性分別為 48.7% 和 30.0%，保護效果差距更明顯。

當然，面對全新的病毒，研究人員正展開多種不同類型的候選疫苗研發工作，以增加找到有效對抗病毒的機會。在科學界不斷攻關的背景下，截止 2021 年 7 月，國際上已有二十種肌肉注射的新冠病毒疫苗獲得批准使用，與此同時，吸入式疫苗和口服式疫苗的研究還在不斷突破，可望為疫苗接種帶來新的選擇。

對於治療新冠病毒感染來說，一開始，人們認為新冠肺炎屬於「自限性疾病」，如同 2002 年的 SARS 病毒一樣，並沒有定向殺滅病毒的藥，本質上依靠人體的免疫系統得以自癒。但隨著對新冠病毒深入瞭解，一系列針對該病毒的特效藥也開始進入人們的視野。

尋找新冠特效藥主要有兩條路徑：以抗體類為主的生物大分子藥物，以及可抑制病毒侵入、複製等環節的小分子化合物藥物。相對來說，目前生物大分子藥物研發進展較快，主要為抗體類，包括單藥使用的單複製抗體和聯合使用的「抗體雞尾酒療法」。抗體類藥物已在美國、英國、日本等國陸續獲得批准上市或緊急使用授權，用於新冠治療。

相較於大分子生物藥物，小分子藥物在治療方面具有獨特的優勢：其作用靶點可分布在細胞內或細胞外，而大分子生物藥一般只能作用在細胞表面；大多數小分子藥物可以口服給藥，而正常情況下大分子生物藥只能注射給藥；小分子藥物製備工藝相對簡單成熟，產量遠遠高於大分子生物藥，成本也較大分子低；小分子藥物儲存、運輸環境條件要求也較低，方便儲存或運輸。

不過當前小分子生物藥主要還是「老藥新用」，例如羥氯奎寧和瑞德西韋，唯一獲得的新藥則是美國跨國藥廠默沙東的 molnupiravir（MK-4482、EIDD-2801）口服抗病毒藥。2021 年的 11 月 4 日，molnupiravir 獲得英國藥物及保健產品管理局（MHRA）批准上市，用於治療輕度至中度感染 COVID-19 的成人患者。

在 molnupiravir 獲准上市之時，另一邊美國輝瑞公司也於 2021 年的 11 月 5 日在其官網宣布，與安慰劑相比，其新冠口服藥物 Paxlovid 在感染新冠病毒受試者出現症狀後的三天內服用，能將輕度和中度成年患者的住院或死亡率降低 89%。

可以預見，人類社會很難再恢復到疫情以前的那種全球自由流動狀態，按照目前的情況來看，我們將在病毒變異升級與疫苗藥物升級的迴圈中被迫接受這樣的常態。透過「疫苗加藥」做到預防與治療結合對控制疫情意義重大，而這無疑也是未來全球與病毒共存的最佳策略。

第 1 章　神祕的微觀世界

下一次大流行病

很顯然，新冠疫情打破了人們曾經習以為常的直線、可預測社會，引發現代史上空前的全球性危機。人們對疫情結束的期待，也從期盼疫苗出現轉而接受即便有疫苗、疫情仍然存在的事實。除此之外，從疫情角度思考，必須要特別提高警覺，新冠疫情或許只是一個開始，隨著環境風險的加劇，人們隨時有可能會面臨下一場全球性的傳染病毒。

一方面，目前愈來愈多的科學家表示，新冠病毒這類新病毒之所以會產生，正是因為人類活動破壞了生物多樣性。這些研究人員共同開啟了新的研究學科——「地球健康」，專門研究人類健康與其他生物物種和整個自然生態系統之間微妙而複雜的關係。他們透過研究發現，生物多樣性的破壞會增加大流行病的數量。

正如知名科普作者大衛奎曼（David Quammen）在《下一場人類大瘟疫：跨物種傳染病侵襲人類的致命接觸》（Spillover Animal Infections and the Next Human Pandemic）中所說：「在熱帶雨林和其他野生生物環境中，生活著豐富多樣的動植物，同時也隱藏著許多不知名的病毒。但是我們入侵了這些環境：我們砍伐樹木，掠殺動物或者將其裝入籠中，然後送往市場。我們破壞了生態系統，我們讓病毒離開了其天然的宿主。這些病毒需要一個新的宿主，於是就找到了我們。」

在一封致美國國會的信中，100 個野生生物和環保組織估計，人畜共通傳染病在過去 50 年中增加了三倍。自 1970 年以來，相對而言，土地用途的變化對自然產生了最大的負面影響，光是農業就占據了三分之一以上的陸地面積，這也是對自然影響最大的經濟活動。

同時，研究人員透過研究發現，推動農業發展的各項因素與半數以上的人畜共通傳染病相關。隨著農業、礦業、伐木業和旅遊業等人類活動入侵了自然生態系統，人與動物之間的界限被打破，為傳染病從動物向人的傳播創造了條件。

自然界中動物棲息地的喪失和野生生物貿易對野生疾病的誕生產生了尤為重大的影響。例如，攜帶新冠病毒的蝙蝠和穿山甲一旦被帶離自然環境進入了城市，就相當於向人口密集的區域植入了一個野生動物疾病的集散中心，而這大大增加了人畜共通傳染病傳播的可能。

另一方面，全球氣候的暖化正不可避免地影響著南北極的冰川融化。2020 年，正當全世界聚焦於新型冠狀病毒大流行造成的健康和經濟危機之際，西伯利亞很大一部分地區正在經歷反常高溫，這種反常的高溫導致了野火頻發，燒掉了凍土層上覆蓋的植被，使其更容易融化。

這個變化的後果是未知而嚴峻的，在英國《獨立報》2020 年 7 月的報導中，法國艾克斯馬賽大學（Aix-Marseille University）病毒學家 Jean Michel Claverie 教授就指出，從冰川、凍土中釋放出的病毒一旦接觸到合適的宿主，它們就有可能復活。因此，如果讓人類與曾冷凍的流行病毒接觸，人就可能會被感染，從而開啟一場新的大流行病。

2016 年 8 月，在西伯利亞位於極圈內的亞馬爾半島凍原，一名 12 歲男孩在感染炭疽後死亡，另有至少二十人入院。而這次炭疽感染的一個可能性起源是，75 年前一頭感染了炭疽的馴鹿死亡，牠的屍體被埋進了凍土，而牠身處的凍土在 2016 年夏季的高溫中融化，這頭馴鹿的屍體再度曝露了出來，並將炭疽釋放到附近的水和土壤中，病毒由此進入了食物鏈。於是，在附近吃草的兩千多頭馴鹿受到感染，最終導致了部分人類的感染。

當然，一個曾具有致命性的病毒在經歷冷凍後釋放出來是否還具有活性，抑或其殺傷力有無被削弱，還需要學界的研究和更充分的證實。但是可以確定的是，在全球氣候暖化的異象下，環境的改變已經把我們推到了一個面臨更大風險的局面。不確定性的增加與氣候變化息息相關，但目前，人們卻依然沒有足夠的警惕。

　　雖然人類習慣了以線性方式思考未來，但卻往往忽略了周圍的世界是否也以線性的方式在運轉著。如今，新冠病毒仍在不確定性中演化，而這個病毒究竟要裹挾著人類走向怎麼樣的遠方，則取決於全世界的後繼行動和態度；答案一半在病毒手裡，另一半在人類手上。病毒是不可控的，但人類可以做出選擇，病毒未必指向結果，但已然暗示了問題。

　　或許，可以把這次的全球疫情看成，有限致死率的新冠病毒只是上帝給人類社會的一次提醒，而這個提醒分為兩方面：一方面是讓人類社會看到，儘管科技的發展使得地球變成了一個地球村，看似人類緊密聯繫，但由於人類社會各自建立的制度衝突、觀念衝突、文化衝突、利益衝突導致在面對病毒的時候分崩離析，為了維護各自的利益依然不願意團結應對疫情；另一方面則是提醒我們，在享受科技發展成果的同時，無限制擴展人類的居住環境，不斷擠壓自然界原有的空間，導致全球氣候暖化、冰川加速融化、海洋生態破壞、太空探索加速等副作用。如果再繼續對大自然予取予求，那麼下一場更具殺傷力的大流行病就會在前方等待著人類。

　　在我看來，下一場大流行病的病毒將會來自於海洋病毒的突變，一方面冰川融化會讓一些史前的未知病毒復活並流入海洋，再借助於海洋生態系統產生變化，之後再伴隨著海洋生物進入人類社會；另一方面則是我們對海洋生態的破壞，人類毫無節制地占據海洋空間，將各種污染物肆意排向海洋，包括日本的核污染水，這些舉動將會對海

洋的生態產生極大的破壞，而海洋深處的一些未知病毒與病菌的生存空間遭破壞之後，必定會導致這些病毒與病菌不斷透過變異來獲得新的生存機會，而這些變異的病毒就會以海洋生物為宿主，伴隨著海洋生物進一步突變到人類社會中。

而再下一場更嚴重的大流行病，可能不再來自於地球。隨著人類與太空的往來愈趨頻繁，一方面人類社會的病毒、細菌可能會被帶到太空的環境。這些病毒、細菌在太空的環境中隨著環境變化，為求生存就會發生變異；另外一方面，則是一些未知的太空病毒、細菌進入到人類所發明的這些太空發射器空間中，被帶回地球產生變異。因此，當我們繼續進行太空探索、開發、爭奪等太空競賽行徑，來自太空的變異病毒恐怕將會成為人類社會不得不正視的隱憂。當我們今天打著科技發展的口號而自私自利、無節制地壓縮地球與宇宙的空間，未來可能必須要承擔嚴重的後果。

1.2　從全球化到有限度的全球化

2020 年肆虐全球的新冠疫情，在改變經濟、社會生活的同時，也對當前全球化的發展步調產生了重要影響。疫情不僅直接阻斷了國際經濟的正常交往，也使人們重新思考全球化對各國經濟、社會安全的影響。疫情引發各國反思全球化的利弊，包括如何確保本國產業鏈、供應鏈安全，但是，這並不意味著全球化在倒退，而是尋求如何建立新的全球化發展模式。可以說，新的全球化將會是一種有限度的全球化。

全球化時代全面到來

「全球化」是指以國際貿易與國際投資為主要特徵的全球經濟一體化，是人類經濟社會發展的必然結果。自大航海後，全球化的趨勢就開始顯現，隨著交通與通訊技術的發展，地球漸漸地成為一個村莊，成為人們共同的家園。判斷全球經濟一體化發展程度的一個關鍵指標，是國際貿易額占全球國內生產毛額（GDP）的比重。根據這個指標，可以大致將世界近現代史上的全球化分為三個階段：

第一個階段是 1846 ～ 1914 年國際貿易發展的黃金時期。1842年，全球商品出口額占全球 GDP 的比重不足 4%，截止 1913 年，該占比已經達到 14%；世界貿易的價值從 1851 年的 6.4 億英磅上升到了 1913 年的 78.4 億英鎊。但是，第一次世界大戰的突然降臨，卻給正火熱的全球化射出了一支冷箭。即使一戰結束後獲得了短暫的經濟修復，卻又爆發了大蕭條和進一步的逆全球化趨勢（以各國大幅提高關稅為標記），最終引發二次世界大戰。

第二個階段是二戰結束至 1970 年代末。以美國為首的西方國家陣營內部國際貿易與投資大發展，以蘇聯為首的東方國家陣營內部的貿易與投資合作並存時期，這也是全球經濟一體化的第二個高峰。二十世紀 60 年代末，全球商品貿易額約占全球 GDP 的 20%。70 年代能源危機後，比重不斷變化，但直到 90 年代初期，一直保持在 30%左右。值得一提的是，這個時期的全球化並非實質意義上的全球化，而是陣營化。

第三個階段是 1980 年代至今。中國、前蘇聯與東歐國家相繼進行經濟轉型期，加入以西方國家為主導的經濟體系並形成實質意義上的全球經濟一體化，以全球產業鏈、價值鏈形成為主要特徵。自 90 年代初開始，全球商品貿易額比重迅速攀升，在 2000 年達到了 40%，

在 2008 年更是幾乎增加至 52%。國際商品貿易將愈來愈多的國家聯繫在一起，經濟一體化程度透過貿易不斷加深。全球貿易額年成長率在 2000 年至 2006 年期間達到了 3%，在金融危機爆發的前一年更是攀升至 6.5%。

2008 年金融危機爆發後，全球貿易與經濟急遽縮水，全球商品貿易在全球 GDP 中所占的比重下降了 10 個百分點。在這場撼動全球的危機過後，貿易密集度有回升，但貿易在經濟成長中的占比並無起色。在此之前，貿易增速大約是全球 GDP 增加的兩倍，而現在兩者已經持平，因此有人開始擔心全球貿易是否已經達到峰值。儘管全球人口數量不斷增加，絕對貿易額可能會繼續保持增長，但就相對貿易額而言，或許全球貿易真的已經達到峰值。

實踐證明，全球分工協作是迄今為止最為有效率的生產方式，可以釋放最大的全球需求潛力，優化地球資源的配置。人類社會由手工生產方式轉變為大規模機器工業生產方式，促進社會分工與商品交換的擴大，全球市場進一步融合，各國經濟聯繫日益密切，事物發展有其客觀規律。然而，這一波全球化運作至今，卻逐漸產生了愈來愈多的弊端。疫情的出現正好讓我們冷靜下來，有機會去思考現在的模式以及未來的走向。

全球化弊端顯露

當前，全球化的負面效應已經引起全世界普遍關注和高度重視。

首先是全球性問題的出現。所謂全球性問題，就是對全球人們——亦即對整個人類——的生存和發展產生重大影響、構成嚴重威脅的問題。事實上，自 1972 年羅馬俱樂部的研究報告《增長的極限》公開發表以來，人與自然關係上的各種全球問題就開始引起了世

人的廣泛關注，這些問題包括環境污染、生態失衡、人口膨脹、糧食不足、能源短缺、資源枯竭等等。

當然，生態環境問題並不是當代特有的現象，早在近代它就曾以端倪、徵兆的形式存在著，並伴隨著近現代工業技術文明的發展而經歷了一個長期演變的過程。但隨著全球化的發展，尤其是隨著二戰以來工業化浪潮向世界各個角落擴展以及各種現代化技術手段在全球的應用，當代人類對生態環境的侵害最終突破了自然界所能忍受的限度，出現了一種總的、累積性的結果，這就是全球性的生態危機。也就是說，正是當代的全球化，讓歷史上原本已經存在的生態環境問題不斷擴大升級到全球範疇，這些持續惡化的全球問題也正在挑戰既得利益者所熟悉的舒適生活方式。

再來是全球權力移轉問題。從十九世紀歐洲列強大規模爭奪海外殖民地到第二次世界大戰期間，歐洲是公認的世界權力中心，這個時期的歐洲既是爭奪者的所在地，也是戰略爭奪地區。隨著殖民主義不斷發展，歐洲諸大國的戰略爭奪開始向歐洲以外的地區擴散，但歐洲始終是歐洲大國爭奪的主要地區。二次世界大戰之後一直到冷戰結束，美國和蘇聯是世界上實力最強大的兩個國家，同時也是國際體系中最主要的兩個戰略競爭者。作為「兩極」之一的蘇聯位於歐洲，而這個時期美蘇兩國爭奪的重點也是歐洲，因此，歐洲仍是冷戰時期公認的世界權力中心。

然而，二十世紀 80 年代以來，一方面，第三世界的主要國家開始崛起，日本比歐洲和美國更嫻熟地玩著資本主義的遊戲，中國和東南亞「七虎」在不受西方自由主義影響的情況下開始了自己的致富之路，尤其是中國綜合國力的特性使美國不得不把中國作為二十一世紀最主要的防範對象，這意味著美國最大的戰略競爭者從歐洲轉移到了東亞。

另一方面，西方卻無法在日益提高的生產效率與愈來愈少的勞動力之間取得平衡。受 2008 年以來經濟危機的影響，當前歐洲和美國面臨一定程度的衰落，其中，歐洲的相對衰落將使其世界影響力小於東亞，東亞取而代之成為世界中心的組成部分；包括俄羅斯在內整個歐洲的相對衰落是導致世界權力中心轉移的原因之一。除此之外，歐洲不存在具有成為世界超級大國潛力的國家，而位於東亞的中國，則具有崛起為世界級影響力的超級大國潛力。

雖然中國在民生、反腐、法治、貧富差距等方面還存在一些問題，但中國的領導人顯然也已經意識到這些問題，持續地進行整頓。儘管美國的絕對實力是上升的，但因為中國實力攀升的速度超越美國，因此兩國間的實力差距正在縮小。

第三點是全球化與最初的目標產生背離。全球化最初的目標是實現一個自由國家和自由社會的經貿共同體，但是在實際運作中，很多後發國家的社會、政治、法律結構都缺乏自由化的色彩，使得國家資本主義介入了全球化過程，對自由經濟構成了不對等的競爭，並加劇了世界發展不平衡。全球化造成不同地域、不同國別、不同領域、不同階層的貧富分化，這種貧富分化已經達到登峰造極的地步。

據統計，全球最富有的 1% 人口擁有的財富超過剩餘人口財富總和。本世紀以來，全球相對貧困的一半人口所擁有財富只增長了1%。過去四十年，在美國及許多先進國家的中產階級收入停滯不前，全球發展不平衡導致國際社會政治思潮發生巨大的變化甚至轉型，民族主義、民粹主義、保護主義、極端主義等盛行，國際經濟政治秩序出現「貿易戰」、「退群」、「退約」等諸多亂象，恐怖主義等全球安全威脅也明顯升高。

過去三十年，忙於享受全球化益處的各國忽略了全球化所帶來的問題和風險，其中最顯著的是，美國在疫情前三十年分配過多資源在世界員警的角色上，反倒忽視了國內日益突顯的民族問題、社會創新問題、社會治理問題等方面的整頓工作。前美國總統川普的戰略思路儘管看起來似乎有些粗魯，但對於重整與重振美國而言不失是一項好戰略，只是手法過於粗暴。

疫情處於疊加狀態的美國，借助美元的霸權地位濫發美元、美債堆積如山、對全球干預過多、產業空心化、資本脫實向虛、勞工失業、大軍火商綁架美國經濟、軍費支出過高、民生投入不足、全美基礎設施嚴重老化、貧富懸殊太大、社會嚴重撕裂、政見分歧嚴重、槍枝與毒品氾濫等，這些問題正加速吞噬著美國社會的優勢。這次的疫情徹底曝露了這些弊端——一方面疫情爆發出美國內部問題，另一方面也讓以美國為首所主導的全球化舊模式走到了盡頭。

重構全球化格局

雖然傳染病的全球流行並非從新冠肺炎開始，但新冠肺炎疫情無疑突顯了全球性問題的客觀存在，強化了人們對全球性問題的認知和反思。顯然，疫情並不會讓人類社會回到全球化進程之前的各國各自為政、主權至上的舊格局。科學技術、經濟生活和知識觀念的變化與進步，使得人類不可能脫離全球化，任何一個國家都不能脫離全球化獨自發展，因此人類將進入新的全球化階段，這是未來的必然趨勢。

科技的進步使得製造業對生產要素愈來愈不敏感，這為有限度的全球化提供了發展的可能。過去的全球化促使工廠遷移到生產要素成本低的區域和國家，但科技的進步讓很多工廠實現了少人化或者無人化的生產，因此，規模化已不再成為產業鏈考量的最主要變數，這也使得未來在三個時區（亞洲、歐洲、美洲）建立多元產業鏈成為可

能。隨著區域性組織的發展，有限度的全球化將呈現「區塊化」發展特點。

例如，RCEP（Regional Comprehensive Economic Partner-ship，區域全面經濟夥伴關係協定）是目前世界上人口最多、發展潛力最大、成員結構最多元的自由貿易區機制，它標記著一個地區的所有國家都有共同的意願。作為全球最大朋友圈，RCEP 成員國包括東協 10 國與中國、日本、韓國、澳洲、紐西蘭，而這 15 個成員國涵蓋了全球 30% 的人口、接近 30% 的 GDP 以及超過全球貿易總量的 27%，一舉超過了跨太平洋全面進步協定（Comprehensive and Progressive Agreement for Trans-Pacific Partnership，CPTPP）。

RCEP 整合和優化五個「東協加一」，形成區域內統一的規則體系。統一、透明的制度環境，為跨國企業依據比較優勢（comparative advantage）配置資源，重構、優化區域內分工體制和產業鏈提供了可能，有助於降低經營成本，進而提升區域內企業的整體競爭力。並且，RCEP 十五個成員國的互補性很強，既有日本、韓國這樣技術領先型國家，也有越南、柬埔寨這樣的勞動密集型國家，還有澳洲這樣的資源豐富型國家。理論上，RCEP 區域夥伴如果能夠密切合作，可以形成一個相當完善的產業鏈和供應鏈，在疫情衝擊全球供應鏈出現大範圍「斷鏈」之下，為參與國家提供一個抵禦外部風暴的港灣。

事實上，「區塊化」這種形式早在幾十年前就開始出現，例如歐盟、東盟、非盟、南美等。但在後疫情時代全球一體化舉步維艱的情況下，「區塊化」演變的可能性最大。區塊內部由於地區相關性，存在更大的利益相關性，再加上地區內文化與傳統共同性較大等原因，無論有形還是無形、物質還是非物質，在區塊範圍之內更容易解決問題，彼此的合作也相對容易。區塊將成為未來一段時間的發展趨勢，藉由區塊和區塊之間的聯繫形成全球性連接。

此外，無論從任何角度看，這場全球抗疫的鬥爭，客觀上來說也有助於加深對世界各國理解團結應對全球性問題之必要性。一方面，是讓人們看到各國應對力量不平衡的客觀事實，除了疫情嚴重的開發中國家特別需要先進國家的支援之外，即使是世界頭號強國美國也無力獨自解決；另一方面也讓人們看到，如果不站在全球視角去理解團結互助的意義，那麼只要任何一個國家還存在病毒的侵害，新冠病毒對世界上其他國家的威脅依然不能解除，由此決定了團結合作的現實必要。

與國際關係中其他問題的認識和解決方式完全不同的是，新冠疫情的肆虐底下已經沒有孰勝孰敗的考量，也不容許各人自掃門前雪的思維方式，在應對這場全球公共衛生危機的過程中，建立人類命運共同體的迫切性和重要性更加突顯。國際治理體系、多邊體系的修復依然重要，這需要人類正視未來發展趨勢，正視多元力量對於國際治理的功用，正視國際治理體系修復中的先後順序以及它的工具組合模式，因為唯有團結合作、攜手應對，國際社會才能戰勝疫情。

綜觀全局，疫情並不會終止全球化，只是改變全球化框架的部分內容，全球化這個歷史趨勢也不會因疫情而中斷，後疫情時代仍然是全球化的繼續，但這一切勢必帶來全球化的重構，這個重構也勢必帶來全球化新的格局。而當下的中美關係為全球化的重構增加了一些變數，美國擁有比較多的前沿研發技術與人才，而中國不僅擁有龐大的市場，還擁有較多且完善的製造產業鏈。

可以預見，未來的全球化將會是美國領導的舊世界體系與新興國家中國努力建構的「人類命運共同體」新體系碰撞、衝突、交流、融合的過程，在未來的三十年內將初露端倪。作為兩個具有全球影響力的大國，中美的合作對於持續穩定與繁榮人類社會具有舉足輕重的地位與作用。未來的第一個十年，新舊兩種體系的碰撞、衝突將會十分

激烈，中國宣導的「人類命運共同體」不是瓦解與重構舊世界體系，而是升級與優化現有的全球化體系。在一些全球性的問題面前——例如全球氣候變化、抗疫、國際貿易等關鍵議題上，中美還是會不定期舉行領導人會晤與商談；雙方將在衝突中找到新的平衡與合作模式，直至形成一種新的默契。

如果中美關係得以緩和、兩國能夠攜手，那麼美國的技術優勢加上中國的完善產業鏈，將能夠最大程度推動世界經濟發展。但中美若繼續「冷戰、對立」下去，全球經濟與發展也將蒙上一層陰影。

中美的對立在一定程度上影響了世界經濟發展，也增加了其他國家的生活成本。儘管美國依然試圖利用其影響力拉攏一些盟國採取「圍堵」中國的策略，但這種策略並非最佳方案，西方各國應該客觀看待中國當前的價值、問題、實力，相互合作、競爭才是後疫情時代全球化戰略的最優解。

疫情使得各國重新評估和思考全球化的影響，在國家經濟安全層面上不自覺地對供應鏈脆弱性和經濟依賴性產生擔憂。不論中美關係如何演變，世界各國已經沒有等待的本錢；如果中美持續處於衝突對立的局面，勢必加速世界兩極化，在疫情過後，有限度的新全球化模式也會很快出現。

1.3　國際政治經濟不確定性高漲

全球宏觀環境的穩定，離不開國際政治合作與全球經濟交流這兩大基石。

其中，國際政治合作是主權國家之間的協作，是經濟事務管轄權從國家層面到國際層面的讓渡。鑑於國際社會的無政府狀態，確

定規則與制裁、應急手段，才能保證經濟活動有序進行；例如，管理貿易的世界貿易組織（WTO）、監督金融活動的國際貨幣基金會（IMF）、監管銀行系統的巴塞爾協會。全球經濟交流體現的是空間維度的經濟聯繫，是產業鏈分工的進一步細分，是生產市場與消費市場距離的擴大，是經濟活動從區域到全球層面的延展。

然而，近年來，美國主導的歐美民粹主義崛起，單邊、保護主義升溫，地緣政治博弈此起彼伏；在這樣的背景下，2020 年受到極端氣候與新冠疫情雙重衝擊，全球政局更加振盪。與先前相比，全球經濟蛋糕再度大幅縮小，經濟發展不平衡，歐美深層次結構性問題激化，部分政府、政客瘋狂甩鍋，令全球政治經濟更加不穩定。而美國挑起關於中美之間非理性對抗所帶來的結果，讓參與的國家增加更多沒有太大意義的內耗。

世界政經，格局動盪

經濟基礎決定上層建築。事實上，全球之所以會產生地緣局勢衝突、部分國家社會撕裂、政壇大地震事件增多，其背後原因在於經濟長期低迷、發展不平衡以及結構性問題的交織共振。擺在各國政府面前的一個共同困擾就是，依靠貨幣超發來維持的繁榮到底能走多遠？受貨幣超發影響所推高的物價，將更深遠廣泛地影響著人民的生活與消費。

2008 年，美國發生金融危機及隨後歐洲主權債務危機爆發，歐美央行開啟大膽的非常規貨幣實驗。該實驗雖然避免經濟陷入「大蕭條」，使得資本市場一片繁榮，但實體經濟卻陷入「停滯」，公共與企業部門債務以驚人速度增長。2020 年，危機已過去 12 年，然而，歐美不僅沒有化解深層結構性問題，經濟發展反而更朝向不平衡、不平等進一步固化。經濟的長期低迷與不平衡為民粹主義提供富養土

壞，歐美部分經濟體政府或政客習慣轉嫁國內矛盾，採取保護主義、單邊主義，造成地緣政治局勢緊張。

2020 年突如其來的新冠疫情讓全球經濟陷入停擺，全球經濟連結也已鬆動。產業鏈的分工原本是為了比較優勢以節省生產成本，但疫情卻曝露了此做法的負面效應。生產線的全球布局，只要其中一環出現斷裂，整個鏈條都會受影響，而這個「教訓」加速了企業主動尋求撤回全球的產業布局，以建構區域內閉合完整的價值鏈（value chain）體系。全球經濟交流的退潮，讓本來就不穩定的宏觀環境雪上加霜；在這樣的情況下，歐美央行依舊如法炮製，再度深化非常規貨幣政策，市場路徑依賴，做多金融資產。

與此同時，中國主導的社會主義制度與美國主導的西方自由民主制度之間的矛盾，也因為中國日益強大而不斷升溫。中國持續推進發展改革與對外開放，國內需求潛力釋放，經濟可望保持中高速增長；經濟的長期向好，為資本市場穩健運作提供了基礎。此外，中國國內持續深化資本市場改革開放。儘管當前中國已經是全球第二大經濟體與第二大債市、股市市場，但還有相當規模的實體資產沒有進行金融化；因此，相對於實體經濟發展，加快推動人民幣國際化以及資產金融化（新成立的北京證券交易所就是最直接的意圖表達），中國未來資本市場發展空間巨大，前景可期。

目前，全球已經處於後金融危機時代疊加後疫情時代，歐美經濟體長期低迷、內部結構性問題與矛盾急速惡化，地緣政治角力不斷，全球經濟基礎弱化勢必會加劇政局不穩定。同時，美國依靠自身所建立的美元全球貨幣體系以及所掌握的資產定價權，在疫情期間大量印鈔向全球輸出通膨，此做法顯然會在一定程度上降低了美元的霸權地位，促使更多國家開始考慮與人民幣掛鉤的結算體系。

當美國依賴美元霸權無節制印刷美元之際，中國人民幣的節制與內斂使其保有相對穩定性。我們可以預見「人民幣國際化」將會從「一帶一路」沿線國家合作開始慢慢覆蓋，預計在 2035 年之後，人民幣將變成世界主流結算貨幣之一，而美元當前的霸權優勢將受人民幣國際化分化與削弱。

伴隨著全球經濟所出現的矛盾以及中國經濟的平穩發展，全球經濟重心出現了轉移，全球政局影響力的重心也在東移。疫情過後，此趨勢將更加明顯，連帶使得全球政經局勢波動加大。

全球政經如何破局？

面對國際政經動盪的格局，破局則是必須。短期來看，疫情防控是經濟活動重啟的前提，首要目標依然是有效防疫——阻斷疫情傳播、加快疫苗或特效藥的研發。疫苗作為預防控制傳染病最經濟也最有效的手段，能否成功研發是人類最終控制新冠疫情的關鍵所在。隨著全球多款新冠疫苗相繼有條件獲准上市或緊急使用，加快了新冠疫苗的接種，全球單日新增病例人數持續下降。但從國家層面來看，由於疫苗獲取、運輸和注射等環節存在差距，高低收入國家接種過程依然難以同步。

在這個全球化時代，除非人人安全，否則無人安全。新冠疫苗的接種使得全球新增病例數明顯減少，但在各國經濟逐漸恢復和開放的同時，屬 RNA 病毒的新冠病毒也在不斷發生變異。從變異株 Alpha B.1.1.7、Beta B.1.351 到 Gamma P.1 和 Delta B.1.617.2，每一次變異，都讓新冠病毒攜帶更強的傳播力，致使疫情防控工作依然十分艱鉅。

從經濟角度來看，短期內，各國還需實施精準有效的財政與貨幣政策支援，以舒緩疫情對實體經濟的嚴重衝擊，盡可能減少中小型企業倒閉，避免產業鏈與供應鏈中斷，導致短期衝擊長期化。在中國，根據抽樣經營資料，中小型企業 2020 年第一季度營業收入不及 2019 年同期 50%，超過 80% 的中小企業面臨現金流問題。其中，教育、餐飲、住宿、文化體育娛樂和製造業中小型企業受疫情影響最為嚴重：教育業中小型企業 2020 年 2 月和 3 月的營業額僅為 2019 年同期的 10.2% 和 11.8%；住宿和餐飲業中小型企業營業額僅為 2019 年同期的 12.8% 和 23.5%；文化、體育和娛樂業中小型企業 2020 年 2 月、3 月的營業額均不到 2019 年同期的 30%；而製造業中小型企業 2020 年 2 月和 3 月的營業額均不到 2019 年同期的 40%。如何面對中小型企業的生存困境、如何應對危機，成為後疫情時代不可規避的問題。

從中長期來看，各國需要逐步擺脫對於短期刺激政策的依賴，在一定規則下，讓要素充分流動，進而提升經濟效率，增加就業與收入，讓需求釋放；這就需要透過改革與全球自由貿易來實現。

改革不可避免會面臨陣痛，從歐美金融危機、債務經濟爆發以來各經濟體來看，改革阻力重重，歐美經濟體當局普遍有想法，但缺乏決心與有力行動。自由貿易的好處顯而易見，降低貿易壁壘、按遊戲規則進行的自由貿易競爭有助於推動要素自由流動，帶來全球投資與貿易繁榮，增加就業、減少貧困與發展不均；各國有效分工合作，提升總要素生產力（total factor productivity, TFP）將釋放全球潛在需求，經濟持續成長，為改革贏得更廣泛民眾支持，並在各國協同發展中逐步化解深層矛盾，優化各國資產負債表，促進全球政局穩定。

目前部分發達經濟體採取意識形態，限制他國發展來維持自身優勢。但實際上這些經濟體發展曲線下滑，不僅引發強烈反彈與對抗，亦使得地緣緊張局勢不斷升溫。

不論是中美還是世界其他國家，攜手合作控制疫情本就是從始至終的最佳選項，因此，2020 年 4 月初才會有中美百名學者相繼呼籲國家之間應該放下成見、積極合作。未來如何進行國際合作，正考驗著各國政治領袖的遠見、自律性以及決心。可以說，疫情之後的世界，很大程度取決於各國政治家當下的選擇，這些選擇將成為影響全球宏觀環境穩定與否的關鍵。

從目前的實際情況來看，美國為首的西方世界並未能採取有效的措施控制疫情，而疫苗與病毒的輪動變異則會更進一步升級病毒的危害。從真正維護世界利益的角度而言，美國應該發揮其世界領導力與影響力，透過一個季度的時間來徹底控制、切斷與消滅病毒的傳播鏈。讓世界秩序盡快恢復正常，這才是此刻向世界證明其領導力與美國價值觀之重點所在。

而美國這種打著所謂「上帝」的旗號，進行以美國為優先的自私自利戰略，等於逐步放棄其在全球的領導地位，其戰略會不斷收縮，一步一步退回到北美。目前來看，奢望美國領導全球進行抗疫並徹底消滅新冠病毒已不可能，除非上帝展露奇蹟，否則新冠病毒不可能在一夜之間消失，反而會不斷傳播、升級、變異。人類只有在重大公共衛生危機中不斷付出代價才會真正覺醒。那個曾經在二次世界大戰登高一呼，成為民主國家的兵工廠、為全人類正義而戰、徹底打敗法西斯的美國已消逝。

1.4　貧富分化下的經濟夢魘

　　新冠肺炎疫情在世界各地都造成了痛苦和經濟損失。然而，對疫情的政策應對也推高了資產價格，最富有的人從中受益最大——大多數國家的貧富差距都在擴大。據估計，去年有 520 萬人成為百萬美元富翁，而身家不低於 5,000 萬美元的富人增加了近四分之一。

　　每一次人類大危機的出現都是一次貧富差距擴大的加速劑。一方面，自 2020 年 3 月份股票大跌以來，美股及上證指數已經透過「V形」反彈創下新高，資本市場反映投資者對未來的信心。另一方面，失業率居高不下、新增就業資料疲軟，證明經濟恢復仍有一段很長的路要走。

　　貧富差距擴大的負面效應已經發展到了令人擔憂的程度，如果不能緩和經濟的極端失衡，取而代之的可能會是更猛烈的社會動盪甚至全球衝突。不過，歷史上的大瘟疫也會帶來一些「破壞性創新」，而這次疫情同樣給了世界一個機會，讓人類思考應該如何共存。

貧富差距的起源和起因

　　貧富差距的分化是一種社會規律，亦為全球普遍存在的現象，二十世紀 80 年代以來，大多數國家的收入與財富分配格局都有所惡化。

　　從全球來看，1980 ～ 2019 年，全球收入前 1% 的富人收入占比從 17.10% 上升至 19.34%、增加 2.24 個百分點，全球收入後 30% 的族群收入占比僅增加 0.57 個百分點；代表中等收入族群的中間 40% 族群的收入，從 41.86% 下降至 39.29%。

以美國為例，根據世界不平等資料庫（WID）提供的資料，1939年，美國收入最高 10% 族群所占的收入市場占有率為 47.8%，收入最低 50% 族群的收入市場占有率為 14%，戰爭使收入差距得到緩解。到了 1945 年，最高 10% 和最低 50% 族群的收入市場占有率分別為 35.6% 和 19.7%。此後，兩個人群的收入占比一直維持在這個水準直到 1980 年代。

1980 年後，貧富分化迅速擴大。到了 2018 年，最高 10% 和最低 50% 族群的收入市場占有率分別為 46.8% 和 12.7%，差距 34 個百分點，這個水準與 1939 年相當。其收入吉尼係數（Gini coefficient）近二十年來均在 0.40 的警戒線以上。

其他發達國家也是類似情況。歐盟收入前 10% 族群的收入市場占有率從 1980 年的 29.61% 上升至 2019 年的 35.15%，增加 5.54 個百分點，而收入最低 50% 族群收入占比從 22.56% 下降至 20.08%。1980 年以來，德、法收入前 10% 族群的收入市場占有率均在 30% 左右；而俄羅斯自 1991 年蘇聯解體後，收入快速向富人集中，前 10% 族群的收入市場占有率從 20% 左右上升到了 50%。

與此同時，開發中國家的收入差距也在擴大，吉尼係數長期處在警戒線以上。以中國為例，改革開放帶來了整體經濟起飛，但同時也帶來更加尖銳的貧富分化問題。改革開放初期，收入最高 10% 與最低 50% 的市場占有率基本上持平，但經過 40 年後，兩組的差額擴大了 38 個百分點。2017 年，中國最富有 20% 人民占據了 45.8% 的社會財富，接近同期美國的水準（46.9%），超過了德國、法國、英國（39.7%、40.9%、40.6%）；同期中國最貧困 20% 人民僅擁有 4.2% 的社會財富。

究其原因，與直接影響初次分配中的要素報酬以及透過再分配作用導致貧富差距的相關因素有關。

從直接影響初次分配中的要素報酬來看，一方面，經濟發展和產業轉型的一般規律直接擴大了資本累積，導致貧富分化加劇。勞動力相對過剩和資本相對稀缺的特點，造成資本的邊際收益率較高；在生產資料私有制的前提下，資本擁有者將獲得比勞動力提供者更多的收益，進而產生了分化。

　　另一方面，技術進步、全球化等因素，改變了不同技能勞動者的工資收入，擴大了貧富差距。技術進步對勞動者產生非對稱衝擊，高技能勞動者獲得更高的報酬，進而產生收入差距；全球經濟一體化格局下，這種勞動市場的分化就會被進一步放大。

　　從再分配作用導致貧富差距的相關因素來看，貧富差距日趨嚴重與金融資源占有向富人傾斜以及長期低迷的實質利率（real interest rate）相關。就金融資源占有向富人傾斜而言，如果說初次分配中的要素報酬影響了貧富差距，那麼市場經濟所鼓吹的金融資源則是加劇社會財富不平等的重要因素。

　　金融的核心就是促進資源的有效配置，其稀缺性會導致市場資源流向最有效率的部門，以進一步發展和提高效率。然而，由於市場上的資訊不對稱與道德風險的存在，金融機構在面臨各類投資者時，為了節省人力物力成本提高效率，總是選擇表現良好的企業或個人進行服務，一些潛在的或者處於劣勢的需求者，則被拒於門外。

　　並且，「資源組合效應」使得更多眼界高、資金多的有錢人選擇股票、基金、外匯等多個金融資產進行組合投資，在降低風險的同時獲取更高的收益。例如，對美國的富人來說，財富前5%的家庭持有85%的股票，收入低的家庭持有的金融資產甚至可以忽略不計，持股更是接近0。於是，在這種資產組合下，富人憑藉多組合投資拿到更高的投資回報，「富人更富，窮人更窮」矛盾愈突顯出來。

長期低迷的實質利率則為金融資源占有向富人傾斜進一步提供了條件。以美國 10 年期國債利率為例，1919 年國債的利率水準在 5% 左右，二戰期間（1939 ～ 1945）降至 2%；戰後利率一路攀升，二十世紀 80 年代初一度達到 14%；從 80 年代中期開始利率持續下降，到 2019 年末已經降至 2.2% 左右。

在這種情況下，富人可以透過多樣化的財產轉移管道、多元化的投資管道來保值增值，而窮人由於財富低面臨較高的借貸約束，能獲得的金融資源少。這種隱性的「通貨膨脹稅」無疑起到了社會財富再分配的作用，此消彼長導致貧富差距拉大。

新冠疫情如何擴大貧富差距？

疫情期間，全球貧富差距在緊急經濟政策、資產價格上漲、疫情不對稱衝擊等管道下再度拉大差距，形成「K 型」復甦。

面對新冠疫情帶來的經濟斷崖式下滑、失業率攀升、物價低迷等狀況，各國央行恪守其貨幣政策目標，再次重啟、開創一連串貨幣政策手段來應對危機。各央行所運用的貨幣政策手段基本上可歸為利率調整、公開市場買賣、信貸寬鬆三類。

央行採取的政策首先是利率調整。美國聯準會（Fed）與英國央行在疫情爆發後，均於 2020 年 3 月兩次調低基準利率。其中，美國聯準會 3 月 3 日與 16 日分別調降聯邦基準利率 50bp 與 100bp，將聯邦目標利率區間維持在 0 ～ 0.25%，此後利率區間一直保持不變；英國央行則於 3 月 11 日與 19 日分別下調基準利率 50bp 與 15bp 至 0.1% 的歷史低位。歐元區與日本在疫情爆發前基準利率已為 0 或低於 0，因此央行並未再調整基準利率。

其次，全球各國央行普遍進行了公開市場買賣。例如，美國聯準會增持的資產類別為國債與不動產抵押貸款證券（MBS），其首次公布的購買規模為 7,000 億美元，包括 5,000 億美元國債以及 2,000 億美元不動產抵押貸款證券，之後宣布資產購買規模不設上限。但除 3、4 月份之外，每月的資產購買規模維持在 1,200 億美元。

歐洲央行公布的擴大資產購買計畫包括兩部分：一部分為常規資產購買計畫（asset purchase programme, APP），每月新增購債規模為 1,400 億歐元（其中 1,200 億執行至年底）；另一部分是緊急抗疫購債計畫（pandemic emergency purchase programme, PEPP），購債類別包括私人與公共部門債券。初始宣布的購債規模為 7,500 億歐元，12 月規模擴大至 1.85 萬億歐元，購債計畫延長至 2022 年 3 月，同時 PEPP 回收的本金再投資延長至 2023 年底。

日本央行購買的資產包括國債、ETF、J-REITs 以及企業債券和商業票據四類。其中，國債購買規模未設上限；ETF 的年度購買目標為增持 6 萬億日圓，總規模 12 萬億日圓；J-REITs 年度購買目標為 1,800 億日圓；企業債券和商業票據的規模購買總額為 20 萬億日圓（每發行人的商業票據和公司債券的最高限額分別提高到 5,000 億日圓和 3,000 億日圓），購買計畫執行到 2021 年 9 月。

最後，全球央行也採取了信貸寬鬆政策。美國聯準會在疫情後重啟並創立了多項直接針對居民、企業和政府等實體部門的信貸支援工具，主要分為三類：第一類是財政部以外匯穩定基金注入資本金的工具；第二類是一級主要交易商信用機制（primary dealer credit facility, PDCF）和薪資保障計畫流動性工具（paycheck protection program lending facility, PPPLF）兩類無需財政補助的項目；第三類是「CARES Act」專項撥款的專案。

歐洲央行信貸寬鬆工具主要包括長期再融資操作（TLTRO Ⅲ）與疫情應對緊急長期再融資操作（PELTROs）。前者為發放給家庭（不含房貸）和非金融企業（不含公共領域）的定向貸款，年內兩次調整貸款利率至 -1%、-0.5% 的區間，低於歐洲央行再融資基準利率，銀行透過該貨幣政策工具從央行獲得貸款規模比例調增至 2019 年貸款存量的 55%，今年以來累計發放貸款規模為 1.65 萬億歐元。後者主要為歐元區金融體系提供流動性支援，年內一共操作七次，向市場合計注入流動性 267 億歐元，兩種工具的執行時間延長至 2022 年 6 月底。

但不論是利率下調、公開市場買賣還是信貸寬鬆政策，帶來的最直接結果都是央行資產負債表持續擴張，以及全球流動性的持續寬鬆。其後果必定會引發後疫情時代——或者說後危機時代——的通貨膨脹，各類資產價格會因為貨幣的超發以更貴的形式重新定價。

對於富人族群而言，其大部分貨幣會借助於各種資產的形式進行配置，結果必然是個人資產隨著資產價格推高而水漲船高。瑞士信貸（Credit Suisse）的一份報告發現，隨著各國央行向金融市場注入大量廉價資金，推高了資產價格，2020 年全球家庭累積的財富總額增加了約 28.7 萬億美元。

股本和住宅地產的估值上升，使家庭淨資產總額（包括房地產在內的資產減去債務）增至約 418.3 萬億美元。以固定匯率計算，這相當於增長 4.1%，僅略低於過去二十年的年平均水準，儘管全球經濟正在艱辛應付著這場衛生危機和相關封鎖限制措施所產生的影響。

該研究估計，截至 2020 年底，全球的百萬美元富豪有 5,610 萬人，較上一年增加了 520 萬人，其中約有三分之一新晉百萬富翁來自美國。瑞士信貸這份報告中指出：「家庭財富所發生的變化與整體經濟正在發生的變化形成了前所未有的鮮明對比。」

然而，對於中低收入族群而言，這顯然是一場災難。因為他們的收入很難提升，但消費物資和商品價格卻因為資產價格的推高而增加，再加之沒有充裕的資金進行多元化資產配置，因而只能概括承受通貨膨脹所帶來的壓力與挑戰。

此外，由於疫情引起經濟衰退造成巨大的經濟損失，教育程度較低的員工與低薪員工等部分族群受到更大的波及。評估疫情衝擊過後這些族群的承受力，方法之一便是關注其工作特徵，例如遠端工作能力、工作必需性和人際交往需求。國際貨幣基金組織的報告總結了在美國各行業中這些工作特徵的重要性差異後發現，休閒產業和飯店業等依賴人際交往的行業往往失業率更高，且工作必需性又相對較低，原因是，遠端工作能力與受教育程度高度相關，而受教育程度較低的員工更容易受到疫情衝擊，進而拉大收入差距。

疫情還可能會擴大發達經濟體與發展中經濟體之間的鴻溝，後者醫療體系較弱也難以應付本土爆發的疫情。受此影響，發展中經濟體的嚴格防疫封鎖措施和社交隔離措施可能會長期持續，進而導致大規模失業。亞洲部分新興國家的社會保障體系不夠完善，而當前推出的財政支持計畫在保障就業方面存在最大差距，從而使低技能員工更易受衝擊。此外，疫情持續蔓延也導致國際人口流動放緩，由於旅遊業下滑和移民員工數量減少，發達經濟體和新興經濟體之間的收入差距又進一步擴大。

貧富分化升級成為全球問題

貧富差距的加速擴大正在成為一個全球性問題，而其負面作用更是已經發展到了令人擔憂的程度。

貧富差距加速擴大最直接的影響就是阻礙經濟成長。短期內，導致消費不振，有效需求不足，制約經濟成長。原則上，富人相較於窮人具有更低的邊際消費傾向（marginal propensity to consume, MPC）。而隨著貧富差距的拉大，社會加權平均邊際消費傾向下滑，導致消費需求不足。

　　首先，長期來看，貧富差距擴大將造成創新動力不足，平均教育水準降低等問題，壓低總要素生產力進而阻礙經濟成長。一方面，技術創新需要市場需求來支撐，但隨著貧富差距擴大加劇，社會收入結構趨向於兩極化，中等收入族群大量減少，一定程度減少了技術創新的支撐；另一方面，貧富差距擴大壓縮了中小企業和創業者的生存空間，當然就直接影響到創新主體的發展前景。

　　其次，貧富差距擴大具有自我加強的負回饋效應。對一個相對貧窮的人來說，限制消費的最重要約束條件是收入和財富，所以收入提高一定會帶來更多的消費；而對於相對富有的人來說，因為大部分消費需求都已經得到了滿足，多的收入只會有很小一部分用來消費，其餘都會變成儲蓄。

　　由於富人消費相對增加較少，窮人又沒有收入來支撐消費，社會的整體消費需求就會降低，而需求不足可能又進一步迫使政府採取寬鬆的貨幣政策。例如，美國因應 2008 年經濟危機後的消費負成長，一度將利率降至 0.25%。名目利率（nominal interest rate）的下滑，又會進一步加速富人財富的膨脹，形成貧富差距擴大的自我強化。由於這種回饋機制，貧富差距擴大可能會對經濟產生一種類似「乘數效果」（multiplier effect）的影響。

　　最後，貧富差距擴大還會引發社會政治問題。愈來愈多跡象表明，日益惡化的貧富差距問題加深了社會各階層的矛盾，也成為影響

政治經濟不安定的因素之一，如今正日漸擴大為全球性問題；如果不能緩和經濟的極端不平衡，可能將會引發更劇烈的社會動盪甚至全球衝突。正如兩千多年前孔子所言「有國有家者，不患寡而患不均」，值得後疫情時代的人們好好深思體會。

1.5　不可忽視的宗教衝突可能

二十世紀 70 年代以來，一連串與政治伊斯蘭（political lslam）[1]有關的重大事件引發政界和學界的關注。特別是在伊朗伊斯蘭革命、蘇丹政治伊斯蘭上台、阿爾及利亞選舉、美國 911 恐怖攻擊、阿拉伯劇變等事件發生後，在反恐的背景下，西方與政治伊斯蘭的關係日漸成為影響國際關係的重要因素。

儘管西方世界與政治伊斯蘭的關係如今已經進入一個新的歷史階段，但由於兩邊之間利益與權力存在根本衝突，文化、宗教和意識形態上也存在衝突，這種矛盾的文明對立仍將持續下去。未來，隨著外來伊斯蘭人口不斷增多，將更有可能出現宗教與政治的衝突。

宗教衝突之緣起

回顧歷史，深植於伊斯蘭文明和西方基督教文明文化背景下的衝突構成了伊斯蘭世界和西方關係的主線。西元七世紀伊斯蘭教創立之

---

❶　「政治伊斯蘭」泛指伊斯蘭宗教力量的廣泛政治訴求，是一種宗教性的政治思潮和運動。政治伊斯蘭的意識形態是指政治人士將伊斯蘭進行政治化加工的產物，即透過重新解釋部分教義、發明傳統等方法，把特定政治主張包裝成宗教責任，進而把民眾的宗教熱情引入政治軌道。政治伊斯蘭意識形態話語兼具宗教和政治色彩，內容包括「真正信仰」、沙裡亞或伊斯蘭國家、烏瑪三個層面，其核心目標指向政治權力。

時，基督教已走向成熟。隨後，力主以聖戰進行擴張並建立伊斯蘭世界秩序的伊斯蘭教，就以令人震驚的規模與速度向外擴張，引起基督教西方社會的強烈震驚和極端仇視。自此，兩邊之間的對立與衝突全面展開。

實際上，伊斯蘭教在早期數次衝突中居於上風，正如英國著名歷史學家湯因比（Arnold Joseph Toynbee）所說，基督教和伊斯蘭教的「第一次遭遇發生在西方社會尚處幼年之時，那時伊斯蘭教已是阿拉伯人所處輝煌時代的一種特殊宗教了。阿拉伯人剛好征服並重新統一了中東古文明的領土，他們打算把帝國擴張為世界國家。在那一次衝突中，穆斯林幾乎占領了西方原有領土的一半，只差沒有使自己成為全世界的主人。」在基督教和伊斯蘭教的衝突中，領地淪陷、基督教聖地被毀、東征失敗這些慘痛歷史都在西方基督教徒心靈深處留下了難以磨滅的創傷，使他們不斷試圖尋找機會戰勝伊斯蘭教。

十六世紀的文藝復興運動和宗教改革運動使西方基督教社會邁向現代化，特別是十七、十八世紀的資產階級革命發生後，西方先進的政治制度、輝煌的物質文明、大量原始資本的累積喚起了基督教社會的優越感，作為歷史宿敵的伊斯蘭世界再度成為其征服的對象。「這時穆斯林世界面對的，不再是十字軍時代好戰的基督教，而是傳教士、教育家和商人，是大炮和艦隊，是科學技術，穆斯林便在擁有新文化、新生活秩序的西方手下遭到了失敗和恥辱。」十八世紀以來，西方與伊斯蘭之間征服與反征服、傳教與反傳教的對抗和衝突全面展開。

二戰以後，隨著中東伊斯蘭國家民族解放運動的興起，阿拉伯民族主義崛起於中東政治舞台，民族主義因素構成了伊斯蘭國家與西方對抗的主旋律。一些奉行伊斯蘭改革主義的政治家曾試圖吸收現代西方先進的政治經濟制度和人文主義思想，實現伊斯蘭國家的現代化進

程。但是，若干年的改革並沒能挽救日趨衰微的伊斯蘭，現代化導致的社會危機和西方對猶太復國主義的支持，反而再次激起穆斯林民眾對西方的強烈反感。因而，70年代以來波及伊斯蘭世界的伊斯蘭復興運動，迅速崛起的伊斯蘭原教旨主義（Islamic fundamentalism）組織都把反對西方和淨化伊斯蘭作為首要目標之一，兩種文化的衝突再度展開。

其中，原教旨主義將心理的憤怒上升為對西方化和現代化的貶斥和批判主張。因為世俗化不符合伊斯蘭傳統，它強加於伊斯蘭導致社會全面異化，使得伊斯蘭國家成為西方的附庸。世俗化教育使伊斯蘭教育迷失方向，世俗化的親西方政治精英的執政使政權失去民眾根基，導致政治危機。原教旨主義的主張否定西方化，且蘊涵著從價值取向上尋求內向的命題——伊斯蘭文明是自足的思想體系，能夠憑藉自己豐足的文化資源回應時代的挑戰並實現未來的復興。

1979年爆發的伊朗伊斯蘭革命從根本上動搖了美國在中東的戰略地位，霍梅尼把反西方作為伊朗對外政策的首要目標之一，這令美國深感不安與恐慌。二十世紀90年代的波灣戰爭，表面上看似美國與伊拉克之間的單獨較量，但美國對中東地區戰略的加強也引起了多數伊斯蘭國家的不安，反西方情緒不斷高漲。近年來，西方對伊朗、利比亞、伊拉克、阿富汗等國家進行的軍事和經濟制裁，更加使穆斯林民眾對美國的仇恨不斷加深。

「911事件」發生後，美國政府一些基督教右翼保守勢力就認為由賓拉登等蓋達組織發動的恐怖襲擊，實際上體現了伊斯蘭世界對以美國為首的西方基督教世界不滿，在他們看來，「911事件」揭露出美國與伊斯蘭世界之間的矛盾，其實是千餘年來西方基督教世界與伊斯蘭世界衝突的延續，因此，他們極力呼籲美國及其代表的西方基督教世界應該對伊斯蘭世界予以還擊。

例如，「911 事件」發生不久的 9 月 16 日，美國總統布希在一次記者招待會中公開使用「十字軍東征」的說法，表達他對恐怖襲擊事件性質的理解和對伊斯蘭極端主義勢力的憤怒，試圖以此激發大多數美國基督教民眾的愛國熱情以及對伊斯蘭極端主義的不滿。儘管白宮發言人在隨後發表的布希談話中取消了「十字軍東征」之說，並聲明這只是布希的「口誤」，但無論如何，在美國打擊全球恐怖主義的強烈對外政策背後，確實隱藏著傳統基督教與伊斯蘭教衝突的宗教情結。

　　回顧伊斯蘭世界與西方關係的歷史，衝突構成了雙方關係的主線，並帶有一定的文化色彩。進一步來看，在民族國家體系下，衝突的主體是國家，衝突的誘因則是利益和權力之爭。西方國家對伊斯蘭世界根本利益的損害，是政治伊斯蘭反對西方國家的根源。

　　此外，如果說西方國家與政治伊斯蘭之間的衝突蘊含文化、宗教和意識形態等因素，那麼雙方在歷史上形成敵對的共有觀念則是導致衝突的主要原因；在漫長的歷史中敵對，導致雙方在互應機制下建立相互為敵的身分。其中，政治伊斯蘭崛起不僅對美國在中東的霸權構成實際威脅，更作為一種反西方的意識形態，給西方帶來了挑戰。

　　西方世界無可避免地根據其世俗化的歷史經驗，對以宗教之名參與政治的政治伊斯蘭產生「保守、落後、激進」的刻板印象，在伊斯蘭激進主義的催化下，「伊斯蘭威脅論」和「伊斯蘭恐懼症」在西方蔓延。例如，西方國家普遍認為伊斯蘭教是無法與時俱進、僵化的宗教；伊斯蘭教與其他宗教沒有共同價值觀；伊斯蘭教是落後於西方的野蠻、過時和非理性的宗教；伊斯蘭支持恐怖主義，是一種崇尚暴力的政治意識形態。

如今西方國家與政治伊斯蘭的關係已進入了新的階段，但利益與權力、文化、宗教和意識形態等因素的衝突，雙邊的矛盾仍將長期存在。

穆斯林化趨勢漸顯

歐洲穆斯林人口的增加，造成歐洲穆斯林化的趨勢日益突顯。十九世紀末，時值資本主義過渡到帝國主義階段，多個歐洲國家在非洲、東南亞等地加速殖民擴張。此一時期，作為一種鞏固殖民統治的手段，歐洲國家樂於邀請並資助所轄殖民地國家社會上流階層——特別是年輕人——赴歐留學工作，以培養其對宗主國的文化親近和政治認同，其中有不少人選擇留在歐洲安家立業，多數為穆斯林。

更大規模的穆斯林移民潮則出現在二戰結束之後。為解決勞力短缺問題、推動經濟復甦，歐洲國家開始鼓勵和接納移民，從而吸引了大量來自中東地區的穆斯林勞工。二十世紀 70 年代後，更多穆斯林赴歐洲就業、投親。而近年來由於敘利亞、阿富汗、利比亞等地局勢持續動盪，導致輾轉入歐的戰爭和政治難民數量達到歷史新高。

現今穆斯林移民潮仍在繼續，加上早期入歐的穆斯林移民已生育第二代、第三代，歐洲穆斯林人口在歐洲總人口占比持續快速成長。2016 年，歐洲穆斯林人口已達 2,580 萬，約占歐洲總人口的 5%，居歐洲少數族裔之首。從國家分布來看，法國、德國穆斯林人口最多，分別為 570 萬（占比 8.8%）和 500 萬（占比 6.1%），且法國 25 歲以下年輕人中，穆斯林已占 25%。

尤其值得一提的是，2020 年新冠疫情的封鎖將長遠影響全球的生育率，並出現不可抑制的分化。從成長趨勢看，對於歐洲高社會福利國家來說，疫情的封鎖以及疫情對經濟社會的打擊將會導致本土居

第 1 章 神祕的微觀世界

民出生率一直處於下降狀態，低生育率對人口負成長的影響具有時滯性和隱蔽性，是一個不斷積聚、逐漸顯化的長期過程，而不是「立竿見影」。反之，伊斯蘭因為其宗教意識所崇尚的高生育理念，人口將比較不會受到疫情影響。與非穆斯林相比，歐洲穆斯林人口結構更加年輕化、生育意願更強。可以預見，隨著外來伊斯蘭人口增加，到了2035 年後，德國、法國、英國甚至於整個歐盟的穆斯林化與土耳其化將更加顯著。

穆斯林人口增加、伊斯蘭文化特徵愈發顯性化，或許將衝擊歐洲國家的主流價值觀、破壞歐洲傳統文化，進而動搖本土民眾的社會主體地位。在宗教文化方面，歐洲穆斯林大多嚴守伊斯蘭教義，順從「真主旨意」，弱化人的地位，與歐洲主流社會強調個人權利與自由、重視理性與平等、世俗化等觀念將產生劇烈碰撞；事實上，近年來婦女在公共場合能否穿戴蒙面長袍、學校是否有義務提供清真餐食、政府是否應限制清真寺的快速擴張等問題，就引發歐洲社會廣泛爭論。如果未來歐洲依然由於人口減少只能仰賴移民，而進來的移民又大多是穆斯林，歐洲和穆斯林之間的衝突或許將變得不可避免。

用文明對話來代替宗教衝突

無疑，在當今全球化的形勢下，認清世界文明的基本發展趨勢，採取正確且行之有效的文化戰略，對於不同民族、不同國家乃及全世界都具有十分重要的意義。如今愈來愈多人開始認識到，唯有用文明對話來代替文明衝突，人類才可能攜手共進、塑造一個更美好的世界。

曾任馬來西亞聯邦政府副總理的安華依布拉欣（Anwar Ibrahim），1994 年 10 月於美國一所大學發表的一次演講中，特別

就「文明對話」的必要性問題發表了很好的見解。安華論述了亞洲文明與西方文明進行對話的重要意義，認為隨著全球化不斷加速，世界不同區域、不同文化背景的人們互相交往日益頻繁，同時，對於文化認同和文明差異的意識明顯加深。因此，文明對話最重要的意義在於透過真誠友好的對話，增進不同文化間的互相瞭解，透過交流溝通消除彼此間的成見和誤解，為不同文化背景間的廣泛合作奠定基礎。

安華強調，亞洲文明與西方文明對話要想取得積極成果，雙方都需要走出歷史恩怨，用發展和向前看的眼光來看待對方。為此，伊斯蘭世界在對西方的態度上要超越「十字軍」和殖民統治情結，而西方在對東方和伊斯蘭世界的態度上應當克服傲慢與偏見，以全新的眼光來看待伊斯蘭文明。

文明對話，是必要性也是迫切性。由於聯合國組織積極介入與推動，這種文明對話也會逐漸被更多國家認同。1998 年 9 月，伊朗前總統穆罕默德哈塔米建議聯合國成員國，透過決議將新世紀歲首的 2001 年定為「聯合國文明對話年」。這項提議反映了世界各國主流的民意，於同年 11 月召開的聯合國大會上獲得透過。

為落實聯合國大會決議的精神，2001 年 2 月，在有關國家的共同努力下，於伊朗首都德黑蘭舉辦了「亞洲文明對話第一次國際研討會」，並在會後發表了就文明對話的基本原則和重要意義見解的宣言。宣言強調，人類所有文明都具有豐富的文化遺產，並對世界文明做出了重要貢獻，各種文明之間和每一種文明內部都應當展開平等、友好、真誠的對話，以增進互相理解，並在求同的基礎上分享人類共同的價值，積極、有效地應對人類在和平、安全、生態環保、消除貧困等領域所遇到的威脅與挑戰；號召各國政府、地區和國際組織，特別是肩負重要使命的聯合國組織，採取切實的行動，鼓勵、促進和支援各種文明間的對話、交流、溝通。

追溯歷史與正視現實，伊斯蘭世界和西方的衝突確實具有深遠的文化背景，文化作為一種特殊的「軟權力」，始終在雙方的角逐中發揮其潛移默化的作用。兩邊衝突一旦染上文化色彩，雙方便會根據各自的價值尺度和人文標準對國際衝突進行判讀，並為自己的政治行為及目標尋求符合自身價值認同的文化界說，從而使利益和權力的爭奪昇華及內化為追求具有文化道統的合法性。但這樣的衝突並非是完全不可消解的——只有求同存異、和而不同，人類文明才能發展到更高的層次。

1.6　中美關係將決定全球政經走向

中美關係是世界上最複雜也是最重要的雙邊關係之一。冷戰後以來，美國成為全球唯一的超級大國。但今時今日，以中國為代表新興國家的群體性崛起，對美國全球霸權構成了客觀影響，中國的全球領導力持續增強，威脅到美國的全球霸主地位。

2019 年 2 月 28 日，著名的美國民意調查公司蓋洛普（Gallup）發布了一項對 2018 年世界大國美、中、德、俄全球領導地位看法的民調結果，受訪者來自 133 個國家。民調結果顯示：德國以 40% 位居第一，這也是德國十年來首次跌破該數值；中國名列第二，為 34%，是十年來最高數值；美國排名第三，為 31%，比上一年高一個百分點；俄羅斯排第四，略低於 30%，與美國十分接近。報告認為，「中國的領導地位在大國競爭中獲得了更大的優勢」。

中國從改革開放以來，經歷了四十餘年的高速發展，已經成為繼美國之後第二大經濟體，其追趕超越美國之態勢愈發明顯，持續穩步的發展在美國朝野上下引起了高度關切。美國國內一致認為，中國是

美國霸權地位最大的挑戰者，而國際社會也普遍認為，中國和美國是國際體系中挑戰國與霸權國的關係。

當下的世界，已經是一個全球化、一體化、多元化的世界，也是一個綜合國力為上、科技為王、大國競爭的複雜世界。預期到本世紀中葉，中國在經濟總量上將有可能超越美國成為全球第一，不過中國在綜合國力上依然落後美國，在這樣的背景下，中美關係將成為決定全球政治與經濟走向的重要關鍵。

中美關係六十年

1949 年至今，中美關係經歷了兩個三十年，正準備走入第三個三十年裡。其中，第一個三十年在冷戰和韓戰的背景下，中美處於兩大陣營對壘狀態，中美雙方在冷戰期間爆發了慘烈的熱戰。

首先是韓戰。1950 年 6 月韓戰爆發後，美國將戰火燒到中國東北邊境的鴨綠江畔，中國於 1958 年 10 月派遣志願軍幫助朝鮮軍隊，先後有 240 萬志願軍將士入朝與美國率領的 16 國軍隊浴血奮戰，迫使美國在 1953 年簽署停戰協議。

二是越南戰爭。1964 年到 1973 年，美國在越南戰爭中先後共投入 54 萬多部隊，在死亡 5 萬 8 千多人、傷十多萬人之後，悻悻離開了越南。越戰期間，中國派遣了三十多萬部隊赴越參戰，但越南戰爭中，中國沒有像韓戰那樣直接參與戰爭行動，主要是幫助越南訓練軍隊、保障後勤以及制定作戰方案。

中美的敵對局勢在 1972 年緩和；該年，尼克森訪華，中美關係正常化，這是一場影響深遠的外交革命。1979 年中美建交、鄧小平訪美之後，中美兩國的合作終結了東亞冷戰。

第二個三十年是中國改革開放，不斷融入世界經濟的過程。1979年1月1日，中美建交，兩國進入了一段注重合作共贏的時期。1979年1月，鄧小平訪美，為中美兩國蜜月期的發展奠定了良好基礎。經過磋商，兩國在 1982 年聯合發表《八一七公報》；以此為契機，兩國關係進入了外界稱為中美蜜月期的良好關係狀態。期間，中美兩國保持著以合作為主的良好互動；根據蓋洛普民意調查，1989 年初，70% 的美國人對中國有好感或極有好感。

就國際形式來看，兩極轉向多極的國際格局更為突顯與定型。尼克森總統於 1969 年提出的國際體系「五大力量」之說，即美、蘇、歐、中、日在國際上日益成為顯像，隨著中國加入聯合國並成為五大常任理事國之一，中國的地位和作用在國際上愈發不可忽視。

這段期間，中國逐漸走出了文化大革命時期外交失序的局面，國內局勢穩定，經濟開始較快發展。在外交政策上堅持獨立自主的同時，中國開啟改革開放大幕，積極融入國際社會，尤其積極發展對美關係，引入資本主義先進技術和管理經驗，大力發展生產力。2001年，中國加入 WTO，實現了經濟爆炸性增長。中國從改革開放以來，經歷了四十餘年的高速發展，成為繼美國之後第二大經濟體，超越美國之勢愈發明顯。

當然，在第二個三十年中，中美之間也發生一些看起來很難處理的危機。但這是單一議題下的危機，雙方也有進行危機管控的意願，雙方元首和高級官員能夠在較短時間裡管控和化解危機，從而形成了中美關係「鬥而不破」的態勢。但整體而言，第二個三十年的中美關係裡，中國不斷加入和融入到美國主導的經濟秩序之中，實現了全球實力和地位的攀升。

中美關係走進第三個三十年

2008 年金融危機之後，中美關係進入了調整階段，經過十年的震盪走進了第三個三十年。然而，在進入第三個三十年後，尤其是川普上台，美國將中國視為對手並進行打壓，呈現了一種加速和加強的狀態。

儘管在第二個三十年，美國也曾短暫把中國當成「競爭對手」，並在一連串問題上為難著中國，但相較之下，中國在小布希執政時期（2001.01～2009.01）雖然發展快速，經濟實力仍不強。2000 年時，中國 GDP 僅有 12,113.46 億美元，而美國則高達 102,874.79 億美元，中國的 GDP 相當於僅為美國的 11.78%；2008 年，中國 GDP 上升至 46,005.89 億美元，美國為 147,185.82 億美元，中國 GDP 為美國的 31.26%。

到川普上台前的 2016 年，中國 GDP 已達到 111,947.52 億美元，美國為 18,624,475 億美元，中國 GDP 為美國的 60.11%。這種發展態勢引起了美國的高度警惕和擔憂；按照這樣的發展速度，到 2030 年左右，中國 GDP 總量就會超過美國，成為世界第一。這也讓美國壓制中國的動機十足。

從歷史來看，二戰結束以來，美國最終消費市場的開放就成為美國經濟權力的來源，東亞模式的成功很大程度也是建立在這樣的國際經濟分工結構基礎上。在金融、貨幣、軍事、技術等非常封閉的領域，一旦美國認為競爭對手正在趕超，就會採取綜合性手段進行打壓。上個世紀 80 年代，日美經濟戰不僅是因為日本 GDP 總量提升，更是因為日本在某些技術（例如半導體）領域呈現出強勁的追趕態勢，於是，在歐巴馬執政後期，美國國內對中國的態度發生了巨大轉變，川普上台後，美國更在行動上一步步加強了對應措施。

2017 年美國的《國家安全戰略報告》中，就將中國定位為首要戰略競爭對手，之後的印太戰略更是確定了在各個領域對華展開遏制和打壓的「路線圖」。2018 年 8 月 13 日，川普簽署了 2019 年度《國防授權法案》，將俄羅斯和中國再次定義為「戰略競爭對手」，提出要制定「全政府對華戰略」以應對中國。

近年來，儘管赴美留學的中國學生人數還是呈現增長，但 2015 年以來已經逐年放緩。根據公開資料，2017 至 2018 學年，中國大陸留美的總人數為 363,341 人，相較於 2016 至 2017 年成長 3.6%；2018 至 2019 學年，留美大學生總數為 369,548 人，比 2017~2018 年成長了 1.7%。訪學也變得不是那麼確定，拒簽率增加了兩三倍。事實上，人員交流背後承載的不僅是知識和技術，也有兩國的民心交流，企業之間的合作與人員交流不應該變成國家安全議題，也不該以國家安全的名義進行阻斷。在「脫鉤」的視野之下，中美之間的巨量貿易與頻繁的人員交流，從兩國關係的紐帶變成了戰略競爭的內容。

此外，不斷升級的貿易戰、技術戰更是動搖了經貿關係——原本維繫中美關係長期平衡的壓艙石，將中美關係推到如履薄冰的境地。經過兩年多不斷升高的緊張局勢，中美雙方於 2020 年 1 月在美國華盛頓簽署《中華人民共和國政府和美利堅合眾國政府經濟貿易協定》，然而兩國還未因這份協議鬆一口氣，突發的新冠肺炎疫情再次將中美關係推入更加艱難的處境。

面對急劇蔓延、危及全球的大規模傳染疾病，對抗新冠病毒疫情並未成為中美關係激化趨勢的緩衝劑，反而摩擦矛盾不斷，病毒來源以及應對模式等成為中美之間的主要爭論和重要分歧。可以說，2020 年初新冠病毒疫情的爆發為川普政府進一步施壓和脫鉤提供了新能量，在現實層面擴大了中美分歧，加深兩國政府的政治互疑，也加深

了兩個人民相互憎惡情緒，使得原本已經如履薄冰的中美關係更是雪上加霜。

合作大於競爭

在全球化、一體化、多元化的當前，中美兩大國對於世界和平與發展負有特殊責任，中美關係將決定全球政治與經濟走向。這關乎中美兩國關係走勢，關乎中國能不能順利實現「兩個一百年」奮鬥目標，關乎美國的霸權地位、領導力與全球角色的發揮，關乎中美兩國未來的發展，也關乎世界和平發展與繁榮進步。

從歷史來看，二戰以後，在對衝突與戰爭的深刻反思基礎上，建立了以聯合國為核心的國際爭端解決機制，建立了國際貨幣基金組織、世界銀行、世貿組織等重要專業性國際組織。同時，民族獨立運動蓬勃發展，國際關係民主化、國際秩序規則化、國際政治透明化愈顯突出，更加緊密合作而非競爭的大國關係受到普遍的認可。

從國際形勢來看，儘管各類矛盾層出不窮，很多問題難以解決，但世界和平與發展仍是時代主題，川普發起的貿易戰雖然聲勢浩大，但不會給美國帶來長期經濟成長。中美如冷戰那樣的對抗與衝突既不符合時代大勢，也不符合兩國的根本利益。儘管兩大國之間的競爭不可避免，但競爭難以走向全面對抗與衝突，競爭中合作必成中美主基調。

此外，由於中美是兩個大國，是世界經濟第一大和第二大經濟體，是聯合國安理會常任理事國，具有舉足輕重的地位和影響，對世界和平、安全、穩定、繁榮、進步具有重大責任，應當攜手合作致力於全球治理問題，共同應對全球治理挑戰，才是最大的全球正義。如果世界處於混亂之中，全球問題頻出卻無大國領頭治理，包括中美在

內的所有國家都將遭受損害，兩國損害可能更大。基於以上原因，中美合作雙贏應當成為兩國的世界戰略與相互關係主基調，從而落實兩國長久合作雙贏關係。

　　儘管到本世紀中葉，中國在經濟總量上將超越美國成為全球第一，但綜合國力上依然落後於美國。即使 2020 年中國的 GDP 達到 15.58 萬億美元，占美國 GDP 的四分之三，但中國人均 GDP 卻只有 1.1 萬美元，只有美國的六分之一。與中國相比，美國在高等教育、科技創新、金融管理與人才建設等方面有較大的優勢，但缺點也愈來愈突顯，主要是多年來累積的問題。就當前疫情下的美國而言，由於防疫不力導致社會無法短期內完全恢復，美國經濟純粹依靠美國聯準會不斷放水，處理一個史無前例過度透支美元的階段。不斷地大水漫灌，將使美國通膨更嚴重，而整體經濟卻無本質上的成長。這種單純依靠美元的霸權與壟斷地位來向世界輸出通膨的行為，並不能強化美國的領導力，反而會進一步削弱其領導力與霸權地位；如果不盡快調整政策，專注於國內經濟的恢復以及綜合國力的提升，美國所建構的這種美元霸權模式將會在十年內揮霍殆盡。

　　反觀中國的態勢，從歷史的發展規律中找借鑒比較的話，當前中國的國際地位處境有點像第一次世界大戰之前的美國。當時世上最具影響力的國家是英國，美國只是一個新興的經濟大國，但是政治上影響力不夠，不能進入當時英國主導的西方世界主流政治體中，加上美國在文化上也還沒有足夠的自信，軍事亦不夠強大。但是，當時的美國在經濟上比較強，發展速度非常快，由經濟發展所推動的軍事科技獲得大幅發展，這為日後美國走向全球領導者的地位奠定了基礎。

　　當前的疫情讓我們看到世界無法團結一致的現狀，就如同二次世界大戰一樣，世界分成了中美兩個對抗陣營。人類第一次面對一個無形的對手——也就是病毒，卻遺憾地看到社會的對立，對立所帶來的

後果是疫情無法在可預測的時間內徹底解決。但是，全球化已經進入一個不可逆轉的階段，貿易和經濟往來又讓世界各國無法徹底脫鉤，以美國為首的西方世界若不能客觀正視中國崛起的事實，對於人類社會的團結安定顯然不會有正面的價值。

同時，不斷擴大的貧富差距，網路科技帶動的價值觀衝擊，包括種族歧視加劇，也讓西方社會出現了不同程度的「內捲」（involution）。當然，美國若能盡快調整國家戰略，專注於國內改革，調整與優化社會發展所累積的各種內部矛盾，繼續吸收與吸引全球頂尖人才，建立嚴格的法律保障體系、活躍的資本氛圍以及包容的創新格局，其將繼續占據目前的領先地位。

1.7　全球治理面臨發展考驗

疫情在全球擴散蔓延導致全球經濟衰退、國際金融市場動盪、全球產業鏈斷裂等諸多風險累積，亟待全球治理體系發揮應對作用。然而，本應在疫情中發揮功能的聯合國、世界衛生組織，卻在在對抗新冠肺炎疫情的過程中更加曝露了現有全球治理體系的不足，未能有效發揮協調各國共同抗疫的核心作用。

聯合國抗疫表現乏善可陳

從全球角度看，作為世界最大、最具權威和普遍性的全球多邊機構，聯合國在全球治理方面始終肩負著重要的責任，發揮著重要的作用。然而，新冠肺炎疫情在世界各地的肆虐曝露了聯合國在國際合作與全球治理中的缺陷，嚴重衝擊了聯合國的領導力和權威性。

儘管作為最為重要的全球治理多邊機制，聯合國各專門機構積極致力於新冠肺炎疫情防控，但是，資源配置失當、理念與實踐脫節以及全球與區域聯動失序依然是造成聯合國在全球「抗疫」不佳表現的主要原因，因此，各國重新回到國家主義的框架。重塑聯合國在後疫情時代的領導地位，預防邊緣化和空心化的趨勢，重新建立有效的多邊協商機制，對後疫情時代國際環境的穩定將具有重要意義。

　　2020 年初，新冠肺炎疫情開始全球蔓延。短短幾個月內，迅速席捲了兩百多個國家和地區，不僅造成政治、經濟、社會等全方面危機，還直接衝擊了以聯合國為核心的全球衛生治理體系，聯合國的權威性、專業性與主導性遭到普遍質疑，各國重回區域主義和國家主義的抗疫管道。

　　作為會員國最多的全球性國際組織，聯合國在抗疫中的政治優勢不容忽視。疫情期間，聯合國呼籲國際社會聯合一致對抗疫情，反對政治汙名化，倡議全球停火和抗疫中的人道主義應對舉措，聯合國安理會 2020 年 7 月全數通過有關新冠肺炎的決議，認可聯合國祕書長提出的全球停火倡議和人道主義應對計畫，要求安理會議程上衝突各方立即停止敵對行動，實現為其 90 天的停火，確保人道主義援助准入，加強維和人員安全。與此同時，決議強調聯合國在全球抗疫中的關鍵作用，重申「以人民為中心」的理念，呼籲國際社會團結合作抵抗疫情。

　　同時，聯合國各專門機構開始持續發布政策簡報，向各國政府提供專業性和專門性的抗疫指導建議。例如，2020 年 6 月，聯合國疫情與國際勞工組織發布報告指出，新冠疫情使得全球喪失數億的工作崗位，作為經濟重要引擎的中小企業無法生存，年輕人可能成為「封鎖的一代」。2020 年 11 月，聯合國經濟和社會事務部發布新冠疫情對貧困的長期影響，認為疫情的大流行和隨之而來的經濟危機正在逆轉

多年來減輕貧困方面取得的成就，新增 3,400 萬人陷入極端貧困，大幅破壞了全球為在 2020 年之前消除極端貧困可持續發展目標所做的努力。

不可否認，聯合國各專門機構在疫情期間根據系統風險與成本效益分析，提出了在應對能力有限的環境中限制人員流動、採取有力措施隔離治療、支持中國政府的政治承諾、積極調查並遏止疫情傳播，確保為中低收入國家迅速研發診斷劑、抗病毒藥物和其他療法，以及可能研究成功的疫苗之舉措，為其抗疫期間的作為。

但是作為最大的全球性國際組織，聯合國在新冠疫情中曝露出的缺點也十分明顯。新冠肺炎爆發後，聯合國祕書長古特雷斯（António Manuel de Oliveira Guterres）多次發表講話呼籲各國合作，但回應者寥寥可數。實踐過程中，新冠疫情過度「政治化」與「安全化」理念也帶來了治理不便的結果；具體而言，受制於大國之間的權力政治鬥爭，安理會的具體決議遲遲難以落實，英美的單邊主義對聯合國應對疫情的國際合作實踐產生了限制。

另外一方面，更重要的原因則是聯合國組織自身的問題。其治理體系陳舊，官僚與腐敗問題嚴重，加上遲緩的改革已經嚴重影響其領導力與公信力，使其在全球公共問題的協調中不能發揮應該有的價值與作用。

世界衛生組織的抗疫失能

1946 年，聯合國在三大國際衛生組織的基礎上建立了世界衛生組織，後來又於 1951 年制定了《國際衛生條例》，管理領域逐步從最初的傳染病控制擴大到公共健康。

冷戰結束後，因為疾病全球化的挑戰，尤其是愛滋病、SARS、甲型 HINI 流感、伊波拉病毒、新型冠狀病毒和「超級細菌」等引發的新型傳染病，疫情日益頻繁，世界衛生組織職權不斷擴張，並在 2005 年第 58 屆世界衛生大會透過修訂的《國際衛生條例（2005）》，樹立了世界衛生組織在全球衛生危機方面的領導地位。

尤其是吸取 2003 年嚴重急性呼吸道症候群（SARS）的教訓，為了再次面對相似事件時各國能夠有效預防和應對，世界衛生組織總幹事將徵求突發事件委員會的意見，最終決定某一事件是否構成「國際關注公共衛生緊急事件」（PHEIC），而各成員國均負有對「國際關注公共衛生緊急事件」做出迅速反應的法律責任。

如果某地區爆發的疫情宣布為「國際關注公共衛生緊急事件」，意味著世界衛生組織需要發布一個臨時建議，要求各國對人員、物品及交通工具應採取的衛生措施，並協調全球人力物力，必要時給予發生 PHEIC 地區指導與說明，例如籌集外界援助資金等。

回顧世界衛生組織成立以來的治理績效，在應對區域小規模疫情或者單一疾病方面取得了不錯的成就。自 2009 年以來，世界衛生組織共宣布了六起「國際關注公共衛生緊急事件」。在沒有全球性大疫情的情況下，世界衛生組織面對局部性小疫情總體上運作良好，各國履約和合作意願也很高。

然而，這一次大規模的疫情治理上，世界衛生組織卻表現出了反應遲緩、效率低下和應對不力的問題。雖然在 2020 年 1 月 30 日，世界衛生組織總幹事譚德塞就根據《國際衛生條例》規定──鑒於確診病例大量增加以及感染病例其他國家人數激增的事實，世界衛生組織經過討論後一致認為，疫情現已符合國際關注的衛生緊急事件標準，宣布新型冠狀病毒疫情為國際關注公共衛生緊急事件，但是在抗疫過

程中，未能協調好大國之間的關係，致使其頻繁陷入世人爭議的漩渦之中。

先是前美國總統川普公開指責世界衛生組織在防疫過程中「以中國為中心」的立場偏頗，並於 2020 年 4 月 14 日宣布暫停向世界衛生組織繳納會費，跟著美國參議院國土安全委員會主席詹森（Ron Johnson）宣布對世界衛生組織和總幹事譚德賽進行獨立調查，要求世界衛生組織和總幹事譚德賽提供相關資訊，對世界衛生組織的專業信譽造成極大的負面影響，更影響其在抗疫期間的地位。

與此同時，各國對於是否進入緊急狀態、採取何種應對措施的問題也並不能夠與聯合國的倡議和呼籲達成共識。既有採取「局部封城」策略，也有採取「局部封國」策略，更有採取「全面封國」策略和「群體免疫」策略的。各個地區、國家無法進行有效協調溝通，加劇了疫情期間的混亂失序，給聯合國的全球衛生治理帶來了更多困難。

造成世界衛生組織無法有效領導世界各國團結抗疫的關鍵原因，在於其自身的官僚貪腐問題以及不被認可的專業性；近年爆出世界衛生組織援助某些地方的事件中，出現其工作人員性侵當地婦女兒童的案例，這是對世界衛生組織最大的恥辱，直接造成其公信力的瓦解。

從挑戰到回應

全球治理是國家與非國家行為體相互克服國家中心和社會中心的合作治理。在全球統一政府缺失的情況下，聯合國作為只有主權國家才能參加的政府間國際組織，理所當然地成為全球公共治理的關鍵力量。況且，在全球化深入發展到「地球村」的今時今日，更需要聯合國和其他國際組織發揮更大的作用。

聯合國及其國際機構協調全球發展的責任更大，相應上處理問題的權力也應該加強，這是事物發展的規律要求。新冠疫情的出現，大大曝露了聯合國的缺陷與不足，其缺乏與時俱進的全球協調機制，嚴重影響聯合國及其國際機構的有效性。聯合國面臨的考驗，也是對國際社會的共同考驗。

後疫情時代，聯合國想要繼續發揮其作用和影響，必須改革原有制度，完善預防體系，提升應變能力。以世界衛生組織的制度設計特點為例，其模式與大多數國際機構相似，是在無政府狀態下要求各方遵守制度策略時呈現的國際合作模式。然而，其固有的制度設計已經不能滿足此次疫情帶來的衝擊，特別是大量醫療資源、醫療配備和抗疫物資高度集中在已開發國家，世界衛生組織只能提供有限的專業指導，無法及時做出反應，導致疫情中後期，多數已開發國家自顧不暇、無法提供抗疫援助時，世界衛生組織的治理能力弱點更加曝露無遺。後疫情時代，作為國際公共衛生制度的代表和成員國普遍接受的國際制度架構，聯合國在改革制度設計的同時也要堅持制度合作，這是世界衛生組織應對疫情的關鍵。

例如，可以透過完善國際法並推進相應的機構建設，使世界衛生組織擁有類似於世界貿易組織（WTO）貿易爭端解決機制的可執行權力，從而使世界衛生組織在疫情病例認定標準和資料的統計發布、監督各國疫情防控措施的執行、調解各國防控措施之間的矛盾等方面，發揮更權威、更有效的作用。

同時，要給予世界衛生組織更大的資金支持。根據 2018 ～ 2019 年世界衛生組織規劃預算方案，用於應對全球突發衛生事件的預算僅有 5.54 億美元。但是，由於美國拖欠世界衛生組織約 3 億美元會費，並將 2021 年向世界衛生組織的資金支持從上一年度的 1.23 億美元銳

減至 5,800 萬美元，給世界衛生組織的正常運轉帶來嚴重影響。對於拒繳、拖欠會費的行為，也可建立具有震懾性的懲處制度。

其次，在當前新冠疫情的全球防控中，地區性國際組織在資訊分享、資源調配、組織協調方面發揮了關鍵作用，而如何密切與區域組織聯動配合，對聯合國應對新冠疫情的治理能力是極為重要的考驗。具體觀察，無論是疫情判斷還是具體措施，全球唯一的公共衛生治理機構——世界衛生組織都缺乏歐盟、東盟等地區性組織的針對性與靈活性。

例如，在推進全球公共衛生治理體系建設的具體實踐中，東盟與中、日、韓三國（「10+3」機制）透過召開對抗疫情領導人特別會議、衛生發展高官特別視訊會議、國家衛生部長視訊會議、經貿部長特別視訊會議等，統籌各國資金、物資、人員，在遏制疫情擴散蔓延、提高公共衛生治理、促進區域經濟恢復成長等方面通力合作，其相關做法和經驗值得其他區域性組織借鑒，值得在全球推廣。

相較之下，受制於不同區域疫情發展程度的差異性與「禁足」、「封城」、「封國」等客觀防疫需要，以聯合國機構為代表的均質化國際組織難以及時發揮作用，滯遲和治理失靈現象時有發生。因此，在後疫情時代，聯合國應當提升議程設置的主導能力與專案規劃的協調能力，重塑全球公共衛生產品供給的主要角色，而重中之重在於透過與區域性國際組織密切合作，制定差異化的疫情防疫任務，針對不同區域的疫情發展特點與走向合理配置資源。

最後，大國戰略競爭加劇是影響聯合國及其相關機構應對新冠疫情不利的又一項重要因素。長期以來，大國對於全球治理的態度和相互之間的配合程度是聯合國治理能力能否充分發揮的關鍵，近年來，國際局勢發生重大變化，金融危機與民粹主義正在衝擊舊有國際秩

序。由於大國競爭加劇，尤其是中美之間的全政府、全方位、全球性的多領域競爭，國際新秩序短期難以成形。因此，新冠疫情的爆發促使原本脆弱的體系因大國激烈的戰略競爭更趨於停滯。

目前，國際權力與利益結構開始被迫分化重組，國際秩序缺乏主導性力量的時代正在到來。聯合國是否能繼續發揮作用，也將受到大國戰略競爭的影響。其中，中國是否能受到西方民主國家的尊重與認同，也是聯合國能不能繼續發揮作用的重要因素之一。

在中國經濟超越美國登上全球第一之後，經濟上所發揮的影響力將會讓愈來愈多的國際組織與機構，包括一些聯合國的新興組織與重要組織搬遷至中國或設置在中國，中國在聯合國組織中也將扮演更加舉足輕重的角色。

中國經濟實力的提升，勢必會促使其綜合國力全面提升，這是不可阻擋的趨勢。美國建國至今只有短短兩百多年，雖有強大的創新與現代社會治理能力，但經歷失敗與矛盾化解的經驗不足，在與中國這樣一個有著 6,000 年國家治理經驗的大國競爭時，總會遭遇到超出過往經驗的時刻。

如果中美不能客觀正視彼此、客觀接納彼此，保持合作又競爭，將會給整個人類社會帶來不利的影響，同時也削弱聯合國的領導力。可以預見，聯合國在本世紀能否發揮全球領導力的作用，像以前一樣成為全球多邊協商的核心裁判，關鍵取決於中美關係的發展。

在全球化的時代裡，任何地方爆發疫情，其傳播的速度和造成的傷害遠遠大於過往任何時候；後疫情時代，聯合國更應有所作為，為建立人類命運共同體而做出貢獻。

很遺憾的是，1945 年 10 月 24 日成立的聯合國與 1948 年 4 月 7 日成立的世界衛生組織經過七十多年的發展，累積的問題也愈來愈多，這次的疫情只是加速了問題的爆發。聯合國目前存在諸多問題，例如過度官僚、腐敗、婦女兒童被性侵、資金使用不公開透明，對發展中國家的支援不夠，尤其是對貧困國家的扶持過於官僚主義，在一些重要議題上缺乏果斷的執行力…這些問題使得聯合國正在失去它曾經的功能，逐步淪為大國角逐的戰場與外交表演的舞台。而目前，聯合國愈來愈難團結全球各國共同應對全人類面臨的重大問題與挑戰。

　　中國所提出關於聯合國的改革建議認為，聯合國的改革應有利於推動多邊主義，提高聯合國的權威和效率，以及應對新威脅和挑戰的能力。改革應維護《聯合國憲章》的宗旨和原則，特別是主權平等、不干涉內政、和平解決爭端、加強國際合作等。改革是全方位、多領域的，在安全和發展兩方面均應有所建樹，特別是扭轉聯合國工作「重安全、輕發展」的趨勢，加大在發展領域的投入，推動落實千年發展目標。改革應盡可能滿足所有會員國、尤其是廣大發展中國家的要求和關切，應發揚民主，充分協商，努力尋求最廣泛的一致意見。改革應先易後難、循序漸進，維護和增進聯合國會員國的團結。對達成一致的建議，聯合國應盡快做出決定、付諸實施；對尚存分歧的重大問題，要採取謹慎態度繼續磋商，爭取廣泛一致意見，不人為設定時限或強行推動而做出決定。

　　聯合國組織再不加快步伐全面改革，世界恐怕無法在聯合國的調解下協作，其全球協調人的作用與價值到 2035 年後可能也會加速弱化。

第 **2** 章

數位革命催生經濟之變

疫情在重創全球經濟的同時，帶來了危機，也孕育著新機。疫情加速了數位經濟發展，推動社會邁向數位化新時代，人類社會正從物理世界全面進入數位世界。雖然電腦、智慧手機及網路技術的普及已經初步改變了人們的生活與消費習慣，但是，數位經濟並非只是單純的產業革命，它革新了價值創造的方式，再定義了價值分配過程，化解了植根於傳統實體經濟中舊思想、舊秩序之間存在的顯著矛盾。疫情作為一種催化劑，迫使人們首次完全從物理世界中脫離，反思現實世界的因與果，或將加速適應數位經濟時代的社會秩序與道德文化。

以數位技術為核心的通用資訊技術正在全球推動新一輪技術革命和產業變革，深刻影響著價值創造的方式。數位經濟已成為世界經濟發展的基本形態以及未來經濟發展的主要動力，其重要性不言而喻。關於「數位化」和「數位經濟」的討論，正在形成一個龐大的敘事星座。

現今，全球各行各業都在經歷數位化轉型。透過利用數位資產開發新的應用程式，擴展新功能並開拓新思路，以更快、更高效率、更可靠的方式探索創新領域。積小流以成江河，數位化每前進一小步，都將對整體經濟發展產生重大影響，全球經濟貿易關係、國際格局乃至貨幣秩序都將迎來歷史拐點，揭開數位革命的序幕。

2.1　無現金時代加速到來

新冠病毒肆虐之下，由於傳染性病毒附著在紙鈔表面會導致病毒傳播的可能性，多國相繼推出紙幣消毒政策，提出減少使用現金的倡議；與此同時，史無前例的大規模社交距離加速了電子錢包與電子支付的普及，無現金時代就在這樣的背景下加速到來。

從紙鈔到數位貨幣

進入貨幣變革引領支付方式變化的問題之前，我們需要先瞭解貨幣的發展史。在貨幣出現以前，最早期的社會消費方式是一種以物易物、去中心化的方式，但是由於交易效率極低，供需耦合難度較大，缺乏統一價值衡量標準，大大限制了人類的經濟活動和貿易範圍，於是就有了金銀等貴金屬的產生。

金銀即最初的貨幣形式，正如倫敦經濟學院教授貨幣和金融史課程的波爾泰維奈（Natacha Postel-Vinay）教授指出，貨幣是一項相對較新的發明，它代表了人類社會的根本變化。

第一次有記載貨幣使用是在西元前三千年左右、古巴比倫文明時期的古伊拉克和敘利亞。巴比倫時代，人們使用大塊的銀，這些銀是根據一種叫謝克爾（shkel）的標準重量單位來計算的，最初的價格記錄是由祭司在瑪律杜克神廟記錄的，還有最初的帳簿和最初的債務。

當巴比倫有了貨幣經濟所需的眾多基本要素 —— 包括銀的純度接受定期測試以及對國王或政府的信任，人們相信國王或政府能保證貨幣的價值，也就誕生了國家信用為背景的貨幣，即純信用貨幣。

紙幣實現了信用貨幣從具體物品到抽象符號的第一次飛躍。中國最早使用紙幣是在唐朝（西元 618 ～ 907 年），當時的紙幣是私人發行的信用票據或交換票據，但直到十七世紀，歐洲才開始接受這種想法。

技術的發展加持了貨幣的發展，於是人們走進了更加便捷的支付時代。1946 年紐約布魯克林區 Flatbush 國家銀行的 John Biggins 發明了信用卡。隨後，信用卡在美國被推廣到旅行推銷員身上，供他們

在旅途中使用。1966 年 6 月 29 日，英國的巴克萊銀行（Barclays）發行了英國第一張信用卡。

1979 年 10 月，中國銀行廣州分行率先代辦香港東亞銀行的東美信用卡 /Visa，信用卡從此進入中國市場。此後，銀行卡業務得到了一定的發展，各大銀行都發行了自己的銀行卡，並為提升持卡人使用場景和體驗，配套相應的受理設備 POS 機。刷卡成了 80、90 年代的高級消費行為。

很快，大家就發現 POS 機存在的局限性，POS 機擠占櫃檯、費率標準不一導致客戶成本激增、帳務管理困難，且持卡人受理範圍十分受限，造成權益受損。於是，1993 年 6 月中國國務院啟動了發展電子錢包的各類讀卡機應用系統工程，至此，中國銀聯的時代到來。

當銀聯和各大銀行線上線下市場策馬奔騰之時，線上支付正伴隨行動網路的迅速發展，走向另一條「康莊大道」，就是支付機構。2003 年，在杭州西湖畔，淘寶旗下的部門支付寶推出了「線上擔保交易」服務，改變了中國支付市場的格局，並深刻影響了接下來十幾年的支付市場發展。

貨幣是人類除了文字之外的另一個重要發明，在經歷了以物易物、金銀本位制之後，信用貨幣成為貨幣史上的重要跨越。如果說紙幣實現了信用貨幣從具體物品到抽象符號的第一次飛躍，那麼建立在區塊鏈、人工智慧、雲端計算和大數據等基礎上的數位貨幣，則是實現了信用貨幣由紙質形態向無紙化方向發展的第二次飛躍。

不可更改的未來趨勢

無疑，從歷史的角度觀察，任何事物都有誕生、發展、滅亡的週期，我們亦有理由相信在不遠的將來，紙鈔消失是有可能的，從紙鈔

演變到數位貨幣是一種大勢所趨。實際上，早在 2014 年 5 月，以色列就宣布擬廢止現金交易，而現在很多國家的大多數交易都是透過電子設備支付。

相較於數位貨幣，紙幣的確存在著諸多弊端與極大的安全隱憂。一是浪費資源：紙幣的使用壽命，相對於其他形式貨幣是最短的；一張紙鈔流通三年左右通常就不再使用了，一般一張紙鈔的使用壽命約為 18 ～ 20 個月。紙鈔如果長期不用或者長期存放會發黴腐爛，而這也是政府為什麼要不斷發行新紙鈔的原因。

再者，由於紙鈔長期在人們手中流傳使用，因此成了最容易傳播細菌和病毒的媒介。紙幣上面細菌極多，它們都是人類健康和生命的殺手，如同新冠病毒帶給人們的教訓一樣，雖不能證明使用現金能夠傳播病毒，但較強的流動性導致其容易攜帶各類細菌病原體也是事實。非現金支付則能降低人員接觸和紙鈔流傳過程中傳播細菌的風險，減少了疾病傳播的一定機率。

第三點，大額鈔票不易攜帶，而且具有極大的風險，隨身攜帶有形紙鈔將成為犯罪分子最容易覬覦的目標。反之，具有高科技保障的電子錢包，得借助高科技手段和特殊手法，而一般犯罪分子是無法輕易竊得的。數位貨幣的安全性，遠遠高出紙鈔。

在紙鈔避無可避的諸多弊端與安全隱患下，數位貨幣卻展示了其獨到的優勢：對政府來說，數位貨幣是反腐的一道利器；對企業來說，財務造假則成了泡沫；對社會來說，金融犯罪將無所遁形。數位貨幣有相對安全的密碼系統，尤其是隨著晶片銀行卡的出現，安全性不斷提高，電子錢包的使用壽命要比現金長很多、也更耐用。

此外，由主權背書，嵌入可程式設計，自上而下獨具精準滴灌效果的央行數位貨幣由於全程可追溯的特性與區塊鏈耦合，更將重構數

位經濟世界的交換體系，激發數位經濟的新一代潛能。數位貨幣重在擬合貨幣的基本屬性，彌補舊貨幣體系與新數位經濟的脫節。

在發達的商品經濟條件下，貨幣具有價值尺度、流通手段、貯藏手段、支付手段和世界貨幣五大職能，而在未來數位經濟時代的運作體系中，新一代國際貨幣仍需滿足上述特性；因此，唯有加強與數位經濟發展模式的融合，才能發揮出數位經濟的增長潛能。由於數位貨幣採用電子支付方式，便得以數位形式在全世界廣泛使用，因此本身滿足世界貨幣此一職能。

2018 年國際權威機構「支付暨市場基礎設施委員會（CPMI）和市場委員會（MC）」將央行數位貨幣定義為：不同於實體現金或央行儲備或結算帳戶的央行貨幣之新變體。根據發行者（央行或非央行）、形式（數位貨幣或傳統紙幣）、可訪問性（開放式或受限）和技術四個維度，將全球央行的數位貨幣劃分為通用型和批發型。

數位貨幣對於數位經濟時代的重要意義在於各國央行基本達成共識。目前多國央行正在研究區塊鏈和加密數位貨幣並展開技術測試，部分央行已正式推出數位貨幣發行和支付交易的相關政策：如歐洲央行、瑞典央行、加拿大央行、日本央行、新加坡金融管理局。烏拉圭央行已經在有限規模內測試發行了央行數位貨幣（central bank digital currency, CBDC）；菲律賓央行則在監管沙盒制度下，支援私營部門法定數位貨幣（DFC）用於支付。

央行數位貨幣是數位經濟時代的大勢所趨。由於央行數位貨幣能夠為公眾提供一種流動性強但更安全的支付方式，並且這種支付方式由國家信用背書，因此能夠大大降低法幣的運作成本，提高支付效率，便捷了跨境支付。

從應用場景來看，從人類最早的交易方式以物易物，到後來使用貝殼充當貨幣。目前的研究顯示，超過一半的消費者傾向於數位支付；歐洲央行 2019 年在對歐洲十七個國家的調查研究中發現，絕大多數消費者傾向於在疫情結束後繼續使用數位支付或者進一步提升數位支付的比例。

麥肯錫 2020 年 7 月份報告顯示，早期的貨幣是銅、黃金和白銀，直到紙幣出現，人與人的交易依舊是實物的交換；到了數位貨幣時代，貨幣變成一串加密後的字元，透過手機上的 APP 承載，交易時只需掃描 QRCode 或者近距離通訊功能即可完成支付。值得一提的是，從中國央行數位貨幣（DCEP）披露的資訊來看，DCEP 採取「雙離線支付」方式，即可以在雙方都離線且無網路的情況下完成支付，既體現了現金支付的優勢，又彌補了微信、支付寶等需要網路才能完成支付的不便。

英格蘭銀行行長 Andrew Bailey 日前也表示，英國境內非現金支付需求正顯著上升。受疫情蔓延和社交限制影響，英國本已處於下滑階段的現金取款量繼續下降。相較於去年同期，2020 年 4 月份英國現金取款量下降了 60%。即使在社交限制有所放鬆的 7 月份，現金取款量仍然處於低位，較去年同期下降了 40%。英格蘭銀行支付和創新執行董事 Victoria Cleland 日前表示，預計全球跨境支付的規模將在 2027 年上漲至 250 萬億美元，較十年前成長 100 萬億美元。然而，如此大規模的跨境支付卻面臨著成本、速度、可獲得性和透明度等因素制約。

最後，數位貨幣也提供了平衡技術創新與當代治理問題的重要方法。技術革命帶來經濟社會效率巨大提升的同時，亦可能對當代治理模式產生重大衝擊，比特幣為代表的非官方加密貨幣在毒品、槍枝彈藥、洗錢等方面的應用，警剔著技術創新的負面衝擊和風險。

總括來說，即便數位貨幣至今依舊得面對技術創新所帶來的負面衝擊，然而無現金時代的到來是不可逆的必然趨勢。我們可以預見，到了 2035 年左右，無現金模式將成為所有發達經濟體的主流。

2.2　數位貨幣多元化衝擊

隨著移動支付方式在全球日趨普及，愈來愈多的中央銀行也開始對發行數位貨幣進行積極研究和試驗；根據國際清算銀行的統計，目前至少有十七個國家的中央銀行在積極探索發行數位貨幣，有些甚至已經實行或正在實行相關的數位貨幣發行實驗專案。

其中，中國憑藉在移動支付行業和金融科技等方面的優勢，央行發行數位貨幣的研究和探索也躋身前列。早在 2020 年 4 月，中國人民銀行就披露準備發行名為 DCEP（digital currency electronic payment）的官方數位貨幣，並且已經開始在多地進行試用。

當然，在世界各國央行數位貨幣應用加速落地的同時，也一定會面臨數位貨幣多元化衝擊的挑戰，而如何面對挑戰，依舊是數位貨幣的未竟之路。

「貨幣非國家化」成為現實

哈耶克在《貨幣的非國家化》一書中曾提出「政府壟斷貨幣供應被打破，私人機構供應不同的貨幣」設想。2019 年 Facebook 加密貨幣 Libra 的誕生，標記著數位貨幣新時代的開啟；同時也意味著，哈耶克「貨幣非國家化」和多元化貨幣的設想已逐漸變成現實。

在 Libra 誕生不久後，國際貨幣基金組織（IMF）總裁拉加德（Christine Lagarde）也表示，IMF 擬根據 SDR 機制推出一個全球數位貨幣——IMF coin，數位貨幣得到國際權威金融機構的正式認可和支援，愈來愈多的官方機構開始重新審視區塊鏈技術和數位貨幣的發展潮流。

2019 年 2 月，摩根大通發布了自己的數位貨幣「摩根幣」（JMP coin），用於機構間清算；同期，IBM 也宣布了自己的跨境支付區塊鏈系統「World Wire」；2020 年 7 月 25 日，美國聯邦法院正式承認比特幣等虛擬貨幣是該國法律承認所涵蓋的一種「貨幣」。這些動作在在意味著，科技與金融的融合、數位貨幣與虛擬資產的趨勢已經無法阻擋。

儘管臉書前區塊鏈負責人馬庫斯（David Marcus）曾強調 Libra 將與美國聯準會和其他央行合作，確保 Libra 不干預央行的貨幣政策，接受法定機構的監管，但無論是法定數位貨幣還是私人數位貨幣，加密數位貨幣都將不同程度影響著全球央行的貨幣供應和貨幣創造、貨幣政策有效性及金融監管。

毫無疑問，Libra 為代表的數位貨幣已經走在央行前面了。在數位貨幣時代，全球央行貨幣供應的統計口徑和範圍需要調整，央行的貨幣供應總量不再是經濟活動中的帳戶單位，而是加密資產和帳戶單位的綜合，同時，貨幣政策的工具不僅限於利率和存款準備金比率等，新的貨幣政策指標如加密數位貨幣利率等一系列指標將會出現。

數位加密貨幣可能部分削弱央行在貨幣政策中的主導作用，因為數位加密貨幣對傳統貨幣的流通必定存在一定的擠出效應，貨幣流通數量和流通速度將影響貨幣乘數。擠出效應則取決於法定數位貨幣、

私人數位貨幣及傳統貨幣之間的競爭，這種競爭的結果透過法幣與私人貨幣的兌換比例表現出來。

顯然，隨著各種網路商業模式的崛起以及區塊鏈技術的普及，依據區塊鏈的數位貨幣很大程度替代了當前法定貨幣的信用功能。可以預見，未來一些商家將會根據自身的生態系統發行各種數位貨幣，而不同商家之間的聯盟模式將可使數位貨幣獲得更有效的流通，所帶來的後果就是，數位貨幣的種類將超過國家的數量。

當然，央行—商業銀行二元制貨幣模式運營體系充分考慮了貨幣政策利率傳導管道的疏通，央行法定數位貨幣 DCEP 僅僅替代紙幣以及硬幣等傳統法定貨幣，有利於提高貨幣供給的可控性以及可測性。隨著數位貨幣技術的普及以及元宇宙等網路生活方式再進化，「貨幣非國家化」與法幣之間的競爭局面將在近十年內成為各國政府面臨的重要議題。除了網路平台的數位貨幣建立與法幣至今的競爭之外，未來的多元化貨幣競爭還存在於非國家化貨幣（私人貨幣）之間、數位貨幣與傳統貨幣之間。

數位貨幣加深法幣競爭

儘管央行數位貨幣重在擬合貨幣的基本屬性，彌補舊貨幣體系與新數位經濟的脫節，但如果央行數位貨幣的功用僅限於擴展支付系統的邊界和計價手段的範圍延伸或者功能進化，其影響和意義顯然不至於引起全球日益激烈的討論。而一眾央行數位貨幣以及商業貨幣的誕生帶來的貨幣多元化衝擊，不但造成「貨幣非國家化」與法幣之間的競爭，甚至造成法幣之間的競爭加劇。

如歐洲央行行長拉加德（Christine Lagarde）所說，貨幣在促進交易的同時，也是主權的象徵。並且，發行央行數位貨幣對於發達經

濟體而言，除了在支付安全和金融穩定、對非主權數位貨幣的監管方面具有重要意義外，對於新興市場經濟體來說，則是在支付效率、金融包容性、應付匯率貶值危機上具有傳統法幣不可比擬的優勢；這也是主要經濟體紛紛啟動央行數位貨幣議程、參與貨幣競爭的主要原因所在。

舉中國央行數位貨幣的「一幣兩庫三中心」核心架構為例。其中，「一幣」是指僅有 DCEP 一種央行信用背書的法定數位貨幣，與人民幣等價兌換；「兩庫」是指發行庫與商業銀行庫兩個資料庫，建立 DCEP 的雙層運營體系，即央行只管理發行庫，與商業銀行承兌 DCEP，並不直接面向公眾；「三中心」則分別指認證中心、登記中心與大數據分析中心。登記中心記錄流水與權屬，認證中心確認身分，兩者互相獨立保證了 DCEP 交易的匿名性，而針對可疑的交易記錄，僅有央行擁有最終許可權追蹤，可有效遏制洗錢等不法交易。上述可控匿名性延續了紙幣交易的特性，同時又杜絕了數位貨幣參與不法行為的可能，對加強市場可競爭性並保持市場紀律發揮了重要作用。

而以挪威、瑞典等為代表的歐洲國家，發行數位貨幣是為了將數位貨幣作為法幣的補充，以維護現有貨幣體系的穩定。此外，還有一些石油美元國家如委內瑞拉，為了打破美元封鎖、減少對美元的依賴，遂發行可以轉化為法幣或者黃金的數位貨幣作為儲備工具，以維護幣值穩定和國內經濟正常運轉。

作為央行數位貨幣和電子支付體系的先行者，中國的相關研發測試及其外部效應引發了各界密切關注。中國央行對於數位貨幣的籌劃可以追溯到 2014 年，在中國人民銀行行長周小川的支持下，央行成立發行法定數位貨幣的專門研究小組。這些年數位貨幣開發的消息也一直持續披露，2019 年 11 月，中國央行副行長范一飛表示，數位貨

幣基本完成頂層設計、標準制定、功能研發、聯調測試等工作；按照時間計算，央行在今年落地數位貨幣也是一件水到渠成的事。與其他國家相比，根據豐富的電子支付實際經驗，中國中央銀行數位貨幣研發非常迅速，在中央銀行數位貨幣這場世界競爭中，中國一直都走在前列。

2020 年 8 月 14 日，中國商務部印發《全面深化服務貿易創新發展試點總體方案》，在「全面深化服務貿易創新發展試點任務、具體舉措及責任分工」部分提出：在京津冀、長三角、粵港澳大灣區及中西部具備條件的地區展開數位人民幣試點。中國人民銀行制定政策保障措施，先由深圳、成都、蘇州、雄安新區等地協助推進，後續視情況擴大到其他地區。同年 9 月 14 日，中國人民銀行副行長范一飛公開發表文章《關於央行數位貨幣的幾點考慮》，更被外界認為是關於中國中央銀行數位貨幣最官方的「劇透」。

在疫情催化之下，中國央行數位貨幣的基礎設施建設進一步提速，DCEP 可望提早落地。圍繞此革命性工具，中國央行可望率先完成對傳統貨幣政策體系的升級改造。

一方面，根據定向使用、智慧合約等內嵌功能，DCEP 可望成為有力的結構性政策工具，實現貨幣的精準投放，促使資金流向供給側的缺點領域；另一方面，根據追蹤功能，DCEP 可望為央行提供更為詳盡的資金流動和經濟迴圈資訊，進而優化總量性政策工具的時機與力度，並透過降低金融監管成本減少政策傳導損耗。這意味著在全球央行降息潮之下，中國貨幣政策將保持相對的從容和主動，中美利差有機會長期位於舒適水準，並為人民幣匯率提供支撐。

此外，隨著中國新經濟企業出海以及相應數位支付系統的全球延伸，DCEP 可望充分發揮作為央行數位貨幣的先發優勢，在全球

新經濟的支付、結算、定價功能市佔率居領先地位。由此，「人民幣 -DCEP- 全球新經濟資源」的關係鏈可望率先打通並持續夯實，人民幣將成為全球新經濟領域高效交易、配置資源的關鍵工具之一。

事實上，以第一次世界大戰爆發為誘因，人類社會正式從金本位制過渡至信用貨幣體系，如今已逾百年。二戰結束後，布列敦森林制度（Bretton Woods system）則奠定了美元作為國際貨幣的地位。即使布列敦森林制度崩潰後，以美元為核心的國際信用貨幣體系仍然延續至今，其背後支撐是當時美國無人與之爭鋒的經濟與軍事實力。

然而，以美元為核心的國際信用貨幣體系存在「特里芬難題」（Triffin dilemma）：一方面，美國依賴於貿易逆差向其他國家輸出美元；另一方面，長期處於貿易逆差將導致美元清償力變弱，進而削弱美元作為國際儲備貨幣的地位。

當前，美元的貨幣地位與實際經濟實力日益失衡。疫情期間，美國聯準會發起兩次非常規降息至零利率，並推出開放式、無限量化寬鬆（QE）措施以填補美元流動性黑洞。雖然短期可解金融市場燃眉之急，但是長期來看卻有失審慎考量。據世界銀行及 IMF 資料顯示，雖然美元在全球外匯儲備的比例仍處於 62% 高位，但美國在全球經濟的比重已經由 1960 年的 40% 左右下降至 24%。

因此，大多數持有美元外匯儲備的國家，或將對美國聯準會的超預期貨幣寬鬆政策產生擔憂，轉而尋找新的貨幣替代體系。在此情況下，呼之欲出的數位貨幣有機會首次登上歷史舞台，革新信用創造方式，重構國際貨幣秩序，同時也將對美元霸權構成挑戰。有鑒於此，我們可以預見到本世紀中期，世界將會出現至少三個以上各據一方的強勢數位結算支付系統。

2.3　大數據交易所取代金融交易所

疫情加速了大數據的應用，推動全球科學技術的空前創新，驅動著商業模式和管理理念歷史性的變革。資料資源逐漸成為人類社會重要的生產要素和戰略資產，採集、分析、應用資料的能力也迅速成為國際競爭的焦點。

對於當前的國際金融市場而言，全球大部分的金融產品出自於美國紐約、英國倫敦及中國香港的金融交易所，並稱為三大國際金融中心，其創造與擁有的金融資產與價值是其他國家與地區所無法匹敵。對於其他國家而言，擁有一個全球性的資產交易中心平台是改變其國家乃至城市定位的最大機遇。

當人類藉由網路以及萬物智慧進入大數據時代之際，資料將成為比石油更具有價值的金融資產，資料交易則將成為下一個龐大的國際金融資產。在大數據交易所這個新興產業面前，任何國家都是處於相同的起跑線上，誰能率先建立起大數據交易平台，就代表誰能率先占領全球下一個金融交易平台的制高點。

顯然，資料資源的價值體現離不開資料的開放與流通，也就是數據交易所的建立。在這樣的背景下，協力廠商數據交易平台應運而生，對接了資料市場的需求。

中國早在 2014 年就已成立全國第一個大數據交易平台——北京中關村數海大數據交易平台。隨後，貴陽大數據交易所（蘋果中國雲資料中心所在地）、上海數據交易中心、重慶大數據交易平台、北部灣大數據交易中心等數十個交易平台接續成立。2020 年以來，《北京市促進數位經濟創新發展行動綱要（2020 ～ 2022 年）》、《北京市

關於打造數位貿易試驗區的實施方案》、《北京國際大數據交易所設立工作實施方案》相繼發布，成為中國加快推進大數據交易基礎設施建設的一個標誌，協助大數據交易所進一步融入市場。

為什麼需要大數據交易所？

大數據交易所的必要性，要從大數據交易的痼疾開始說起。繼雲端計算、物聯網之後，也就是所有東西都進行智慧化、數據化管理，大數據龐大的應用潛能和一片向好的市場前景催生了新型商業模式，也驅動了大數據價值產業鏈的形成。

大數據的價值逐漸受到重視，資料科學決策成為政府和企業的共識，資料開放共享的迫切需要與日俱增。隨之而來的就是資料商品化，而圍繞著資料的定價、交易等資料資產金融化，如今卻成為制約大數據商業化與金融資產化的困境。

一方面，從電信、金融、醫療等跨領域部門，到製造、教育等傳統企業，再到電子商務、社交平台等新興媒體，各國潛在的大數據資源豐富且覆蓋範圍極廣。但即便在大數據的儲存和挖掘方面有了突破，卻依然存在大量的「資料孤島」（data silo），這主要是由於各方出自利益的考量，沒有讓大數據彙聚為一片藍海。尤其在民主國家，個人隱私與大數據商業化之間存在著較大的意識與法律衝突，導致不同主體擁有的大數據分散在不同的地方，形成了「資料孤島」的窘境，某種程度限制了大數據的商業化途徑。

事實上，資料流通並非新事物，但不論是普通法系國家還是大陸法系國家，目前都沒有關於大數據交易相關的法律法規。正是由於缺乏法規制度、定價標準不明確、交易雙方資訊不對稱，造成交易成本很高且資料品質也無法得到保障，大大制約了數據資產的流動。

其進一步的影響就是網路巨頭、政府、大型企業的資料來源掌控能力愈來愈大，持有並控制海量資料，導致自由市場競爭產生壁壘，對消費者的保護也日益艱難。

另一方面，資訊經濟學本質上存在「阿羅悖論」（Arrow paradox），1963年的諾貝爾經濟學獎得主肯尼斯阿羅（Kenneth J. Arrow）的《不確定性與醫療保健經濟學》就已提出：資訊（數據）與一般商品迥然有異，它有著難以捉摸的性質，買方在購買前因為不瞭解該資訊（數據）無法確定資訊的價值，一旦獲知該資訊（數據）就可以複製而不會購買。

歸根到底，在於資料的價值並沒有絕對。不同的應用主體、不同的處理分析技術，會讓資料表現出不同的市場價值。從市場需求角度而言，同樣的資料在應用過程中，對於有需求的企業和無需求的企業來說，存在著天壤之別的市場價值。而從資料的處理分析技術角度而言，資料採擷和整合的深度與範圍不同，形成的資料產品應用範圍差別巨大，其市場價值也將隨著應用範圍展現出不同的顯著特徵。

於是，在資料交易中，需求方因難以判斷資料的品質與價值，可能花了大筆金額卻沒有獲得實現預期目標的數據資料；提供方也可能因為缺乏需求方的資訊而低報價格，更不用說對於數據資料安全和濫用的潛在風險。

因此，在大量的資料供應方與資料需求方之間缺少透明、可控的交易橋樑，存在資訊不對稱、溝通不順暢等現象。在社會資源配置不合理的大數據交易背景下，既能引導資料資源的合理分配，又能規範交易流程，推動資料流通形成良性迴圈、創造新價值的大數據交易所就成為各國關注的重點方向。對於各國而言，這是一次全球金融市場再分配的歷史機遇。

數據交易所的未竟之路

以中國為例，中國是目前對大數據交易所探索較早的國家之一。2015 年是中國大數據交易平台發展最迅速的一年：2015 年 4 月，貴陽大數據交易所在貴陽市國資委的支援下掛牌運營，並完成了首次交易；同年 8 月，華中地區第一家數據交易所──長江大數據交易中心落戶武漢。此後，華中大數據交易所、武漢東湖大數據交易所、河北京津冀數據交易中心也相繼成立。

在此期間，大數據交易平台的數量與規模迅速擴大，市場占有率持續提高，也不斷地嘗試拓寬業務範圍。值得關注的是，中國大數據交易所的探索與嘗試，得益於政府的大力支持──不論是政策或是資金。

作為協力廠商仲介平台，大數據交易所推動了之前一對一的雙邊數據市場，使其向「一對多」或「多對多」的網路資料市場轉型，也使得大數據潛在的商業價值得到進一步釋放並逐步形成交易規則，產生定量化的交易指數，資料市場的規模和效率倍增。然而，理論是一回事，現實又是另一回事。

由於大數據產業市場前景廣闊、前期進入門檻相對較低，許多大數據交易平台性質的企業機構紛紛掛牌成立。雖然多數交易平台成立之初設立了令人滿意的資料交易目標，但在市場運營中卻遭遇困境，欣欣向榮的景象背後，交易市場並沒有達到預期的活躍程度。透過對中國各大數據交易所調查研究後發現，五年過去了，很多大數據交易所成交量少得可憐，依然處於小規模的探索階段；這種乏善可陳的局面，顯然與資料權屬和風險分擔不明的法律痼疾有重要關聯。

首先，政府、企業以及科研機構等交易主體對資料開放共享的程度、力度，影響著數據交易平台的業務範圍和交易品質。在面對巨大

的市場需求時，資料本身的商業價值和社會價值依然未被合理發掘利用，目前，中國資料開放共享的主體主要集中於擁有大數據的政府、網路企業運營商以及科研機構等多個主體。阻礙開放共享進度的因素則表現在開放共享的理念、完善的平台和技術支撐、成熟的管理監督機制以及最終的開放共享回饋效果等多個維度和多重因素。

中國政府一直在嘗試建立以大數據為依託的智慧城市管理模式，然而實際應用中，各級政府工作人員對資料決策、現代化治理等的認識尚不足，即便多數政府部門已經認識到大數據帶來的效能，但缺乏成熟的管理機制，特別是規避探索過程中出錯的責任承擔。另一方面，走在開放共享前沿的部門又面臨技術上的現實困境，包括對資料的維護和管理不足等問題。企業之間又存在更多競爭關係下的商業利益考量，因而開放程度並不是很高。

因此，有效激勵主體的參與度和可用性，首先需要融合結構化和非結構化資料，消除資料孤島，同時也要打通企業內部和外部的資料，消除資料割據現象。另外，在配套的資訊安全保障措施下提升政府企業等主體的參與度，共同推進資料標準化建設，完善交易規範，透過回應參與主體對資料的應用需求為導向，撬動資料交易市場更大的潛能。

其次，「一盤散沙」的資料形態難以真正完全釋放資料中蘊含的巨大價值。資料價值的最終體現包含多個環節，原始資料若缺乏品質和有效性，將影響資料交易的品質和準確性。

具體原因有三點：一是大多數地區交易平台在缺乏規則的市場下自成體系，不統一的開放格式、資料維度及語義等共性問題牽制了交易市場流暢的溝通；二是資料的真實、完整、一致性及品質好壞，直接決定數據資產的價值；三是技術層面的支撐力仍有待提升，資料能

否全面採集檢索、獲取的資料在格式規範上是否便於後續交互流通，有價值的即時資料能否及時獲取、更新、維護等，均對資料交易品質產生影響。顯然，隨著資料採擷、分析和利用的深化，要使資料產生價值需要透過可靠的資料交易讓流程動起來，保證資料被不斷地分析應用才能催生不可估量的價值。

最後，交易安全是保護大數據整體安全的一部分，如果無法保證資料交易的安全，將造成不可估量的損失。從交易所需要的步驟來看，一是交易前的任何一個環節出現問題都將造成後期無法完成交易，這樣就會導致無論是賣方還是供應商都將承擔違約責任。二是考慮交易場所的安全性，資料交易量大若沒有安全的交易場所，就會存在資料黑市中的非法交易；交易場所到底該如何規範，設立該場所又該遵守何種規則，仍未有明確具體的管理方案。三是資料交易主體的資質和能力，也將被納入安全性考量範圍。

這同時也意味著，完成交易之前的每一個環節都應受到嚴格管控，否則受波及的範圍將不局限於個人，而會蔓延到社會和國家，進而影響整體安全。建立以大數據交易平台為中心的大數據交易體系，對接資料市場發展的需求，仍是需要思考的問題。

從目前的實際情況來看，主要存在五大困難：

一，資料的商業化邊界問題：也就是資料的安全於開放、隱私與商業化的邊界問題。哪些資料屬於國家安全保密範疇，哪些資料屬於開放的社會化商業範疇，哪些資料可以用於商業化，哪些資料不能用於商業化的資料商業邊界標準；

二，資料的界定標準：意指哪些資料應該如何歸類。需要制定一個清晰的資料歸類標準，如何界定其邊界與歸類；

三，資料的定價：這是根據資料類別界定、歸類之後所面臨的問題，即歸類後的資料商業化價值如何定價；

四，資料的交易機制與收益分配：目前的資料大致可分為政府治理資料、工業類資料、金融類資料、公共服務類資料以及圍繞個人的商業應用資料等五大版塊。前四個版塊的資料交易機制與利益分配機制都相對簡單，即資料擁有者享受資料商業化權益，但圍繞個人的商業化應用所產生的資料則是資料交易中面臨的一大焦點，也就是說這類資料本質上都是由使用者個人使用產生的，是屬於使用者個人隱私行為的資料，其商業化交易是否應該分配一部分權益歸用戶個人；

五，大數據立法：不論是從個人資料隱私還是商業化層面而言，都需要有專門的立法來界定並保障邊界與權力，讓用戶與商家都能有清晰、明確的法律規則進行商業化，以免濫用資料給用戶帶來不必要的傷害或擾亂正常生活。

從社會發展層面來看，大數據交易所是必然的產物，但要真正推動其發展，還需要從根本上解決以上五方面的頂層設計與制度建設，才能有效保障大數據交易所的健康有序發展。

對於任何一個國家和地區而言，大數據商業化帶來的資料金融交易所是一次難得的歷史機遇，誰能率先主導交易的法律與標準，就能率先建立國際化的資料交易中心，並獲得一定程度的資料交易話語權。繼美國紐約、英國倫敦就中國香港的國際金融交易中心之後，預計到 2035 年左右，世界上將會出現三個較為活躍的大數據交易所，但隨之而來的將會是對於隱私倫理的各種爭論。

2.4 數位化拓寬貿易邊界

數位化正在改變世界。隨著網際網路、大數據、雲端計算、區塊鏈、物聯網、人工智慧等數位技術的快迅發展，各國的數位產業也跟著快速進展。同時，數位技術和傳統產業加速融合，數位產業開始大規模賦能改造傳統產業；數位技術和數位化正重構傳統的產業鏈、價值鏈和供應鏈。

在這個過程中，電子商務產業的興起伴隨著數位技術的發展，貿易形態也隨之變革，2020 年的全球疫情更加速了數位貿易及產業發展，軟體和資訊服務、線上教育、線上辦公、網上問診、網路遊戲、社交媒體和電子商務全部逆勢增長；貿易數位化轉型已成世界趨勢。

數位貿易賦能傳統貿易

目前，世界各國政府及不同機構對數位貿易的理解並不一致，全球也沒有一個權威性的精確定義，隨著數位技術對經濟貿易的影響加大，數位貿易所觸及的邊界還在不斷發展。

從共性角度來看，數位貿易可以粗略理解為依託資訊網路和數位技術，在跨境研發、生產、交易和消費活動中以數位平台為重要載體，產生廣泛滲透到國際經貿各行各業的新型貿易形態，是以數位訂購和數位交付為主要運作方法的數位貨物貿易、數位服務貿易和跨境資料要素貿易的總和。

直觀上來講，數位貿易也和傳統貿易存在很大的不同，在數位經濟時代，貿易的整個流程和傳統形式極為不同，表現出諸多新特徵。

第一，線上電子訂單逐漸成為主流。傳統貿易中，參與貿易的各方之間要完成一個訂購合約，往往需要很長時間的線下磋商，交易成本通常很龐大。而在數位貿易時代，電子商務取代了傳統形式，讓商家取得訂單的難度大幅降低，原本需要複雜的線下互動才能完成的任務，現在只需幾個簡單的線上操作就可以辦到，交易成本大幅降低。

　　第二，平台在貿易過程中扮演愈來愈重要的角色。傳統貿易中，貿易的展開多是貿易各方之間單獨進行，在數位貿易時代，網路平台成為貿易過程中的關鍵角色，這種交互形式的改變大大提高效率。如果是一對一進行，那麼很多有關貿易的合約需要單獨擬定，會產生很大的簽約成本；企業之間的違約行為通常很難被制約，因此所產生的糾紛給參與者帶來很大的困擾。除此之外，很多與貿易相關的配套工作也需要雙方自行投入，這在經濟上造成很大的浪費，但如果貿易是經由平台展開，那麼這些問題就可以迎刃而解。

　　貿易各方不僅可以透過平台提供的標準流程來鑒定和履行合約，省去不必要的成本，還可以享受由平台提供的風險擔保以及其他的配套服務，讓整個貿易過程變得更方便且更加安全。更重要的是，有了平台後，貿易參與者尋找合作夥伴將會更容易。

　　第三，數位化也對商品的交付方式產生了巨大影響。數位貿易時代，一方面，在供貿易的商品中，其數位化含量會大幅提升，數位化因素對於貿易的影響會愈來愈大。大批的貨物交付可以透過數位方式直接實現——例如一款網路遊戲就是只有幾百 MB 的資料在網上進行了傳輸。另一方面，資料作為一種特殊的商品開始興起。在數位經濟時代，資料自然要在市場（包括跨國市場）中進行流動，使得它本身也成為國際貿易中一項重要產品。

以非洲盧安達的支柱性產業——咖啡——為例，過去想要完成咖啡貿易，盧安達國內的企業需要先從農戶手裡把咖啡豆收上來，然後再到歐美市場尋找客戶訂立合約，合約成立後，咖啡會透過空運或海運的途徑集中運到歐美市場，然後再分裝、零售，最終到消費者手中；貿易的發起主要在線下，主要參與者是企業，交付方式是集中的。然而在 2020 年新冠疫情期間，盧安達的農戶透過中國的直播電商對自己的產品進行推廣，帶貨女王薇婭的一場直播，僅僅花了一秒鐘就將來自盧安達的三千斤 Gorilla's 咖啡豆銷售一空；貿易的發起在線上，中國消費者透過平台和遠在盧安達的咖啡企業之間直接訂立合約，合約成立後，這些咖啡透過物流分散運輸到了中國各地。所有的一切，都和傳統貿易形成了鮮明對比。

數位貿易進入新階段

如今，數位貿易因為一場疫情才普及，不過數位貿易的推廣卻是經歷了漫長的過程。

二十年前，世界各國進入了資訊技術掛帥的時代，也使得傳統貿易開始向數位貿易轉型。迄今為止，數位貿易已經經歷了三個階段——貿易資訊展示平台、貿易線上交易平台、貿易產業鏈綜合服務平台。目前，正邁向數位貿易的商業作業系統階段。

其中，1.0 階段為貿易資訊展示平台，聚合各行業賣方商品資訊，由買方選擇合適的商品購買。如阿里巴巴的中國黃頁模式，將供應商資訊整合在一起，透過網際網路平台展示給全球兩百多個國家或地區採購商，搭建線上國際貿易洽談合作平台。該階段模式的特點是資訊多而齊全，但資訊品質較差，買賣雙方無法完成線上交易。

2.0 階段為貿易線上交易服務平台，包括 B2B、B2C 等交易模式，提供買賣雙方線上交易載體。B2B 解決了傳統大宗交易困境，參與物件以跨國大型企業為主，透過線上資訊交流與金融支付工具，縮短了中間繁瑣環節、提高交易效率，使得國際貿易更加便利。

B2C 跨境零售貿易的參與對象以中小型企業為主，為全球的消費者提供多元化商品服務，降低了核准門檻，節省交易成本，為中小企業打通高效販售商品至全球的新通路，也為消費者提供快速購買全球商品的便捷管道。該階段模式從資訊展示跨越到線上交易，有效提高交易效率、縮短交易時間。

3.0 階段為貿易產業鏈綜合服務平台，整合優化供應鏈資源，減少中間環節，提供從上游工業到下游消費者的全產業鏈交易服務。例如敦煌網 DTC（數位貿易中心）模式，整合優化產業鏈行銷、金融、物流等環節，提供開放服務埠，打造集貿易資訊展示、線上支付、融資分期、物流基礎設施等多元化服務，平台收取 5%Take Rate（實收率）以及資訊增值服務收入。

時下，數位貿易又進入一個全新的階段，即數位貿易商業作業系統，這是建立在全球貿易多元化基礎設施之上的升級版，包括商家作業系統、超級會員系統、樣品庫系統、金融支付、智慧物流等數位化服務，為全球企業和消費者提供數位化的基礎設施，進而實現「買全球、賣全球」的數位貿易全球化。

目前的貿易數位化已經不只是傳統意義上的貿易數位化，而是由數位貿易為先導，它涵蓋了貿易撮合數位化（線下、線上及相互結合的數位化銷售等）、貿易執行數位化（本國本地區及跨境的物流、倉儲、關務、許可證、稅務等）、貿易服務數位化（市場服務、公共服務、口岸服務、爭議解決機制，以及商檢、金融、保險等）、市場主

體數位化（所有貿易參與方、貿易主體、服務主體、生產主體等）、產品數位化（所有成品、半成品商品、原輔材料、大宗商品等）、產業鏈數位化等，含製造業的整個產業鏈上下游與產業流通環節與產業資本的數位化。

貿易數位化可以說是智能科技集成協助的產物，是時代發展之必然。數位貿易對傳統貿易的重塑不僅體現在賦能和轉型上，也體現在利用數位化技術賦能貿易全流程上，進而提高貿易全鏈條的效率，利用數位化技術和思維加快了傳統貿易企業轉型，透過賦能和轉型增強競爭新優勢，實現傳統貿易企業的降本增效。

數位貿易仍待發展

毋庸置疑，未來各國的貿易與稅收、海關、物流等系統都將實現數據化、智能化，各平台資料會進行流程式的融合；這部分讓國際貿易變得更為便捷，也會讓貿易更加無國界。在這個過程中，國際貿易的格局也將經歷巨大變化，任何國家和企業都應該把握數位貿易發展的黃金時期。

從國家角度來看，各國的比較優勢在決定貿易格局的過程都具有重要意義。早在十八世紀，英國經濟學家大衛李嘉圖（David Ricardo）就已指出，如果每個國家可以按照自己的比較優勢來進行貿易決策，就可以在國家層面上讓所有國家的福利狀況獲得提升。

和英國相比，葡萄牙在生產酒和毛紡織品上的絕對生產力都很低，但在酒的生產上具有比較優勢，因此在酒的生產上，與英國的差距相對小一些。在這種情況下，葡萄牙全力生產酒，而英國全力生產毛紡織品，最後再透過貿易進行交換，就可以讓兩國兩種貨物的消費總量都獲得提升。

也就是說，一個國家的要素稟賦（factor endowment）會是決定該國比較優勢的重要力量。如果某國的勞動力資源相對豐沛，那麼通常這個國家就會在生產勞動力密集的商品上擁有比較優勢；而如果某國的資本相對充足，那麼它就更有可能在生產資本密集的商品上具有比較優勢。

數位貿易時代，資料成為數位貿易的關鍵生產要素。因此，資料在決定比較優勢乃至決定貿易結構的過程中，必定會扮演著重要角色。資料資源相對充足的國家更應該在貿易分工中承擔數位化含量更高的產品出口，商品的數位化含量愈高，其附加值就愈高，利潤空間也就愈大。

從中國的實踐看到，由於中國人口龐大，網路活動頻繁，加之在隱私問題採取了比歐美等國更為寬鬆的態度，因此在資料資源的累積上占得先機。也正是因為如此，中國在包括人工智慧產品的不少數位商品上有很大的比較優勢。在數位貿易蓬勃發展的背景下，資料優勢將成為巨大機遇。

不可諱言，中國的數位貿易企業「出海」仍面臨許多障礙。近年來，受地緣政治、保護主義等影響，中國數位企業在海外投資和海外業務遭受了較大衝擊。此外，中國個資和資料保護法制法規尚未健全，特別是跨境資料流動政策及管理尚待完善，而缺乏國際合作則不利於企業出海。

此外，要想在數位貿易上獲得優勢，最根本還是要看一國的數位經濟實力是否具有優勢。就中國而言，儘管中國數位經濟規模大，但國際化程度卻較低。過去一段時期，中國數位經濟發展主要得益於國內數位消費市場的快速成長，在電子商務、行動支付、社交媒體和搜尋引擎等數位經濟領域誕生了一批如阿里巴巴、騰訊和百度等的巨型數位平台企業。

然而，與 Google、Metaverse、Apple、Amazon 等跨國公司相比，中國數位平台企業的業務主要集中在國內市場，海外布局較少，海外營收占比較小，在國際化部分與美國數位平台企業相比也有很大的差距，同時，中國數位平台企業在「走出去」過程中也面臨諸多限制與挑戰。

再從制度建設角度來看，雖然理論上傳統的貿易規則對於數位貿易依然適用，但有很多地方需要根據實際情況進行修訂或更加具體化。例如，現在大量的貿易都是經過平台進行，平台在進行貿易的過程中會收取對應的服務費，但平台的這種服務究竟應該歸於什麼性質，卻仍無法理可依。

近年來，中國的《網路安全法》、《反不正當競爭法》、《電子商務法》等一連串法律相繼推出、修訂完成，為數位管理和推動數位經濟貿易提供了法律依據和保障。此時，中國也初步成立了中宣部、網信辦、商務部、工信部、廣電總局和市場監管總局等多部門協作的數位貿易管理機制，但在數位貿易國際管理上尚未形成完善的規則體系。

數位貿易正在影響並改變著人們的生活，未來還會釋放出更大的經濟潛力。在新發展階段和新發展格局下實現貿易數位化轉型，也是貿易高品質發展和全面建設貿易強國的必然選項。接下來的十年內，數位化改造將會成為世界各大主流經濟體政府的主要工作，而圍繞著數位化改造的國際諮詢機構也將從中獲得不菲的收益。

2.5 零工經濟，數位時代的工作革命

零工經濟（gig economy）正深刻改變著人們的經濟與社會生活。

網路技術與共享經濟的興起，導致常規的工作概念邊界愈來愈模糊、自由職業的從業門檻愈來愈低。勞動市場發生蛻變，諸如應急、應招、臨時、兼職、計件與「零時契約」（zero hour contract）屬性的零工市場不斷湧現，愈來愈多勞工開始透過網路平台打零工，「網路＋零工經濟」應運而生。

同時，伴隨著網路新生代個性化和共享經濟模式崛起，常規工作概念的邊界愈來愈模糊，自由職業將成為未來很重要的一種就業模式。在新冠肺炎疫情持續影響下，更進一步推動了從事零工經濟的群體發展與壯大，並呈現快速成長態勢；零工時代將在疫情過後加速登場。

零工經濟在變化

事實上，零工並不是一個新的概念。零工的出現可溯及古代，並且與人類的社會生活相伴相生。熟悉中國社會的人，應當也熟悉長工和短工等自由工作形式：長工是指東家（雇主）相對穩定的工作形式，短工則是指東家相對不那麼穩定的工作形式。

長和短是用時間定義工作的穩定性。短工是一般指的零工或者臨時工，傳統的零工在現今社會依然存在；例如，西南地區為有需要的消費者提供人力運輸服務，就是存在時間極為悠久的典型零工。與其類似的，還有自由撰稿人、家政服務、製造服務（如上門製衣）等。

不難發現，零工的本質依然是勞動者運用某種能力在某雇主要求的某項工作上所花費的時間。當然，零工這種存在已久的古老工作形式，隨著工業化誕生的工廠勞動發展需求，漸漸被組織化的工作崗位取代，不過即使在工業化鼎盛時期，零工也依然存在。

在工業化初期，一些工廠雇主出於成本的考慮，會聘用按件計酬的臨時工人，這是工業化時期的零工經濟模式。在中國改革開放初期，也出現了「零星務工」、「散工」、「短工」等就業族群。

但是對於傳統的小時工、鐘點工、合約工、顧問等零工來說，工作模式較集中在低收入、低技能的勞工族群，且傳統零工極為分散、凝聚力較弱，並未形成規模經濟。數位時代則是重塑了零工經濟模式，並帶來了一場新的工作革命。

一方面，與傳統的零工勞動方式相比，數位經濟時代的零工帶有強烈的網路色彩，網路、大數據技術的快速發展使勞動者不再經由仲介獲取工作，而是直接透過平台取得工作機會。勞動者擁有工作的自主權，這代表著一種自我僱傭的生產關係。與此同時，勞資關係的社會契約性發生了實質性的轉變，由具有顯性特徵的固定社會契約關係轉變為靈活的隱性市場化契約關係。

另一方面，網路、大數據、物聯網、人工智慧等嶄新技術的發展促使當前零工勞動者的生產方式發生巨大變革。

首先，過去以生產性勞動為主的生產方式，轉向以服務勞動為主。再者，不同於以往零工勞動者在固定、集中的工作場合進行勞動，現今的零工勞動者採分散化工作方式，工作地點有較大彈性和自主性。第三，傳統零工只需擁有簡單的勞動技能即可，現在的零工勞動者則需具備基本的文書處理技能，甚至有些工作還要求具備專業技

能。最後，零工勞動者與客戶之間的聯繫不再透過以往的勞動仲介機構，而是透過網路平台，平台再透過雲端計算對勞動的供給和需求進行大規模、高效率的精準匹配。

此外，當代零工勞動是一種按需經濟，這種按需經濟催生出任務導向的零工模式，要求勞動供給方能夠及時獲得勞動需求資訊，並且「即時」完成勞動任務。例如，多元化車輛共享（ridesharing，如Uber）、外賣外送（如 foodpanda）等行業便是代表性零工經濟的按需匹配領域。按需匹配性是零工經濟在網路平台或軟體支援下的顯著特徵，構成零工經濟對於自由職業者的巨大吸引力。而針對本地化的按需工作而言，網路及行動通訊技術能夠實現按需工作的即時匹配，進一步推動了零工經濟的發展。

可見，與以往相比，當代零工勞動的彈性和靈活性更高，工作時間和強度取決於勞動者的意願，平台與勞動者之間沒有有固定的勞動合約關係，零工勞動者表現為形式上的「自由工作者」。

零工經濟，就業未來？

憑藉當代資訊技術，零工經濟得以快迅發展。美國商業諮詢公司麥肯錫曾經針對未來就業趨勢做出一份研究報告，提出「未來職業趨勢就是零工經濟」並預測，就全球而言，「到 2030 年，每年零工經濟的收益將高達 1.5 萬億美元」。

此外，根據《2019 中國縣域零工經濟調查報告》，縣域市場有零工收入的人高達 52.27%，35.11% 的縣域零工工作與網路相關，「網路＋」類零工在各種零工類型中排名第一，一系列的趨勢報告也讓零工的工作形式被許多人視為「工作的未來」，零工經濟看上去似乎「一舉多得」。

首先，零工經濟創造了大量就業機會。零工經濟作為網路時代人力資源的新型態，改變了傳統單一僱傭形式，使得原有的「企業 - 員工」僱傭合約制度轉向「平台 - 個人」交易模式，這個轉變既節省了企業的運營與人力成本，也創造了大量就業機會。

第二，零工經濟刺激了創新創業活力。在網路平台的推動下，零工經濟——特別是知識型零工經濟——的延展遠超越傳統「打零工」的界限，有著更大的發展空間和潛力。同時，網路時代能讓個人興趣與技能和市場需求產生更佳的匹配，進而讓更多從業者的個人喜好、專長、資源能夠展現更高價值，更靈活地發揮人們的「生產力」。

第三，零工經濟增加了勞動力的流動性。例如，日本勞動市場就以流動性低而聞名，當然這在很大程度上是制度環境使然。日本勞動市場的典型特徵是長期就業、集體招聘應屆畢業生、強制退休、資歷工資制度和模糊的職位描述等，這些特性相互關聯，很難僅對其中一項做出調整。

由於員工傾向於長期待在同一家公司，公司就需要設置進入和退出機制。為確保同一家公司的激勵措施能持續奏效，工資體系必須根據資歷而非能力。當企業面臨新環境時，需要透過內部轉調來進行就業調整；由於員工不斷被調動，其獲得的職業技能往往屬於公司特有的，這就會導致個人難以脫離公司找到其他工作。更重要的是，為了能夠在同一家公司承擔多個職責，職位描述必須模糊。

疫情影響將觸發日本就業結構的大改革。許多日本公司被迫展開遠端工作，這種辦公模式已經證明了非常奏效，而這種向靈活工作的轉變可能帶來的影響就包括了：從低流動性躍升至高流動性平衡、更有效的資源配置、更高的生產率。或許，終將帶來工作方式的永久轉變。

再例如，中國大部分服務業採取固定工時制，生產機制和人員配置過於僵化，就業靈活性不足。隨著新一輪科技革命和產業變革發展，服務創新不斷加快，服務創新的數位化逐漸擴散至生活各方面，使得服務創新的平台化以及零工經濟得到極大發展，促進服務業的轉型。

平台可以透過加強整合上下游資源，快速高效調配各種要素，從衣食住行各方面改變了人們的生活，既給零工勞動者實現個人價值提供了好機會，也支撐了消費者需求，數位化成果惠及到千家萬戶。同時，數位經濟賦能零工經濟，增加了就業的彈性空間，豐富了就業市場的「毛細血管」。

對零工勞動者來說，靈活工作模式發揮了零碎時間的利用價值，零工勞動者不僅可以兼職多份工作、取得更多勞動報酬，同時擁有更多自由支配的時間，還有可能展現才能、以效率獲取等價的收入，實現更高的價值。

對雇主而言，零工經濟可有效解決企業因季節性等原因帶來的臨時性人員需求問題，使工作崗位、工作方式、聘用途徑呈現多樣化，同時又能最大程度降低人事成本與風險、提高企業經營效率。不可否認，零工經濟創造了新的發展機遇，對於創造就業、活躍微觀經濟、降低企業成本、增加勞動者收入、促進服務業轉型有著多方面的積極意義。

零工經濟衝擊就業規範

伴隨著網路對生活、工作所構成的影響愈來愈深入，靈活、自由的遠端工作模式已經深刻影響 2000 後的一代，並受到這一代年輕人的大力支持，使得零工經濟的未來發展潛力被社會廣泛認同，如今

「全民打零工」已蔚為一股潮流。不過，零工經濟並沒有想像中的那麼完美，這種工作模式打破了傳統的僱傭關係，給勞動者、企業及政府都帶來了不少衝擊與挑戰。

對於勞動者來說，零工經濟帶來的最大挑戰就是權益保障的問題，而其權益保障首當其衝的問題就是法律關係的不明確。以中國為例，現有勞動法律制度的判斷框架是根據勞動關係和勞務關係兩種分類來判定勞動者與用人單位之間的法律關係。然而，法院在審理關於零工經濟的不同案件時給出的答案並不一致，這就引發了勞動法律關係認定的模糊問題。法律身分認定的困難，意味著勞動者得不到應有的社會保障。

此外，零工經濟會帶來勞動族群的「馬太效應」（Matthew effect）現象。受過高等教育並擁有穩定收入的全職工作者，也會更充分利用零工經濟平台，將自己多餘的時間、能力與精力轉化為勞動價值，增加自己的額外收入。這些族群多為具有專業技能、專業知識或經驗豐富，而非傳統零工經濟下的低收入、低能力、低學歷的勞動族群，這類族群在零工經濟中明顯占有優勢，可能造成收入較高或家境較好的人搶走低收入、低能力、低學歷勞動族群的工作機會。隨著零工經濟發展，「馬太效應」將會逐漸發酵。

對於企業而言，零工經濟將招致人力資源管理難題。與傳統的企業組織不同，零工經濟下的企業用工多是臨時、短期，來自企業組織外部，來源多元化，這些零工勞動者缺乏對企業的歸屬感與忠誠度，增加了企業對這類族群的管理難度。如何有效管理，成為企業接下來要面對的人力資源管理難題。

通常，零工多由平台發布與招募，勞動族群身分資訊及技能水準在審核時也存在較高風險。加上要求門檻不高，就更容易出現零工身

分及能力與資訊描述不匹配、與企業要求不吻合的情況，增加了企業在招聘與甄試上的管理難題。不僅如此，在績效考核、工作獎勵等方面，也面臨到針對零工的管理難題。

就政府的角度，儘管零工經濟可以增加 GDP、改善就業情況、促進經濟轉型，但是對於政府來說仍然存在不小的挑戰；除了對勞動者的法律身分認定困難，在社會保障上，目前也存在缺陷。

中國採取的是政府、企業和個體共同承擔保障資金的三位一體保障方式，建立了符合中國國情的「社會統籌和個人帳戶相結合」模式。然而，對於「零工經濟」中的勞動者來說，卻不存在企業這個關係方，只有勞動者個人與政府，而且勞動關係中的社會保險並不是強制繳納，這使得中國零工勞動者的社會保險問題亟待法律和政策做出回應。

今天的零工經濟是一個深嵌在個體化社會的經濟模式，是一個由數位平台支撐和支配的零工經濟，是一種青春煥發的古老工作形式，更是一個攜帶著社會倫理與道德的社會運動。這個古老又具有創新概念的命題，比以往任何時候更需要社會的支持與監管。隨著元宇宙時代的到來，虛擬實境的「無時限、無邊界」社會正在形成，工作的自由化將在接下來的十年內被廣泛接受，零工再不是「不穩定工作者」的代名詞，而是會成為新的工作方式。

2.6　共享經濟孕育經濟新範式

在「網路＋」背景下孕育而生的共享經濟——作為源於實踐的全新經濟模式，其共享的理念一獲得共識，就迅速在歐美等資訊技術發達的國家演變成了聲勢浩大的社會實踐。從時下的共享單車、共享汽

車到共享充電器、共享民宿等專案，共享經濟聲勢浩大，顯現出強大的發展趨勢和潛力。

如同知名經濟學家傑瑞米里夫金（Jeremy Rifkin）在其著作《零邊際成本社會》中所指出：「這種共享式的經濟規範將會有很長一段時間和過去的資本主義、社會主義交換經濟形式、並行不悖地共同走下去。」這是技術和基礎設施的嬗變進一步重塑市場經濟體制，人們將走向一個超脫於市場的全新經濟領域。

誠然，共享經濟的發展也不會是一帆風順。當人類文明走過青銅時代、蒸汽時代、電氣時代、資訊時代，來到全新的共享時代時，如何最大限度破除利益僵化的藩籬、啟動市場主體、解放並發展以科技創新為先導的生產力，成為人們最新近的挑戰。

共享經濟是時代發展的必然

十五世紀，資本主義的出現將人類生活帶入了經濟領域，社會生產的所有物品都以商品形式在市場中交換，所有日常所需幾乎都被納入資本主義範疇，包括食物、飲用水、手工製品、社會關係甚至是時間。自此，人類文明刻上了商業的烙印，市場定義了我們。

以深度融合網路化、資訊化與智能化為核心的第四次工業革命，正在重塑人們的生產和生活。以行動網路、協力廠商支付、大數據、雲端計算等技術為代表的大量新型科技成果，進入人們的日常生活與生產行為，深刻影響著人類思想、文化、生活和對外交流模式，進而影響到政治、經濟、科技、外交、社會各層面。

過去幾年，無數的消費者開始轉變為網路產消者（prosumer）——指結合專業生產者及消費者的雙重角色，在網路上以幾近免費的方式

製作與分享音樂、影片、新聞、資訊，從而削減了音樂產業和出版行業的收入。從虛擬世界的軟體和電子商品到現實世界的實體商品，零邊際成本現象已經隨處可見。

例如，1999 年，音樂網站 Napster 開發了一個能讓數百萬人不向製作人和藝術家支付任何金錢就可共享音樂的平台，重創了音樂產業；隨後，類似現象也嚴重打擊了報業和圖書出版業。消費者開始透過影片、音訊和文字，共享他們的資訊和娛樂內容，而且是以不用花錢的方式，完全繞過了傳統市場。

邊際成本的大幅降低還重塑了能源業、製造業和教育行業。例如，太陽能和風能技術的固定成本不菲，但除此之外，獲得每單位能量的成本較低；數以千計的業餘愛好者已經在使用 3D 印表機、開源軟體和再生材料自己製造產品，邊際成本幾乎為零；愈來愈多的學生參加免費的大型線上公開課程，這些課程內容發布的邊際成本也幾乎為零。

與此同時，從網際網路到物聯網，後者「連接一切」的屬性引發了新時代的資料核爆。雖然從連接的物件來看，物聯網只是加入了各種「物」，但它對連接內涵的拓展和昇華帶來了極其深遠的影響。物聯網不再以「人」為單一的連接中心，物與物無需人的操控即可自主連接。

在物聯網環境下，一方面，萬物皆為入口，除了使用者主動交互產生的資料外，使用者的許多被動資料被即時、無感地記錄了下來，企業因此可以全面、立體、動態地瞭解使用者需求；另一方面，物聯網時代的智慧工廠可以透過柔性生產線、透明供應鏈等模式，快速滿足使用者不斷迭代的定制化需求。

多維資料驅動的物聯網可以做到對需求側的精準掌握，使得「物與物」可以直接互聯互通，不再需要依靠人作為連接的中心。因此，物聯網時代的共用平台可以透過與物品直接對話，及時掌握各物品的使用狀態；只要有良好的商業化手段，所有物品都可以達成資源的即時優化配置。

這意味著人與物之間的供需將會變得更可預測，並且是精準的預測。供給、生產、倉儲、配送等都能提前根據使用者的大數據進行有效而精準的計算和供給，將能有效杜絕物資浪費以及分配錯位的現象。

於是，一方面，充分的利潤率是資本主義市場繼續增長的關鍵，但願意為額外的優質商品和服務付錢的消費者人數畢竟有限。另一方面，物聯網使得人們逐漸發現實體物品無需擁有即可按需索取，物品的「使用權」將代替物品的「所有權」。因此，透過協同共享以接近免費的方式，同時分享綠色能源和一系列基本商品和服務，就成為最具生態效益的發展模式，也是最佳的經濟可持續發展模式。

共享經濟發展進行時

作為一場經濟變革，共享經濟從出現到發展也經歷了一段時間演化。使用但不占有，是共享經濟最簡潔的表述，但這遠遠不是共享經濟的全部。事實上，共享並非新概念，它在社會經濟的發展過程中無時不在、也無處不在，是一種普遍的社會現象，並以不同的形式貫穿於社會發展的各個歷史階段。

傳統社會朋友、熟人之間資訊的分享或者物品的互借，就是最早的共享模式。受限於空間，傳統社會所共享的物品或資訊通常局限於個人以及個人能力所能抵達的範圍，而且共享的完成需要參與各方彼此信任，而內容以實物居多，過程亦沒有產生報酬和利潤。

新世紀網路技術的快速發展，致使人們透過網路獲取資訊的數量呈現爆炸式增長，每個用戶都可以透過網路獲取陌生人分享的資訊或將自己的資訊分享給他人，實現了網路上的資訊共享與內容提供；這個階段的共享物件以資訊居多，資訊共用量大幅提高，共用物件開始導向陌生人。

網路的發展使得資訊共享不再受限於空間，共享範圍大幅擴大，但資訊的共用多為免費，依然較少涉及實物交割。2008 年以來，隨著移動互聯技術的快速發展，Uber、Airbnb 等實物共享平台陸續出現，共享經濟由概念變成現實，邁出了實質上的一大步。

透過協力廠商平台提供的信用擔保，閒置的產品終於可以變成服務並被分享給陌生人，產品供給方則透過分享將閒置產品轉化成利潤。終於，共享從純粹的無償資訊分享走向以獲得一定報酬為目的、向陌生人暫時轉移私人物品使用權或是提供個人服務的共享商業模式，從共享蛻變為共享經濟。

從行業覆蓋範圍來看，目前共享經濟涵蓋教育、健康、食品、物流倉儲、服務、交通、基礎設施、空間、城市建設以及金融等各個領域，正加速滲透到人們衣食住行的諸多領域，徹底改變人們的生產與消費方式。

人們不再把所有權看成獲得產品的最佳方式，不再注重購買、擁有產品或服務，反而採取一種合作共用的思維，更傾向於暫時獲得、或與他人分享產品或服務，參與共享的主體也不再僅僅是個人，出現了企業級共享的趨勢。共享經濟對國民經濟的修復和重塑，大大超出了人們的預期。

2020 年新冠疫情突襲全球，國際形勢嚴峻複雜、改革發展穩定的任務艱巨繁重，在這樣極不利的條件下，以共享經濟為代表的新商業

模式表現出巨大韌性和發展潛力，在保障民生供給、推動復工複產、擴大消費、提振內需等多方面都發揮了重要作用。

今年二月，中國國家資訊中心發布《中國共享經濟發展報告（2021）》，根據報告初步估算，2020 年中國共享經濟市場交易規模約為 33,773 億元，同比成長約 2.9%；從市場結構上來看，生活服務、生產能力、知識技能三個領域共享經濟市場規模位居前三名，分別為 16,175 億元、10,848 億元和 4,010 億元。

儘管和之前的 10% 成長率相比，整體成長速度是踩了煞車，但從融資這個重要發展動力來看，2020 年共享經濟領域直接融資規模約為 1,185 億元，同比大幅增長 66%。可以說，共享經濟帶來了全新的生產模式、消費模式和企業運營模式，已成為不可忽視的未來全球經濟發展趨勢。

共享經濟的未竟之路

儘管共享經濟極具發展潛力，但在發展過程中，各種問題也紛至沓來。

首先，共享經濟具有跨區域、跨行業和網路化的特點，現有法律條文已不能適應其發展，它正以一種新的商業模式對現有法律法規提出了新的挑戰，監管部門亟需完善和創新監管方式，迅速研究並制定能夠適應共享經濟的法律體系。

部分監管條款和細則由於為計劃經濟時期行政監管的產物，並不鼓勵企業和市場創新，一些創新企業更是面臨現有制度不合理的要求。按照現有規定，多數的共享經濟企業都涉嫌「違規」，隨時面臨

行政處罰乃至喊停，過時的法律法規已無法透過合理監管來促進市場健康有序的運作，成為市場創新的阻礙。

此外，監管的缺失以及協力廠商平台較低的門檻，致使部分平台對於使用者的資格審查不夠嚴格，交易中存在一定的安全漏洞，當消費者利益受到侵害時，缺少各方提供的保障，而共享平台通常不為使用者在服務過程中遇到的風險事故提供保障，利用現有法律法規實在難以釐清責任。

其次，共享經濟仍然缺乏可持續的商業模式。目前，絕大部分共享經濟的產品或服務仍然缺乏十分清晰的商業模式，難以形成對特定細分市場的深度挖掘，客戶黏著度較弱，這將導致企業之間陷於低階的價格戰、補貼戰，各行業呈現「野蠻生長」態勢。

並且，共享經濟的發展面臨著一個共性的問題，即所涉及的閒置資源對物主而言是一種沉沒成本，而共享經濟本身也存在商業運作的沉沒成本，它是網路平台為發展市場的一種投入。與閒置資源沉沒成本不同的是，這是一種新增的沉沒成本，這個問題若得不到妥善解決，標榜共享經濟模式的公司可能就會因此走向倒閉。

最後，共享經濟行業權益保障機制及監管機制不健全。目前政府和各行業尚未建立共享經濟領域資訊披露、競爭規制及規範管理等方面的監管體系，消費者對共享經濟信任度不高，降低了市場參與度，也讓共享經濟發展失去了「共享」的群眾基礎。

具體而言，共享經濟透過網路平台在全球即時匹配需求與供應，其潛在的宏觀經濟收益相當龐大，但由於共享經濟某種程度上規避了政府、環境、勞工和社會的監管，也帶來了諸多問題，例如，Airbnb 和 Uber 就曾被指控存在避稅和侵害勞工權利等問題。

二十一世紀註定是一個遠超過二十世紀的「顛覆時代」，從技術和基礎設施的嬗變，即由通訊網路與逐漸成熟的能源網路、物流網融合而造就的物聯網革命，到技術革命下日益突顯的市場經濟的體制性悖論——競爭與創新驅動生產效率持續提升和邊際成本持續下降。

在「人人創造、人人分享」的共享經濟中，每個人既是共創方也是受益方，過去有關「生產者」和「消費者」的邊界也會逐漸消弭，「產消者」將愈來愈普及。借助於網路技術的共享經濟模式將會成為未來幾十年商業模式變化的主流，不論是在實體貿易或是虛擬網路遊戲領域，借助於區塊鏈信用技術的共享經濟模式將會是建立節約型地球的生活模式。

第 **3** 章

國際競合再升級

過去，國家競爭力大多是指在經濟上創造附加價值的一種能力，但隨著資訊化程度提升，應變能力與創新力量對於國家競爭力也發揮了影響力。沒有資訊化，就沒有現代化。在全球資訊技術進入全面滲透、加速創新、引領未來發展的新階段之際，當數位化技術日益向經濟社會滲透，未來國家競爭力也將與數位技術的配置利用更加息息相關。

人工智慧改變了大國影響力，國家安全管理受現代武器變革而嬗變，航太航空技術高速發展帶來航太經濟，量子科技從理論走向現實導致未來科技變革的可能性，這些現代科學技術的發展走向，已經改變大國競爭的版圖。數位技術賦予國家競爭力新的內涵、為其帶來強大動能，逐漸成為國際競爭力的重要因素，也是未來核心競爭力之焦點所在。

無疑，科技競爭力的此消彼長大幅影響著各國實力消長，未來國際權力重新分配已悄然開始，如何培育大國競爭力、獲得數位時代下最大的發展紅利，成為各國搶占數位發展高地的首要目標。

3.1　人工智慧技術決定大國影響力

二十世紀後期，以人工智慧為代表的資訊技術發展，造成人類改造生存環境的工具也開始出現革命性變化，其中最重要的是促使生產工具智能化的數位科技。

智慧工具成為資訊社會典型的生產工具，並對資訊資料等勞動對象進行採集、傳輸、處理、執行。如果說工業社會的生產工具解決了人類四肢有效延伸的問題，那麼資訊社會的生產工具與勞動對象的結

合則是解決了人腦的局限性問題，是一場增強和擴展人類智力功能、解放人類智力勞動的革命。

如今，人工智慧已成為新一輪科技革命和產業變革的重要驅動力量，其影響的廣度和深度堪比歷次工業革命。人工智慧是現今科技革命的制高點，以智慧化方式聯結各領域知識與技術能力，釋放科技革命和產業變革積蓄的巨大能量，成為全球科技戰的爭奪焦點。

人工智慧引領科技變革

早在 2017 年 9 月，俄羅斯總統普丁就曾公開表示：「人工智慧就是全人類的未來，它帶來巨大的機遇，但同時也潛藏著難以預測的威脅。誰在人工智慧領域占了先機，誰就會成為世界的統治者。」從政治層面來看，人工智慧可以生產、篩選、推送、遮罩相關的資訊，然後投餵給社會與統治者政治訴求相關的資訊，具有針對性極強的資訊管控力。

從經濟角度來看，人工智慧現已成為帶動經濟成長的重要引擎。

工業革命給人類帶來了前所未有的變化。反映到勞動生產率上，人均的勞動生產率在過去兩百年左右提升了十倍；要知道，在這之前有將近三千年左右，勞動生產率幾乎沒有什麼改變。工業革命用能源加機械替代了人的體能，工業革命之後，人類改造世界不再靠體力、而是靠技能，勞動力發生了巨大的變化。現代社會勞動力約有90%是從事技能勞動，比如司機、廚師或服務人員，都是依靠技能進行勞動。

然而，隨著人工智慧革命不斷深入，人工智慧可望替代幾乎所有的技能勞動。在人工智慧時代，有創新精神並創造出新產品、新服務

或新商業模式的人才，將成為市場的主要支配力量。未來十五年內，人工智慧和自動化技術將聯袂取代 40～50% 的職業，提升工作效率。例如，在工業製造領域，AI 技術將深度賦能工業機器，帶來生產效率和品質的大躍進。採用 AI 視覺檢測取代工人進行識別產品部件缺陷，好處包括了：根據圖像數位化可以達到微米級的識別精度；無情緒影響，可以長時間保持穩定工作；毫秒等級內就能完成檢測任務的高速效率。

AI 賦能產業將加速各行各業發展，不斷擴大經濟規模。一方面，驅動產業智慧化變革，在數位化、網路化基礎上，重塑生產組織方式、優化產業結構、促進傳統領域智慧化變革、引領產業向價值鏈高端邁進，全面提升經濟發展品質和效益。

從軍事角度來看，AI 應用在軍事領域，主要表現在武器系統、後勤保障系統、指揮決策系統，並推動戰術變革和戰士改造，並廣泛運用於網路戰爭中。AI 在軍事領域的研發和部署將大大提高所在國的軍事實力，影響國際軍事力量對比。

首先，AI 可以透過與武器系統結合，形成人工智慧武器。人工智慧武器不同於傳統武器的最大特徵即為具有「智慧」或「自主性」，因此又稱為「自主武器」或「自主武器系統」；自主武器系統被認為是人類戰爭史上繼火藥、核武器之後的第三次革命。

其次，AI 還可對各種後勤支援進行系統全面分析評估，智慧選擇最佳計畫。AI 用於輔助指揮決策則可為人工智慧情報、監測及偵查（ISR）與分析系統做出關鍵貢獻；它能較完整地還原戰場資訊，模擬雙方的兵力部署和作戰能力，完成相對精確的戰場沙盤推演。

再者，AI 還可以用於武器之間與人機之間的協同作戰，豐富戰術。除了傳統戰場，AI 用於網路戰成為現代戰爭的新型武器。例如，

IBM 就曾於 2019 年引入一款新的惡意軟體，該軟體利用神經網路的特性，針對性攻擊以前擁有大量計算和情報資源的國家和組織。

從國際政治權力的獲得來看，AI 對各國國際政治權力的影響主要表現在獲取大數據資源的能力和分析方面的差異。資料在現今社會中的價值愈加突顯，掌握了資料便等於掌握了制勝的武器，轉化為國家權力的戰略資源。

萬聯網引發資料的大爆炸，收集這些資料並加以處理，將帶動一批新興科技企業崛起，最終影響世界經濟和軍事的演變，而人工智慧在資料的挖掘和分析中無疑扮演著重要角色。

隨著 AI 人工智慧的發展，對 AI 的討論已不限於科技，世界主要已開發國家紛紛把發展人工智慧作為提升國家競爭力的主要手段，企圖在國際科技競賽中掌握主導權，在基礎研發、資源開放、人才培養、公司合作等方面強化部署。AI 不僅是當今時代的科技標籤，它所引領的科技革新正刻劃著這個時代的新面容。

搶占人工智慧高地

縱觀歷史，每一次科技革命、產業革命及軍事變革的耦合與互動，都深深影響乃至重塑了全球競爭格局。AI 人工智慧對於任何一個國家的經濟實力、軍事實力、資料分析能力等都十分重要，它關係到在新一輪國際博弈中能否取得競爭優勢，也推動了國際體系結構的變遷。

從全球人工智慧國家戰略規劃發布態勢來看，北美、東亞、西歐地區為人工智慧最為活躍的地區。美國等已開發國家具備 AI 基礎理論、技術、人才儲備、產業基礎等先發優勢，率先布局。美國、歐

盟、英國、日本等經濟體早就開始擴大在機器人、腦科學等前沿領域的投入，相繼發布國家機器人計畫、人腦計畫、自動駕駛等自主系統研發計畫。為確保其領先地位，美國於 2016 年發布《國家人工智慧研發策略計畫》；日本、加拿大、阿拉伯聯合大公國等緊跟其後，於 2017 年將人工智慧上升至國家戰略；歐盟、法國、英國、德國、韓國、越南等國於 2018 年相繼發布了人工智慧戰略；丹麥、西班牙等則於 2019 年發布人工智慧戰略。各國正以戰略引領人工智慧創新發展，從自發、分散性的自由探索科研模式，逐步發展成推動和牽引國家戰略、以產業化及應用為主題的創新模式。

從整體發展來看，全球不同國家對於人工智慧的發展也略有側重。美國以軍事應用為前導，帶動科技產業發展，並以市場和需求為導向，透過高技術創新引領全球經濟發展，同時注重產品標準的制定；歐洲則著重於科技研發創新環境，重視倫理和法律方面的規則制定；亞洲則以產業應用需求帶動人工智慧發展，注重產業規模和局部關鍵技術的研發。

目前，中美在入局與布局上佔據領先地位，是全球人工智慧產業發展的先鋒部隊。2019 年，美國資訊技術與創新基金會（Information Technology & Innovation Foundation, ITIF）的資料創新中心曾發布百頁研究報告《誰將在人工智慧角逐中勝出：中國、歐盟或美國？》，對中、美、歐人工智慧發展現狀進行比較測算 —— 美國以 44.2 分領先，中國以 32.3 分位居第二，歐盟則以 23.5 分名列第三。美國無疑遙遙領先，而中國則以追趕之勢跟進在後。

事實上，美國之所以能夠占據全球領先地位，與在美國的發展密切相關。1956 年，人工智慧正式在美國誕生，卡內基梅隆大學、麻省理工學院、IBM 公司為美國最初三個核心人工智慧研究機構。

60 年代至 90 年代初，美國人工智慧相關程式語言、專家系統皆已取得重大進展，產品方面也取得重要成就，例如，1983 年，世界第一家批量生產統一規格電腦的公司誕生；並且，美國開始嘗試應用 Al 研究成果，例如利用礦藏勘探專家系統 PROSPECTOR 在華盛頓發現一處礦藏。

　　而同期的中國，人工智慧甫進入萌芽階段。1978 年，中國科學大會在北京召開，解放科學事業思想，為中國人工智慧產業發展提供基礎。同年，「智慧模擬」被納入國家研究計畫，中國人工智慧產業在國家推動下正式啟動。

　　從研究成果來看，美國在人工智慧方面的研究成果在全球處於領先地位。根據全球最大的索引摘要資料庫 Scopus 的檢索結果，2018 年美國共發表了 16,233 篇與 AI 有關的同行評審論文。論文數量的快速成長主要發生在 2013 年之後，儘管同期中國和歐盟的人工智慧論文數量也有類似的快速成長，而且每年發表論文的數量明顯超過美國，但就論文品質而言，美國人工智慧論文的品質一直大幅度領先於其他地區。2018 年，美國平均每篇論文被引用的次數為 2.23 次，而中國為 1.36 次；美國每個作者被引用的次數也比全球平均統計要高出 40%。

　　在關鍵技術上，美國的研究成果依舊居於全球領先地位。例如，在電腦視覺領域，Google 和卡內基梅隆大學開發的 Noisy Student 方法對圖片進行分類的 Top-1 準確率達到 88.4%，比六年前提高了 35 個百分點；在雲端基礎設施上訓練大型圖片分類系統所需的時間，已經從 2017 年的三小時減少到 2019 年的 88 秒，訓練費用也從 1,112 美元下降到 12.6 美元。

從產業發展來看，根據中國資訊通訊研究院資料研究中心的《全球人工智慧產業資料報告（2019Q1）》研究報告，截至 2019 年 3 月底全球共有 5,386 家活躍的人工智慧企業，光是美國就多達 2,169 家，數量遠超過其他國家；中國大陸達 1,189 家，排名第三的英國則為 404 家。

從企業歷史統計來看，美國人工智慧企業的發展也比中國早了五年。早在 1991 年萌芽，1998 年進入發展階段，2005 年後開始高速成長，2013 年後發展趨於穩定。中國人工智慧企業則誕生於 1996 年，2003 年產業進入發展期，在 2015 年達到巔峰後進入平穩期。

美國公司在申請專利和主導收購方面表現強勁。例如，在 15 個機器學習子類別中，微軟和 IBM 在 8 個子類別中申請了比任何實體公司都要多的專利，包括監督學習和強化學習類。美國公司在 20 個領域中的 12 個領域專利申請處於領先地位，包括農業（ John Deere 迪爾公司）、安全（IBM 公司）以及個人設備、電腦和人機互動（微軟公司）。

人才儲備是美國人工智慧得以領先的另一個關鍵因素。AI 產業的競爭可以說就是人才和知識儲備的競爭，只有投入更多的科研人員、不斷加強基礎研究，才能獲得更多的智慧技術。

美國研究者顯然更關注基礎研究，因而美國 AI 人才培養體系根基扎實，研究型人才擁有明顯的優勢。具體來看，在基礎學科建設、專利及論文發表、高階研發人才、創業投資和領軍企業等關鍵環節上，美國都已形成了能夠持久領軍世界的格局。根據 MacroPolo 智庫的研究，在報告所選定的頂尖 AI 研究人才中，59% 在美國工作；中國占了 11%，與美國有四五倍的差距；其餘則分布在歐洲、加拿大和英國。人才差異顯而易見。

不過，雖然美國在研究成果和人才儲備上具有先發優勢，但中國作為後起之秀，得力於政策引導和寬鬆的應用環境，正加快跟進美國人工智慧產業的發展。

　　Oxford Insights 比較了各國政府對人工智慧的準備狀況，美國政府排在新加坡、英國和德國之後名列世界第四。美國在創新能力、資料可獲得性、政府的人工智慧化水準、勞動力技能、新創公司數量、數位公共服務和政府效能等關鍵指標都名列前茅。

　　中國在這項調查報告中排在世界第 20 位，咸認為中國的最大缺點是基礎研究落後，相對優勢則是政府重視高科技發展、資料豐富且監管較為寬鬆、工程師的數量增長較快。經過多年的累積，可以看到中國已在人工智慧領域取得了一連串重要成果，形成自身獨特的發展優勢，不論是頂層的設計、研發資源的投入，或是產業的發展，都呈快速追趕的態勢，甚至在部分 AI 核心技術領域足以與美國比肩，已經成為美國最擔心的競爭對手。

　　美國國會研究局 2019 年的報告明白無誤地表達了這個觀點：「AI 市場的潛在國際競爭對手正在給美國製造壓力，迫使其在軍事人工智慧的創新應用方面展開競爭…迄今為止，中國是美國在國際 AI 市場上最雄心勃勃的競爭對手。」

　　普華永道會計師事務所（PricewaterhouseCoopers, PwC）也曾報告：在 AI 人工智慧時代，就技術發展或國家實力而言，沒有任何國家追得上美國或中國，而美國和中國都無法獨占該領域或脅迫對方。到 2030 年，人工智慧為全球經濟帶來的 15.7 萬億美元財富中，美國和中國將占有 70%。兩國在 AI 技術的獨特優勢將持續推動國家發展，其他國家難以望其項背；這些優勢包括世界一流的專業研究知識、深厚的資金池、豐富的資料、支援性的政策環境以及競爭激烈的

創新生態系統。目前，在全球涉及人工智慧的公司中，約有一半在美國運營、1/3 在中國運營。

從頂層設計來看，中美兩國政府都已經把人工智慧的發展上升至國家戰略，推出發展戰略規劃，從國家戰略層面進行整體推進。

早在 2016 年 10 月，歐巴馬政府就發布了兩份與人工智慧發展相關的重要文件，即《國家人工智慧研發戰略規劃》和《為未來人工智慧做準備》，中國政府也在 2017 年 3 月將「人工智慧」首次寫入全國政府工作報告，並於同年 7 月發布《新一代人工智慧發展規劃》，人工智慧全面升級為國家戰略。

美國人工智慧報告體現了美國政府在新時代維持自身領先優勢的戰略導向，而身為最大的發展中國家，中國也在戰略引導和專案實施上做了整體規劃和部署。並且，兩國都在國家層面建立了完整的研發促進機制，整體推進人工智慧發展。

從研發資源投入的角度，美國政府對研發的資金投入是相對不足的。縱向來看，過去的幾十年中，美國聯邦政府用於研發的支出占國內生產毛額（GDP）的百分比從 1964 年的 1.86% 下降到 2018 年的 0.7%。

目前，美國聯邦政府的年度財政赤字已超過一萬億美元，累積的政府債務相當於 GDP 的 107%；這些因素都會限制美國政府對人工智慧及其相關基礎研究的長期資金投入。

從橫向上看，美國政府對研發的投入正在被中國和歐盟追趕。美國在全球研發投入的市場占有率從 1960 年的 69% 下降到 2016 年的 28%。2000～2015 年間，美國只占全球研發投入增長的 19%，而中國占了 31%。2019 年 8 月 31 日，上海宣布設立人工智慧產業投資基

金，首期就投入 100 億人民幣，最終規模上看千億人民幣，美國聯邦政府的投資相形見絀。

從產業發展來看，儘管中國 AI 產業基礎整體實力較弱，少有全球領先的晶片公司，但各大廠商正加快布局追趕，包括百度、阿里巴巴、騰訊、華為等廠商的軟硬體基礎布局。

技術層面來說，中國企業發展勢頭良好。百度、阿里巴巴、騰訊和華為等綜合型廠商在電腦視覺、自然語言處理、語音辨識等核心技術領域均有布局，同時創業獨角獸在垂直領域正迅速發展。

應用層面上，人工智慧應用場景十分多元化，中國 AI 企業已在教育、醫療、新零售等領域廣泛布局成功，而金融、醫療、零售、安防、教育、機器人等行業亦有為數較多的 AI 企業參與競爭。

與美國相比，中國在發展人工智慧方面具有兩大重要優勢：

一方面，中國 AI 生態系統的管理體制與美國截然不同。過去美國的技術革命多由科技企業或機構主導，政府在產業發展中的影響力有限；但是中國則是倚賴政府的影響力，在國家政策大力支持下，自上而下引導的企業轉型就更容易達成：政府加強社會協作與資源分享，將有可能搶占資訊科技的制高點，成為 AI 科技界的領頭羊。

另一方面，中國的資料收集壁壘和資料標記成本較低，更容易建立大型資料庫，而這是 AI 系統運作不可缺少的基礎。根據一項估計顯示，2020 年，中國可望擁有全球 20% 的資料市占率；到 2030 年，中國擁有的全球資料市占率將可能超過 30%。

可以說，大數據優勢也是中國發展 AI 人工智慧的重要優勢，AI 技術發展需要有大量的資料累積來進行訓練，而中國較完備的工業體系和龐大的人口基數，讓 AI 發展在資料累積方面擁有明顯的優勢。

美國的優勢則在於主導整個西方體制的國家，因此，其市場、資料及研究的範圍與人群更廣闊；而弊端則在於資訊採集範圍太過廣泛，必定會面臨不同國家的不同監管要求，資料獲取與被處罰（用戶隱私保護）將會成為 2035 年之前的常態。

大國角逐，競合治理

在中國所謂「百年未有之大變局」的時代裡，人工智慧作為新一代科技革命和產業革命的核心技術，對於全球發展的重要性不言而喻，AI 技術決定大國的國際領導力幾乎是一種必然。然而，人工智慧發展與應用的不確定性也加劇了技術風險管控的難度，為全球治理帶來新的挑戰。

首先，人工智慧的高生產力也意味著「打造財富力」。人工智慧不僅能代替人的勞動，還可創造出巨大物質財富，促進一個國家的社會綜合水準、經濟創新發展效率、國防安全建設等；同時，也意味著財富積蓄方式與速度以及國際力量對比，將會出現更明顯的分野，即富國愈富、強國愈強，而窮國愈窮、弱國愈弱，進而產生更多財富不均或不公不義的現象，滋生更多的對抗、衝突及恐怖主義等，為全球治理帶來更多不確定性和難題。

其次，人工智慧的高執行力也意味著「高破壞力」，像是層出不窮的新式武器和網路病毒等，這些產物擁有人類身體無法企及的快速反應能力和永不匱乏的行動力，既可能為各國執行任務帶來好處，也可能為一些勢力所利用，給國際社會帶來嚴重安全危害，甚至造成全人類社會的大災難。或許我們在出現重大危機時能夠找到相應的解決辦法，但不管是不是已經造成危害，顯然都會耗費大量的人力和物資，使全球社會付出很大的成本。

最後，AI 的高智慧性也意味著「高政治性」。先進的人工智慧賦予技術擁有者極大的優勢：機器人工業、基因編輯、自動駕駛、智慧金融、智慧城市、大數據處理、自然語言處理、圖像識別、智慧軍事系統等人工智慧的蓬勃發展，改變了國家的核心競爭力、經濟社會以及產業結構，進而改變諸多領域的權力結構。

權力結構本身就是政治的遊戲與籌碼，不斷地鞏固與追求權力是國家對外戰略與政策的核心動機。在國際關係領域，人工智慧將從領域層面、制度層面和思想層面產生重要影響，而這些影響直接作用於全球治理的主體與客體，從而影響全球治理的成效。

正因如此，同為 AI 技術發展應用的大國，中美兩國在人工智慧的發展中擔任舉足輕重的角色，也擁有其他國家無法複製的獨特優勢，如何防範或消弭 AI 技術進步對全球發展及戰略穩定造成的負面影響，則需要兩國的通力合作。

事實上，人工智慧領域的競爭並非絕對的零和博弈（zero-sum game），也存在合作開發與互惠互利的一面。中國在實驗型研究與成果應用上相對領先，而美國則在基礎研究與前沿技術探索方面大幅超前，雙方存在廣闊的合作空間。當然，雙方的原則立場、利益訴求和政策主張存在差異與分歧並不意外，關鍵在於如何理性看待現有的分歧，有效地管控潛在的衝突。

中美兩國理應深入思考、攜手合作，就人工智慧在安全和經濟領域的應用展開正式對話，促進人工智慧研發的透明度，在全球合理分配其有益成果，盡可能避免導致災難性衝突的大國競爭局面，維繫合理且良性的競爭合作關係。

正如 Intel 執行長基辛格（Pat Gelsinger）所言，中美兩國是在技術、政治經驗、歷史上最有能力影響世界進步與和平的國家，而以合作解決存在已久的重要問題將是中美兩國對世界和平進步的共同責任。但無論如何，可以預見的是，2035 年之前，中美都將持續在人工智慧領域投入巨大資金、相互競賽，試圖在競爭中獲得絕對勝出，並掌控該領域的話語權和主導權。

3.2　國家安全治理之嬗變

隨著科學技術應用多樣化、涉及領域的廣泛性和影響物件的多元化，科學技術在為社會提供強大發展動力的同時，也對國家安全治理造成了許多影響；其中，武器的更迭就是現代科技進步的重要標誌。

在冷兵器和熱兵器時代，利用力學能和化學能的冶金和火藥延伸了人們的手足，支撐著人們對於制路權的爭奪；機械動力的出現，擴展了戰爭的廣度，也讓戰域從二維平面擴展到三維空間；而受惠於資訊技術和 AI 技術的發展，新型武器頻現，更有可能推動國家安全治理並改變整個戰爭模式。

現代武器之更替

以網路、大數據和人工智慧為代表的核心技術，能夠根據進化賦能的實踐應用在傳統安全、非傳統安全以及兩者間的重疊領域，為國家安全提供更有效的維護和保障。這將從根本上改變國家安全的治理模式，例如，情報的管理將轉向於利用網路從大數據中獲取。

軍事打擊將從過去的局部戰爭漸漸轉向無人機、無人駕駛汽車等設施，借助於衛星定位系統、大數據情報管理系統等進行有效的定點清除；未來的戰爭將從過去以人為主的大規模戰爭，轉變為以機器人、智能設施、遠端資訊化控制的戰爭模式。

例如，人工智慧就能夠推動傳統的指揮模式朝智慧化指揮與控制機制轉變。此外，人工智慧還將推動無人化、智慧化武器的大規模應用，並催生諸如演算法戰、意識戰等新型戰略對抗方式。當然，AI 技術應用的全質性使其能夠與多種物質力量相結合，進而在態勢感知、威脅分析、策略生成以及攻防對抗等方面形成更有效的作戰能力。

因此，人工智慧不僅能夠透過強化物理效能、生物效能或者重塑武器能量來源、作用原理等純粹的技術層面來影響戰爭形態，還可以從戰略決策與作戰指揮等主體選擇層面來推動戰爭形態變革。

此外，相較於傳統戰爭，資訊化戰爭的進入門檻非常低，即便是大國也很容易受到不間斷的虛擬攻擊。具體而言，一是因為網路超越了時空的限制，對於進攻方來說具有出其不意的優勢；二是網路攻擊的匿名性與隱蔽性，使得網路攻擊的發起國可以減少自身曝露的風險，增加敵方歸因的困難，減少被報復的機率；三是發動網路攻擊的成本較低，因為網路武器主要是使用電腦程式碼。

事實上，現代戰爭的模式和形式都已經隨著科技的更迭而從根本上改變了。例如，陸、海、空單一軍種作戰演變為多軍種聯合協同作戰；從消滅敵人有生力量的有形作戰演變為電磁、網路、認知領域對抗的無形作戰；從粗放式作戰演變為精確化作戰，二戰中需 9,000 枚普通炸彈摧毀的目標，在資訊化戰爭卻只需要一項足夠複雜的病毒工程就可辦到。這些武器的更迭，也推動著國家安全治理進入一個全新階段。

「震網」病毒之震撼

2019 年 12 月，《富比士》（Forbes）雜誌發布了其評選出過去十年（2009～2019）最重要的 12 款新式武器排行榜，其中打敗眾多先進武器排名第一的震網（Stuxnet）病毒讓人跌破了眼鏡。

Stuxnet 病毒是一種典型的電腦蠕蟲（computer worm）病毒，從傳播方式來看，主要是透過隨身碟傳播，針對 Windows 作業系統中的 MS10-046 漏洞（lnk 檔漏洞）、MS10-061（印表機後台程式服務漏洞）、MS08-067 等多種漏洞使用偽造的數位簽章，利用一套完整的入侵傳播流程突破工業專用網域的物理限制，對西門子的 SCADA 軟體進行特定攻擊。

從傳播過程來看，Stuxnet 病毒首先感染外部主機，然後感染隨身碟，利用快捷方式檔案解析漏洞並傳播到內部網路。隨後，在內網中，透過快捷方式解析漏洞、RPC 遠端執行漏洞、印表機幕後程式服務漏洞，達到聯網主機之間的傳播，最後抵達安裝了 WinCC 軟體的主機展開攻擊。

2010 年 6 月，德國研究人員首次發現 Stuxnet 病毒。隨後，以美國對伊朗的「震網」行動為代表，真正拉開了網路病毒作為「超級破壞性武器」改變戰爭模式的序幕。

具體來說，Stuxnet 病毒以伊朗核設施使用的西門子監控與資料獲取系統為進攻目標，透過控制離心機轉軸的速度來破壞伊朗核設施。其中，離心機是一種高度精密的儀器，透過高速旋轉來完成核材料的濃縮提純；低濃縮鈾則可用於發電，純度超過 90% 即為武器級核材料，可用於製造核武。

Stuxnet 病毒潛入伊朗核設施後，先記錄系統正常運轉的資訊，等待離心機注滿核材料。潛伏 13 天後，它一邊向控制系統發布此前記錄的正常運轉資訊，一邊指揮離心機非常態運轉，突破最大轉速來造成物理損毀。

在感染 Stuxnet 病毒後，伊朗上千台離心機直接發生損毀或爆炸，導致放射性元素鈾的擴散和污染，造成嚴重的環境災難。

根據媒體報導，Stuxnet 病毒毀壞了伊朗近五分之一的離心機，感染了二十多萬台電腦，導致 1,000 台機器物理退化，迫使伊朗核計畫直接倒退兩年。此外，鑒於 Stuxnet 病毒的擴散程度，要清除鈾濃縮過程中涉及到所有電腦設備的病毒非常困難；也許正是這些考量，使得伊朗在 2010 年 11 月全面暫停了納坦茲的鈾濃縮生產。

網路安全公司賽門鐵克（Symantec）於 2010 年 8 月指出，全球 60% 受感染電腦在伊朗。俄羅斯網路安全公司卡巴斯基實驗室則表示，如此複雜的攻擊只能在「國家支持下」才可進行，進一步證實發起攻擊的幕後主使即伊朗的宿敵——美國。

在戰略部署的過程中，網路武器的雙面刃特質顯露無遺。Stuxnet 病毒展現出不受設計者控制的驚人威力，不僅感染了全球 45,000 個網路、潛入俄羅斯的核電站裡，甚至連美國的電腦系統也深受其害。時至今日，美國和以色列運用 Stuxnet 病毒向伊朗實施代號「奧林匹克運動」的網路襲擊已成為公開的祕密。不過，經過此事件，網路病毒作為一種國與國對抗的手段，更具有劃時代的重要意義。

一來，它標記了網路武器由構造簡單的低等武器朝向結構複雜的高等進攻性武器的過渡期。事實上，自 2010 年發現 Stuxnet 病毒以來，各國網路專家均為其複雜結構和精密設計而感到震撼不已，它比過去的惡意軟體複雜二十多倍，利用了作業系統的多個漏洞，可以自

動進行感染和傳播。據瞭解，這個尖端武器在研製過程中耗資甚鉅，需要強大的網軍團隊與瞭解工業控制系統知識的工程師通力合作，方能研製成功。

除了是低階武器邁向高階武器的代表性意義，Stuxnet 病毒還打破了封閉工業系統可免受網路襲擊破壞的神話，展示了網路安全專家多年來不斷警告的「數位珍珠港」式巨大殺傷力。它可以在封閉系統中自動執行，一旦啟動就無法將其關閉，直至摧毀活動執行到底。賽門鐵克網路公司專家迪安特納在美國國會聽證會上曾表示，Stuxnet 病毒對現實世界所構成的威脅是史無前例的。

同時，對於網路進攻技術在全球的傳播，Stuxnet 病毒降低了研製網路武器的技術門檻。這也意味著，當犯罪團體和恐怖組織的網路部隊有能力下載該病毒並對其進行改裝和升級、掌握初步的網路戰能力，網路恐怖主義恐將成為後疫情時代嚴峻的國際安全挑戰。

可以說，人類已從機械化戰爭階段進入資訊化戰爭階段。而隨著 AI 技術和腦機介面技術的發展，未來的戰爭模式還將有更多可能，甚至將突破人類生理和思維極限，實現全時空、全天候、全頻譜、全領域作戰形態。

3.3　從仰望星空到步入星空

人類文明已經走到了一個指數級成長的時代，人類有巨大的潛力去實現最宏偉的目標。除了全方位深層探索整個世界，遙遠的太空是人類心嚮往之的存在。從登陸月球到火星探測再到冥王星的探索任務，太陽系的奧祕正一層層被揭開，浩瀚的宇宙不再像過去充滿神祕色彩。

實際上，除了 5G、物聯網、邊緣運算、人工智慧這些炙手可熱的新技術正在給世界帶來巨變，部分開拓者也已經在打造另一個新天地，拓展人類的維度——布蘭森實現 90 分鐘的太空旅行或是與馬斯克的 SpaceX 簽約繞月飛行，太空開發的時代已經起步，人類終於從仰望星空走進了星空。

從航海時代到太空時代

蘇美文明是人類最早以陸地文明為主的時代。這期間以陸地為主，誕生了很多帝國——巴比倫帝國、古羅馬帝國、東羅馬帝國、阿拉伯帝國、漢唐帝國、蒙古帝國等，人類文明也發源於此。雖然這個時期也有著名的海洋文明——例如愛琴文明，但陸地文明更為主流。而大航海時代的到來，改變了世界。

新航路的開闢，使人類第一次建立起跨越大陸和海洋的全球性聯繫，各大洲之間的孤立狀態被打破，世界開始連成一個整體。自哥倫布開闢新大陸以後，海洋帝國開始陸續崛起，包括葡萄牙帝國、西班牙帝國、荷蘭帝國、法蘭西帝國等，美國的誕生其實就是歐洲人進行海洋活動的結果。

大航海時代的到來，也徹底改變了南美、北美、加勒比海、南亞和東南亞等地的傳統社會形態，從古代的部落社會演化成今天的形態。葡萄牙和西班牙人進入美洲之後，建立起各自的殖民地，奠定了現在南美和加勒比海各國的版圖；北美的 13 個英屬殖民地，最終透過獨立運動建立了今天的美國；英國東印度公司建立起英屬印度，最終演變成今天的印度。

是大航海時代重塑了今日的世界。除了改變世界的政治版圖與國家形態，大航海也開啟了全球化，重塑整個世界的財富。環球航行的

需求產生了環球通訊的需求，推動了技術革命，對今天網路繁榮、無限通訊等行業的飛速發展產生深遠影響。

雖然大航海時代波瀾壯闊，但海域畢竟還是地球的一部分，而地球又只是太陽系八大行星之一，是宇宙中的漁舟。在太陽系四個類地行星──水星、火星、金星、地球裡，地球是最大的，但和木星、土星、天王星、海王星比起來，地球甚至只是木星的 1/1,284。

在這樣的認知下，走向太空探索更高更遠的「新世界」幾乎成了人類的使命。1961 年 4 月 12 日，世界上第一艘載人飛船成功從蘇聯境內升空，蘇聯的尤里加加林（Yuri Gagarin）成為世界上第一位太空人，實現人類第一次太空飛行的夢想，開啟了人類探索太空的新紀元。

美蘇爭霸背景下，1963 年 6 月 16 日，世界上第一位女太空人 Valentina Tereshkova 進入太空；1965 年 3 月 18 日，蘇聯太空人列昂諾夫（Alexei Leonov）實現人類首度太空行走壯舉──後世稱其為太空漫步第一人；1966 年 3 月 16 日，美國完成世界航太史上首次太空對接；1969 年 7 月 16 日，美國發射阿波羅 11 號載人飛船，太空人阿姆斯壯成為世界上第一個踏上月球的人。

人類登陸月球讓單純顯示技術實力的載人飛行航太計畫劃上了休止符。此後，人類開始謀求在太空建立長期的據點──太空站。

1971 年 4 月 19 日，蘇聯用質子號運載火箭發射了世界上第一個載人太空站「禮炮 1 號」（Salyut 1）；1982 年，蘇聯又連續發射了禮炮 2 號到 5 號太空站和第二代禮炮 6 號、7 號太空站。1973 年 5 月 14 日，美國用土星 5 號火箭發射名為「天空實驗室」（Skylab）的太空站，並先後將三批九名太空人送至阿波羅飛船工作。

1986 年 2 月 20 日，蘇聯發射了第三代長期載人太空站和平號太空站的核心艙，此後歷時十年，直到 1996 年 4 月 26 日才最終完全建成。在其服役期間，總計接待了來自十多個國家和國際組織的太空人共一百多人次，創造了人類在太空連續生活和工作 438 天、在太空飛行累計時間達 748 天的世界紀錄。

1999 年 9 月 21 日，中國也正式啟動了載人航太工程，並確定了「三步走」的發展戰略。第一步是載人飛船工程，主要任務是發射試驗性載人飛船，展開空間應用實驗；第二步即空間實驗室工程，主要任務是突破太空人出艙活動技術等，解決一定規模、短期有人照料的空間應用問題；第三步也就是太空站工程，在空間實驗室的基礎上，解決較大規模、長期有人照料的空間應用問題。

就載人飛船工程而言，1999 年 11 月 20 日，中國「神舟一號」首飛，實現了天地往返重大突破，是中國航太事業的重要里程碑。2001 年 1 月 10 日，「神舟二號」首飛，這也是中國第一艘正式無人飛船，展開了一連串空間科學試驗，進一步檢驗飛船系統與其他系統的協調性。2003 年，神舟五號載人飛船實現了中國人第一次登上太空。2005 年 10 月 12 日，「神舟六號」首飛，搭載太空人費俊龍、聶海勝進入太空，完成首次多人多天飛行試驗，也是真正有人參與的空間科學實驗，為後來的太空行走奠定了基礎。從 1999 年到 2005 年，成功發射六艘飛船代表中國載人航太工程完成了第一步，建立初步配套的試驗性載人飛船工程，也為建立空間實驗室工程打下良好的基礎。

2008 年 9 月 25 日，「神舟七號」將翟志剛、劉伯明、景海鵬三名太空人送上太空，完成了中國太空人首次出艙及太空漫步任務。那時候大概還沒人想到，十幾年之後，中國的「嫦娥」真的登月、「天問」也踏上火星。從 2008 年開始，「神舟七號」至「神舟十一號」

五艘飛船、「天宮一號」目標飛行器、「天宮二號」空間實驗室、「天舟一號」貨運飛船等任務的成功,使中國成為世界上第三個獨立掌握空間出艙、交會對接等關鍵技術的國家,為中國太空站建設和運營累積了寶貴經驗、奠定堅實基礎。

2021 年 6 月 17 日,神舟十二號載人航太飛船發射圓滿成功,三位太空人進入天宮太空站的天和核心艙;中國人首次進入自己的太空站,也終於走到了「三步走」展戰略的最後一步。

從航海時代到太空時代,人類載人航太歷經 60 年,通天之路已修築得足夠寬廣,普通人登上太空的夢想不再遙不可及。

太空探索進入太空經濟新階段

如果說太空時代初期的太空活動只是以主權國家為單位,那麼商業太空時代的興起便是將太空時代推入另一個全新的階段——太空經濟時代。

太空經濟,可以理解為包括各種太空活動所創造的產品、服務、市場以及形成的相關產業。半個世紀以來,太空經濟先後經歷了:前二十年的建設階段——主要任務是建設基礎設施和進行初步應用、逐步建立人類探索和開發太空的各種能力,後二十年的拓展應用階段,以及迄今為止的產業化階段。

2007 年,NASA 前署長葛瑞芬(Michael Griffin)在紀念 NASA 成立五十周年發表演講時表示:「我們不只是創造新的就業機會,也創造全新的市場和先前並不存在的經濟成長可能性。這就是新興的太空經濟,以我們尚未理解或賞識的方式來改變我們在地球上的經濟。」太空經濟概念由此而誕生。

目前太空經濟還不是一個在太空的經濟，而是指利用太空活動在地球上創造獲利，包括各種太空活動及其創造的產品和服務等，如衛星通訊和電視、衛星導航定位、衛星氣象監測、衛星遙感；另一方面也包括運載火箭的製造和發射，以及火箭、衛星與地面設備的製造等。

據美國衛星產業協會（SIA）發布的 2019 年衛星產業狀況報告，2018 年全球航太經濟規模已達 3,600 億美元（2017 年為 3,480 億美元）：其中衛星產業總收入為 2,774 億美元，而全球的航太收入中來自商業航太的貢獻占了 77%。可以說，商業航太產業成為名副其實的太空經濟空前繁榮和發展之新動力。

在這樣的背景下，全球湧現一大批航太創業公司。馬斯克成立的 SpaceX 是其中最有創新能力和最有成效的公司。以 SpaceX 的「獵鷹」火箭為代表，低成本運載技術和重複使用運載技術取得的重大突破，大幅降低了航太運輸費用，為太空經濟的繁榮打下了基礎。

在太空旅遊方面，早在 2018 年 SpaceX 就曾經宣布，日本億萬富翁、Zozotown 創辦人前澤友作將成為 SpaceX 簽約的第一位繞月飛行太空乘客。前澤友作已支付整個旅程的費用，其中包括他將免費贈送的八名乘員旅費[2]；SpaceX 的首批星際飛船乘客將在 2023 年 1 月展開繞月飛行之旅，並持續一週的時間。

2021 年 2 月，SpaceX 還公布了首項私人太空旅行任務「Inspiration4」，將由獵鷹 9 號火箭攜帶飛龍號太空船執行；根據

---

❷ 在前澤友作邀請一起上太空的八名乘客名單中，有韓國天團 Big Bang 的前成員 TOP（崔勝鉉）、美國知名 DJ 青木（Steve Aoki）、美國 Youtuber 暨太空攝影師 Tim Dodd，以及來自英、美、印度、捷克、日本的各界知名人物。

SpaceX 官方消息，四名乘客將於 2021 年 9 月 15 日登上太空，展開為期三天的環球旅行。

雖然在此之前就有億萬富豪耗費鉅資進入太空（國際太空站），但終歸進入國際太空站的人數很少、費用也極為高昂，並不具備普及的條件。而隨著商業航太航空開始進行太空旅行服務，人類嚮往的太空時代已經呼之欲出。

事實上，除了馬斯克的 SpaceX，亞馬遜總裁貝佐斯的藍色起源太空公司（Blue Origin）和布蘭森的維珍航空（Virgin Atlantic Airways）也在商業航空的發展賽道上如火如荼進行。美國當地時間 2021 年 7 月 11 日早上，71 歲的維珍銀河創辦人布蘭森才乘坐自家研發的白騎士太空船，飛到了距離地球約 86 公里的太空，而後安全返回新墨西哥州的沙漠之上。

布蘭森不僅成功搶先全球首富貝佐斯、成為第一個太空旅行的人，還同時是 70 歲以上太空人第二人。事實上，維珍銀河（Virgin Galactic）去年虧損 2.73 億美元；與藍色起源和 SpaceX 相比，維珍銀河的商業模式與太空旅遊行業的興起有著更密切的關聯。布蘭森這趟太空之旅不僅給維珍銀河打了一劑強心針，也成就商業航空的里程碑時刻。

2021 年 6 月，亞馬遜總裁貝佐斯也宣布，將和弟弟馬克於 7 月 20 日乘坐自家公司藍色起源研製的火箭飛向太空；同行者還包括參加過水星 13 號計畫的 82 歲女飛行員 Mary Wallace "Wally" Funk 和另一名旅客，該名未公布姓名的旅客花了 2,800 萬美元得標這張價格高昂的「船票」。

在布蘭森、貝佐斯和馬斯克這三個太空探索巨頭身後，一個新的太空經濟時代正在隱約成形。

太空活動還在深化

對於任何探索活動，一旦實現了商業化，就意味著支持這些活動的商業機構有了自我造血的功能，得以讓這些探索活動加速深入。

當前，太空經濟的發展進一步激發航太前沿技術的創新，例如，在微小衛星技術和現代通訊技術的基礎上，正在發展新一代低軌寬頻網路衛星星座技術；其中，發展速度最快的無疑是 SpaceX 公司的「星鏈」（Starlink）系統。

2015 年，「星鏈計畫」的首次提出分為兩期三階段，計畫發射總共 1.2 萬顆衛星到 550 ～ 1,325 公里之間的多條繞地軌道，形成一個可以覆蓋全球的寬頻衛星通訊網路，並在 2019 年將衛星總規模擴大至 4.2 萬顆。

從 2019 年 5 月開始發射至今，SpaceX 星鏈已經完成了 28 次發射，目前成功送入軌道的星鏈衛星總數超過 1,000 顆。從擁有衛星數量上來看，SpaceX 已成為全球最大的衛星運營商之一。

從專網市場來看，星鏈是對現有銥星等系統的一個升級。面對銥星、同步衛星通訊速率較低、終端和資費昂貴的問題，星鏈在時延、終端價格、流量費用和覆蓋率方面全面領先銥星，同時可以對地面專網進行補充。2020 年 10 月 27 日，星鏈專案向之前預約的用戶發送了測試邀請，邀請中附上了收費標準，代表公眾導向的衛星寬頻服務正式啟動商用。

再比如，以 SpaceX 的「獵鷹」火箭為代表，低成本運載技術和重複使用運載技術取得重大突破。2020 年 11 月 16 日，SpaceX 載人的飛龍號太空船搭乘獵鷹 9 號運載火箭，攜帶三位 NASA 太空人和一

名日本太空人在美國佛羅里達州甘迺迪太空中心發射升空，任務代號「Crew-1」。

「Crew-1」由 SpaceX 和 NASA 負責監督，飛船約 27 小時後與國際太空站對接，四名太空人將展開約半年的太空站任務，這也是首次獲批准的正式商業載人太空任務。

過去，各類航太發射任務往往成本高昂；據 NASA 估算，阿波羅登月專案的成本逾 1,500 億美元。1972 至 2011 年間，美國太空梭累計完成 130 餘次任務，NASA 估算其單次發射費用平均約 4.5 億美元，而商業航太卻能透過市場化競爭降低成本。2013 年，SpaceX 以平均一次 0.56 ～ 0.62 億美元的發射價格進入商業發射市場；全球主要火箭型號的商業發射價格正逐年下降。

除了已經具備雛形的太空探索、太空旅遊、太空通訊之外，未來，太空定居、太空開採、太空能源等產業或許也將走進人們的現實生活。人類社會向太空拓展發展已經是一個確定的事實，大太空時代的到來，很可能逐漸實現太空定居的遠夢。

就太空能源來看，太空的環境與地球環境差距甚大，能源的獲取和利用將成為太空活動的焦點。解決了太空能源問題之後，就可以解決人類在其他星球上的生存問題，將有助於解決在其他星球上的運輸、通訊等問題。

預計，太空時代的開啟給人類社會帶來的變化將遠大於大航海時代，而在本世紀結束之前，人類將會實現太空移民以及太空開採，2035 年之前將吸引更多國家及商業科技公司進行重點探索，我們有機會從太空中找到地球的替代能源，弱化現有石油的重要性。人類對太空的探索與拓展不僅會再次顛覆今天的社會形態，也會顛覆現存的財富狀態，更重要的是，將顛覆當今的地球地域政治模式。

3.4 量子科學助攻下一場技術革命

1900 年，普朗克在論文裡首次提出了能量的不連續性，一腳踢開了量子力學的大門。在量子世界裡，所有物質都可以還原成 61 種基本粒子，其中最重的基本粒子，品質也不超過 3.1×10^{-25} 千克。

二十世紀 40 年代，圖靈精確定義了演算法的含義，並描述了我們現在所稱的圖靈機（Turing machine）：可以執行任何演算法的單一通用可程式設計電腦設備。此後，電腦逐漸發展變成了一種產業，並全面改變了我們的生活。

1981 年，美國著名物理學家費曼觀察到根據圖靈模型製造的普通電腦，在模擬量子力學系統時遇到諸多困難，進而提出了傳統電腦模擬量子系統的設想。當量子物理與電腦狹路相逢、產生火花，終於在 1985 年，孵化出通用量子電腦概念。自此，量子力學進入了快速轉化為實用社會技術的進程，人類在量子計算應用發展的道路上行進速度也愈來愈快。

如今量子技術已成為推動數位社會進步的另一把利器。和一些科學改良技術相比，量子科技具有顛覆性的功用，而它所顛覆的，是目前占據主流地位的電子計算，也就是以電子作為基本載體的傳統電腦。可以說，量子科技本身就是數位科技的核心內容，將成為下一場技術革命最大的助力。

從經典計算到量子計算

量子計算是一種遵循量子力學規律調控量子資訊單元進行計算的新型計算模式，它與現有計算模式完全不同。在理解量子計算的概念時，通常會將它與經典計算相比較。

在傳統電腦，資訊的基本單位是位元（bit），所有電腦所做的事情都可以分解成 0s 和 1s 的模式，以及 0s 和 1s 的簡單操作。

與傳統電腦由位元構成的方式類似，量子電腦由量子位元（quantum bit，又稱 qubit）構成，一個量子位元對應一個狀態（state）。但是，bit 的狀態是一個數位（0 或 1），而量子位元的狀態是一個向量。更具體地說，量子位元的狀態是二維向量空間中的向量，這個向量空間稱為狀態空間。

經典計算使用二進位的數位電子方式進行運算，而二進位總是處於 0 或 1 的確定狀態。於是，量子計算借助量子力學的疊加特性，能夠實現計算狀態的疊加—意即不僅包含 0 和 1，還包含 0 和 1 同時存在的疊加態（superposition state）。

普通電腦中的二位元暫存器一次只能儲存一個二進位數字（00、01、10、11 中的一個），而量子電腦中的二位元 qubit 暫存器可以同時保持所有四個狀態的疊加。當量子位元的數量為 n 個時，量子處理器對 n 個量子位元執行一個操作就相當於對經典位元執行 2n 個操作。

此外，理論上量子電腦加上量子糾纏的特性，對於某些具體問題也會比目前使用最強演算法的傳統電腦處理速度更快、能力更強。

近年來，量子計算技術與產業呈現加速發展態勢，而有關量子計算技術的突破多與三個因素有關：量子位元能夠維持量子態的時間長度、量子系統中連接在一起的量子位元數量、對量子系統出錯的把握。

量子位元能夠維持量子態的時間長度，稱之為量子位元相干時間。其維持「疊加態」（量子位元同時代表 1 和 0）時間愈長，能夠

處理的程式步驟就愈多，因而可以進行的計算就愈複雜。其中，IBM率先將量子技術引入實用計算系統，將量子位元相干時間提高到了100 微秒；而當量子位元相干時間達到毫秒級時，將足以支持一台電腦去解決當今「經典」機器解決不了的問題。

從量子系統中連接在一起的量子位元數量來看，2019 年 10 月，Google 在《Nature》期刊上宣布使用 54 個 qubits 處理器的 Sycamore，實現了量子優越性。具體上，Sycamore 能夠在 200 秒內完成規定操作，而相同的運算量在當今世界最大的超級電腦 Summit 上則需要一萬年才能完成。這項工作是人類歷史上首次在實驗環境中驗證了量子優越性，也被《Nature》認為在量子計算歷史上具有里程碑意義。

除了解決量子位元的數量問題，由於當量子位元失去相干性時、資訊就會丟失，因此量子計算技術還需要面臨如何去控制及讀取量子位元，在讀取和控制達到較高保真度之後，去對量子系統做量子糾錯的操作。

基於此，研究人員借鑒傳統電腦糾錯的概念，來確保最後整體等效的量子操作可以達到較高的保真度，開發了所謂的量子糾錯。當然，現階段的量子糾錯還需要突破規模的門檻，但實現之日顯然不再遙遙無期了。

量子計算的更多可能

量子力學是物理學中研究亞原子粒子行為的一個分支，而運用神祕量子力學的量子電腦，超越了牛頓古典物理學極限的特性，實現計算能力的指數級增長則成為科技界長久以來的夢想。量子計算為未來

的科技發展提供了誘人的可能性，嘗試利用這個新硬體力量的研究人員，主要從三種類型的問題入手。

第一類問題涉及分析自然世界：以今日電腦無法比擬的精度，用量子電腦模擬分子的行為；其中，計算化學是最大的一個應用領域。事實上，過去兩年量子電腦應用愈來愈多的經驗證據取代猜測，所貢獻的價值不可小覷。

例如，模擬一種相對基礎的分子（如咖啡因）將需要一台 10^{48} bits 的傳統電腦，相當於地球上原子數量的 10%；而模擬青黴素則需要 10^{86} bits——這個數字遠遠超過可觀測宇宙中的原子數量總和。

傳統電腦永遠無法處理這種任務，但在量子領域，這樣的計算則成為可能。理論上，一台有 160 qubits 的量子電腦就能模擬咖啡因，而模擬青黴素則需要 286 個 qubits。這為設計新材料或者找到更好方法來處理現有工藝提供了更便捷的手段。

就在 8 月 27 日，Google 量子研究團隊宣布其在量子電腦上模擬了迄今最大規模的化學反應，相關成果登上了《科學》雜誌的封面，題為《超導量子位元量子電腦的 Hartree-Fock 近似模擬》（Hartree-Fock on a Superconducting Qubit Quantum Computer）的論文。

為了完成這項最新成果，研究人員使用 Sycamore 處理器模擬了一個由兩個氮原子和兩個氫原子組成的二氮烯分子異構化反應。最終，量子模擬與研究人員在傳統電腦上進行的模擬一致，驗證了他們的工作成果。

值得一提的是，這項新研究所用的 Sycamore 正是《Nature》認為在量子計算史上具有里程碑的 54 個量子位元處理器。儘管這種化學

反應可能相對簡單，也不是非量子電腦不可，但卻展示出利用量子模擬開發新化學物質的巨大潛力。

此外，量子計算也可望為人工智慧帶來更多好處。目前，針對人工智慧產生的量子演算法潛在應用包括量子神經網路、自然語言處理、交通優化和影像處理等。其中，量子神經網路作為量子科學、資訊科學和認知科學多學科交叉形成的研究領域，正好可以利用量子計算的強大算力，來提升神經計算的資訊處理能力。

在自然語言處理上，2020 年 4 月，劍橋量子計算公司（Cambridge Quantum Computing）宣布在量子電腦上執行的自然語言處理測試獲得成功。這是量子自然語言處理應用全球首次成功驗證：研究人員利用自然語言的「本徵量子」結構將帶有語法的語句轉譯為量子線路，在量子電腦上實現程式處理的過程，並得到語句中問題的解答。而利用量子計算將可望達成自然語言處理在「語義感知」方面的進一步突破。

最後，則是量子計算對於複雜問題的優化可能性，而這些複雜問題往往對於今天的電腦來說變數太多。例如，量子計算在複雜問題上的其中一個用途是建立更好的金融市場模型，透過發明新數位來加強加密功能，並提高混亂和複雜領域的運營效率——例如交易清算和對帳，包括衍生品定價、投資組合優化以及在高度複雜和不斷變化情況下管理風險，都是量子系統可以處理的事情。

量子霸權之爭

目前，全球多國政府不斷推出支援量子資訊技術的發展戰略，下撥大量資金用於以量子計算為主的量子資訊技術研究，量子霸權的爭奪也持續受到人們關注。量子霸權是一個單純的科學術語，並不具

有政治含義，指的是量子電腦在某個問題上超越現有最強電腦而具有「量子優越性」，也稱為「量子霸權」。

根據量子的疊加性，許多量子科學家認為量子電腦在特定任務上的計算能力將會遠超過任何一台傳統電腦，但從目前來看，實現量子霸權是一場持久戰，原因則與量子霸權實現的條件相關。科學家們認為，當可以精確操縱的量子位元超過一定數目時，量子霸權就可能實現，而關鍵在於操縱的量子位元之數量和精準度；唯有兩個條件都達到的時候，才能實現量子計算的優越性。

然而，不論是用 54 個 qubits 實現量子霸權的「Sycamore」，還是建構了 76 個光子實現量子霸權的量子計算原型機「九章」，雖然操縱量子位元的數量不斷提高，但仍需面對量子計算精準度和不可小覷的超算工程潛力。

同時，經典計算的演算法和硬體也在不斷優化，超算工程的潛力更是不可小覷。例如，IBM 就宣稱實現 53 個位元、深度增加到 20 的量子隨機線路採樣，經典模擬只用兩天多時間就可以完成，甚至還能更好。

如前所述，「Sycamore」量子優越性的實現是依賴其樣本數量。當採集 100 萬個樣本時，「Sycamore」比起超級電腦擁有絕對優勢；但如果採集 100 億個樣本，傳統電腦仍然只需要兩天，可是「Sycamore」卻需要 20 天才能完成這麼大的樣本採集工作，量子計算反而喪失了優越性。

此外，很長一段時間裡，量子電腦的優越性都只針對特定任務。例如 Google 的量子電腦就是針對一種叫做「隨機線路採樣」（random circuit sampling）的任務。一般來說，選取這種特定任務

的時候需要經過精心考量，該任務是否比較適合已有的量子體系、而經典計算難以模擬。

這意味著，量子電腦並不是在所有問題上都超越傳統電腦，而是只針對某些特定問題，因其對這些特定的問題設計出高效的量子演算法。對於沒有量子演算法的問題，量子電腦則不具有優勢。

事實上，這也是繼「Sycamore」之後中國量子電腦「九章」實現量子霸權的突破所在。「九章」所解決的高斯玻色採樣問題，其量子計算優越性不依賴於樣本數量；而從等效速度來看，「九章」比「Sycamore」快了一百億倍。根據目前最優的經典演算法，「九章」花 200 秒採集到的 5,000 個樣本，如果用中國的「太湖之光」則需要運算 25 億年，即使用目前世界排名第一的超級電腦「Fugaku」也需要六億年。

此外，在態空間方面，「九章」以輸出量子態空間規模達到 1,030 的優勢遠勝於「Sycamore」，其出色表現牢牢確立了中國在國際量子計算研究中的第一方陣地位，更是量子計算領域的一個重大成就。「九章」二次演示的「量子霸權」除了證明了原理，更有跡象顯示「高斯玻色取樣」可能有實際用途，例如解決量子化學和數學領域中的專門問題。

更廣泛來說，掌握控制作為量子位元的光子，是建立任何大規模量子網路的先決條件。總言之，不論是從量子計算數量還是精度來看，也不論是經典計算的潛力或者局限性，量子計算和經典計算的競爭都將繼續糾纏下去。

以日常的眼光來看，量子物理學中的一些事物看起來「毫無章法」，有的似乎完全說不通，但這正是量子力學的迷人之處。對於量

子力學的詮釋，可以理解成物理學家嘗試找到量子力學的數學理論與現實世界的某種「對應」；從更深層的角度來看，每一種詮釋都反映著某種世界觀。

長遠來看，在全球的布局和發展下，量子計算將極有可能徹底消除時間障礙，成本障礙也將隨之降低，未來或將出現全新的機器學習模式。但是在量子電腦像傳統電腦那樣具有通用功能之前，量子計算還需要一段漫長的探索過程，但下一場技術革命，必然離不開量子技術的身影。量子科學可望在本世紀獲得更進一步的重大突破，在量子科學的基礎上出現新的物理學理論；人類將會開始探索與思考關於多維空間的問題，時空穿梭亦將從理論轉變為正式提出實驗的科學研究議題。

3.5　晶片市場還將經歷全新較量

疫情激發了科學界前所未有的努力，也彰顯了科學技術現代化的內在邏輯。疫情過後，基礎科學研究將成為各國產業競爭力的核心要素，這是因為，基於機器人的智慧製造與柔性化製造的出現，讓當前以勞力為基礎的製造業發生了根本性改變。

製造業將因為機器人上工而變得廉價，成為最不具備技術與競爭優勢的一環，各國會按照各自國民的生活需要進行相應產品的組裝生產，但此時，上游——也就是製造零部件的基礎材料——將成為競爭的關鍵，產業鏈的定價權將發生重大轉變，從現在以終端商品為核心的定價轉變為以基礎材料為核心的產業與商品定價。

其中，作為市場的靈魂，也是資訊產業三要素之一的晶片，相關技術和商業競爭必然會經歷新的較量，其市場也將再次洗牌。

「生命之石」，晶片風雲

資訊時代，人們對高科技電子產品的神奇功能讚嘆不已，而賦予這些產品奇特功能的核心元件，就是號稱「生命之石」的積體電路晶片。

晶片就是採用幾百道複雜的工藝，把一個電路中所需的電晶體，包括二極體、電阻、電容和電感等元件及佈線互連形成一個電路。集中製作在一小塊或幾小塊矽片上，然後封裝在一個殼體內，成為具有所需電路功能的微型結構。晶片最大的特點是需要把數量龐大的電子元件做到像指甲那麼小的一個物體上面，技術難度要求之高可想而知。

1946 年，世界第一台通用型電子計算機「ENIAC」誕生，然而它重達三十多噸，占地約 170 平方公尺，肚子裡裝有 18,000 只電子管以及成千上萬個二極體、電阻器等元件，其內部有電路的焊接點多達 50 萬個；機器表面則是布滿了電錶、電線和指示燈。要特別提的是，它的耗電量超過 174 kWh，每次使用時全鎮的電燈都會變暗；更要命的，電子管平均每隔 15 分鐘就要燒壞一支，科學家們得滿頭大汗地不停更換。

儘管如此，這台人們如今覺得奇怪的龐然大物，它的計算速度卻是當時手工計算的二十萬倍、繼電器計算機的 1,000 倍。在 ENIAC 的運轉中立下汗馬功勞的，就是運用真空電子管來進行計算，而記憶體的儲存介質是一種打孔卡片。即使拿出了計算機的「絕活」，但由於體積過大、資訊儲存速度太慢，人們對於縮小體積、提高運算速度的渴望愈趨強烈。

電晶體就在這樣的時空背景下誕生了：1947 年，美國貝爾實驗室的巴丁（John Bardeen，1908—1991）、布拉頓（Walter Brattain，1902—1987）、肖克利（William Shockley，1910—1989）三人發明電晶體，這項劃時代的發明，使他們因此獲得了 1956 年諾貝爾物理學獎。電晶體的發明揭開了半導體元件的神祕面紗，開啟晶片的發展歷史，更引發了第三次工業革命，使人類步入了電子時代。

1952 年 5 月，英國科學家達默（G.W.A.Dummer）第一次提出了積體電路的設想；1958 年，德州儀器的科學家 Jack Kilby（1923—2005）與仙童公司的 Robert Noyce（1927—1990）先後獨立發明了積體電路；2000 年，諾貝爾物理學獎授予 Kilby 等人，以表彰他們為現代資訊技術所做出的基礎性貢獻。

1958 年，美國德州儀器公司展示了全球第一塊積體電路板，為世界從此進入積體電路時代寫下光輝的一頁，也揭開二十世紀資訊革命的序幕。如今，人們使用的電腦已經是早期巨無霸的 1/N。積體電路在人類歷史上的作用非同小可，晶片更是滲透到人類生活的日常。

早上喚醒人們起床的電子鬧鐘，音樂和液晶顯示螢幕都是晶片在控制；打開床頭的 LED 檯燈，小小的晶片在說明穩定電壓；打開手機，好幾塊晶片在同時工作；走進廚房，冰箱、微波爐都由晶片控制。無論是日常生活裡的電視機、洗衣機、行動電話、電腦等家用消費品，還是傳統工業各類電腦數位控制（CNC）機床和國防工業的導彈、衛星、火箭、軍艦等，都離不開晶片。

此消彼長的晶片力量

晶片起則科技起，科技興則國家興。新冠疫情強烈突顯了晶片對於一個國家的重要性，像是紅外線體溫檢測儀、紅外線熱像測溫儀等

防疫必要物資，其核心元件就屬紅外線溫度傳感晶片；而採用生物晶片技術的試劑盒，更為病毒檢測大幅縮短時間；此外，智慧醫療平台上各種資訊和技術也離不開通訊晶片的保障。晶片產業也早已成為各國競相角逐的「鎮國之寶」，甚至逐漸成了國家競爭的切入點。

從全球角度來看，由於應用市場需求多樣化，加上產業鏈的模組化、國際化分工，晶片產業的整體壟斷正在減弱，不同國家的產業布局聯繫緊密，力量此消彼長。

美國在全球晶片產業保持先發優勢的同時，也向綜合生態演進。2018 年，美國的有廠和無廠半導體公司占據全球半導體市場的一半（52%），並且憑藉先驅地位幾乎成為全晶片品類、生產設備、材料等全產業鏈布局的市場，主要把持著上游高附加值端。不僅如此，巨頭們已經開始部署從設計到應用的封閉體系，例如：英特爾收購了以色列 Mobileye，涉足無人駕駛；終端企業如 Google、亞馬遜等也著手自主研發晶片，打造自身產品的生態系閉環。

歐洲和日本則在其領先的材料和設備領域開闢差異化戰場：歐洲利用強大的研發能力以及傳統的晶片 IDM 運營模式再加上精密的機械工程，為汽車製造提供了廣闊的應用市場，領先於工業半導體和車用半導體的設計與製造；日本則避開主流的雲端計算 AI 晶片競爭，轉而研發以終端 AI 晶片應用為導向的邊緣運算系統。歐洲在 2016 年啟動了 6,200 萬歐元的「SemI4.0（功率半導體與電子製造 4.0）」專案，以實現多種先進製造技術混用的智慧生產製造。

在東亞，韓國與台灣則將著重於鞏固產業鏈中的地位。從歷史來看，韓國與台灣的晶片發展得益於以美國為中心的第二次產業轉移。韓國「政府＋大財團」模式扶持了由三星（Samsung Electronics）、SK 海力士（SK Hynix）引領的龐大產業鏈，模式上是美國前一個時

代的複刻與延續；集設計與製造於一體的三星，超越了英特爾成為全球第一。

台灣則著重在下游的晶圓代工與封測：在封測方面，台灣企業日月光等在 2018 年拿下了全球 54% 的市場占有率；台積電領先量產 7nm 晶片工藝，在 2019 年第二季度拿下近 50% 的市場占有率，完成了全球第一個 3D IC 封裝技術研發。

在第三次產業轉移中，中國異軍突起：綜合內需與外銷來看，中國是晶片第一大消費地區，但從產業鏈來看還是兩頭重、中間輕——即設計與封測成長快，但製造的核心技術仍極度依賴進口。2018 年，以華為海思為代表的中國晶片設計產業收入 2,515 億元，年成長率 23%；封測領域則吞下了全球 12% 的市場占有率，但積體電路貿易逆差卻高達三倍。

隨著新一輪科技革命和產業變革興起，重要的科學問題和關鍵核心技術不斷突破，產業迭代運算也持續加快，對全球經濟結構和競爭格局都將產生重大影響。疫情過後，以終端商品為核心的定價轉變為依賴基礎材料為核心的產業與商品定價，全球的晶片競爭也將跟著升級。

顯然目前晶片技術在現有的技術路線上已經可見盡頭，物理材料的應用也將發揮殆盡，不過在 2035 年之前，晶片技術還是主要集中在將目前的半導體技術升級。2035 年之後，晶片技術則會轉而與生命工程技術結合，也就是朝人體細胞技術方向發展，並且會在量子科學的方向上繼續探索；這是晶片技術目前可預見的兩大拓展路線。當然，不排除太空探索技術的加速發現，將是我們借助外太空某些暗物質開採來實現晶片技術的第三條路徑。

但不可忽視，美國在晶片工業上繼續對中國採取封鎖禁令的話，中國的晶片工業在 2035 年左右將可能取得重大突破，屆時中國會在晶片產業上形成完整獨立自主的產業體系，攻克各種產業鏈的現有弱點。或許目前中國的晶片工業技術不是全世界最先進的，但它在同級別中的成本卻具有絕對優勢，未來將搶下發展中國家的市占率。

3.6　非洲投資的時代已到

非洲大陸這片沃土，有著最早人類的 DNA，卻又與當代世界發展有著不小的差距。當人們對非洲的印象還停留在非洲殖民歷史和大批難民潮的時候，非洲已脫離過去古老未開發的「貧困陷阱」，以豐富的礦產資源及低開發比例默默躋身全球最具發展潛力區域之列。

風險投資產業和創新生態體系正在非洲興起；過去五年間，非洲風險投資的資金流入量穩步增加。2012 年至 2018 年期間，非洲風險資本市場的投資額複合年成長率為 46%，且每年都有關於非洲或非洲本土創業企業融資輪數和交易金額新高的消息——非洲投資正當時。

儘管 2020 年由於新冠疫情和資源價格的影響，迫使外國直接投資銳減，遭遇了近 25 年來首次經濟衰退，但依然不影響非洲這座尚未挖掘的投資金礦。不論國家或企業，非洲的投資未來仍深具潛力。

為什麼是非洲？

非洲與歐、亞相接，幅員遼闊，陸地總面積大約 3,020 萬平方公里，占全球總陸地面積的 20.4%，僅次於亞洲，是世界第二大洲。為赤道所橫貫的非洲，有四分之三的面積處於南北回歸線之間的熱帶氣

候，絕大部分地區年平均氣溫在攝氏二十度以上，氣候普遍暖熱，因此也稱為熱帶大陸。

　　非洲的地形以高原和沙漠為主，盆地、裂谷星羅棋布，平原較少。海拔 500 到 1,000 公尺的高原占全洲面積 60% 以上；整個非洲的外觀可描述為從東南部狹長沿海地帶陡然升起的一片廣闊高原向西北部下傾，到地中海附近形成平原。

　　沙漠面積占全洲總面積三分之一，主要由西北部橫貫非洲的撒哈拉沙漠和南部納米比沙漠組成；中部就是世界上最大的盆地──剛果盆地；而低於海拔兩百公尺的平原主要分布在尼羅河三角洲、尼日河三角洲及沿海地帶，不到總面積的 10%。除此以外，非洲地形另一個突出特徵是斷裂地形，裂谷廣泛分布於西非和東非大陸。

　　地形決定了非洲氣候的多樣化：中部剛果盆地和幾內亞灣沿岸一帶屬熱帶雨林氣候；地中海沿岸一帶夏熱乾燥、冬暖多雨，屬亞熱帶地中海式氣候；北非撒哈拉沙漠、南非高原西部雨量極少，屬熱帶沙漠氣候；其他廣大地區夏季多雨、冬季乾旱，多屬熱帶草原氣候。

　　降水差異懸殊決定了非洲水系的分布格局。赤道地區終年多雨、水源充足，地表起伏不大，河流眾多，形成著名的剛果河水系；大陸東南部地區終年受印度洋暖濕氣流影響、降水豐沛，地表徑流充足，形成贊比西河等較大水系；廣大乾旱地區降水稀少、蒸發旺盛，因而河流稀少、河網密度很小。非洲河流具有水急灘多、落差巨大的特點，水電前景遼闊，而河谷縱坡頻繁且劇烈變化，不利於水路運輸。

　　地理特徵決定了非洲是一塊外界難以進入且內部相互割裂的大陸，一方面有效抵禦外敵的入侵，另一方面，卻也阻礙非洲內陸以及非洲與其他地區的溝通交流，這是導致非洲文明發展落後的重要原因之一。

況且由於地形關係，非洲的內陸高原與臨海港口之間交通極為困難，交通運輸問題長久以來都是影響經濟發展的重要阻礙。此外，非洲真正適合發展農業生產的耕地面積並不廣闊，熱帶地區蚊蟲眾多導致疾病易於茲生與傳播，也不利於畜牧業的發展。直到今天，雖然情況有所改觀，但仍是饑荒頻發之地，需要大量進口糧食。

　　然而從自然資源的角度來看，非洲已探勘之礦產資源，卻擁有任何大陸板塊都無法匹敵的優勢。石油、天然氣蘊藏豐富；鐵、錳、鉻、鈷、鎳、釩、銅、鉛、鋅、錫、磷酸鹽等儲量巨大；黃金、金剛石更久負盛名。並且，動植物資源豐沛，植物至少有 40,000 種以上，遼闊草原上的野生動物品種及數量更是令人嘆為觀止。

　　剛果就像一個天然「聚寶盆」，擁有價值 250,000 億美金的礦產資源，而且種類齊全，被稱為世界地質博物館，素有「世界原料倉庫」、「中非寶石」和「地質奇跡」之稱。其境內蘊藏豐富的能源、金屬和非金屬礦產，其中銅、鈷、金剛石、錫、鈮、鉭等礦產在世界上占有重要地位。而剛果也是非洲最重要的金剛石（鑽石）資源國；根據美國調查局公布的統計資料，剛果目前保有金剛石資源量約 1.5 億克拉，其中布希瑪依礦床是剛果最大且為世界著名的金剛石礦床，該礦床資源量巨大，不過品質很低，絕大部分為工業級用。

　　從資源的角度，任何對外投資都與資源有關，而非洲的天然資源無疑是外界投資的動機之一，但這還未結束。

⌒ 人口紅利催生非洲之變

　　今日，非洲已成為世界上人口成長最快的區域。從 1900 年的 1.4 億到 2017 年的 12.5 億，非洲人口在過去四十年間近乎呈爆炸性成

長；地球上每六個人裡就有一個生活在非洲，每三個新生兒就有一個出生於非洲。

2017 年，非洲人口年成長率高達 2.7%，是全球平均人口成長速度（1.1%）的近三倍，是中國人口成長速度的四到五倍；到 2050 年，非洲的總人口將上看二十億，占全球人口的五分之一以上。

從生育率來看，非洲 2017 年的平均生育率（即平均每名婦女在生育年齡範圍內的生育子女個數）高達 4.9，遠超過全球的 2.4 和中國的 1.6。非洲的醫療衛生條件在過去半個世紀顯著地提高，嬰兒存活率和人口平均壽命也開始趨近全球平均水準。如此急劇的人口成長，對非洲人口的年齡結構造成了極大衝擊。

自 1980 年以來，隨著觀念改變、維生能力普及，非洲的平均生育率緩慢下降，這樣的條件讓非洲開始進入「人口紅利」的黃金時代。所謂人口紅利，即一國生育率迅速下降、高齡化尚未開始的時期。

在這種情況下，少兒撫養比例低，勞動年齡人口比例高，形成勞動資源豐富、高儲蓄、高投資、有利經濟發展的局面。這種經濟學家稱為人口紅利的現象，正是中國過去三十年經濟高速成長的原因之一，也是許多人看好非洲經濟的根據。

一方面，非洲人口結構表現出年輕化的特徵，平均年齡僅為 19.4 歲，遠低於全球平均的 30.6 歲；其年輕化的人口結構有利於增加勞動力及培養新消費習慣，為網路、高科技行業的發展提供了良好基礎。

另一方面，不同於中國或中高收入國家，非洲地區的勞動參與率從 1997 年開始緩慢上升，這點跟非洲過去二十年不斷改變的文化觀

念、社會習俗密切相關：女性教育水準不斷提高，愈來愈多的女選擇加入職場，晚婚晚生育情形更加普遍，生育率也隨之下降。

於是，年輕化的人口結構和穩步上升的勞動參與率讓非洲的勞動資源比全球其他地區更加豐富。並且，人口紅利伴隨著充足而低廉的勞動力成本產生，年輕一代的代群效應也將催生巨大的潛在網路消費市場。

在人口快速成長的非洲，到處充滿著機會──如何餵飽非洲增長的人口形成龐大的糧食貿易商機；如何改善非洲人民的醫療和公衛條件促成生物醫藥的貿易商機；如何提升非洲人民的物質生活帶來了民生商品的貿易機會，包括大量新能源汽車投資機會；如何改進非洲人民的科技生活水準則促開啟了大量的網路創業商機。

可以說未來有很長的一段時間，非洲都將為網路的發展與普及帶來曲線陡峭成長的時代紅利。

中國為什麼要投資非洲？

雖然大航海家鄭和早在十五世紀便抵達了東非海岸，但現代中國與非洲的實際交流始於二十世紀 50 ～ 60 年代──當時正值非洲各國紛紛爭取獨立之際，時任坦尚尼亞總統尼雷爾（Julius Nyerere）等非洲領導人向中國尋求支援，希望能夠實現「第三世界大團結」。

如今，國際政治經濟博弈愈演愈烈，世界面臨「百年未有之大變局」，歐美發達經濟體推出了以國家安全、環境保護等為由的嚴苛投資限制政策，國際投資保護主義不斷發酵升級，遏制了中國向已開發國家的逆梯度對外直接投資，「一帶一路」沿線和非洲國家遂成為中國對外投資的新增長極（growth pole）。

隨著「一帶一路」倡議的提出和實施，非洲的貿易戰略地位愈發重要，中非經貿關係的新發展也將有助於全球經濟穩定。從中國的角度，擴大非洲的投資力道有助於獲得新的產能合作機會、自然資源及廉價勞動力，完成邊際產業轉移，促進產業結構升級，推動中國經濟的高品質發展。

從非洲視角，中國直接投資可以為非洲經濟發展注入新的資金，幫助非洲國家緩解就業問題，同時也能解決貧困問題，落實《聯合國世界脫貧的千年發展目標》的相關規劃。事實上，非洲在全球經濟版圖中已經成為日漸升溫的一片熱土。

過去十年，非洲正成為中國和東南亞之外經濟成長最迅速的地方，大多數年成長率保持在 4 ～ 6%；在這個過程中，來自中國的力量不容小覷。2013 年對非洲來說出現了一個關鍵的轉變；按照外人直接投資（foreign direct investment, FDI）流量計算，中國已超過美國成為非洲大陸最大的直接投資者。

近年來，中非經濟的互補性逐漸突顯，非洲也可望成為下個世紀的世界經濟成長引擎。從 2017 年起，美國對非洲直接投資出現逐年的淨流出，中國儼然已經開始填補美國留下的空白，並取代美國成為非洲的最大投資國。

值得一提的是，大多數的中國民營企業對非洲的投資，動力直接來自於非洲市場的發展前景和與中國日益深厚的產業鏈和消費市場的銜接。正如西方的跨國公司在四十多年前受中國市場的魅力所吸引，而今天中國的民營企業也同樣受非到非洲的未來榮景所吸引。

根據中國商務部資料顯示，中國民營企業占非洲直接投資的中國企業總數之 90%，占中國對非直接投資總額的 70%。從單筆投資額

來看，國有企業毫無疑問仍然是大型專案的投資者，尤其是在基礎設施、能源和資源領域。由於這些投資的戰略性和長回報週期，國有企業具有天然的投資優勢。

自 2010 年以來，非洲三分之一的電網和電力基礎設施皆由中國企業投資和興建，透過中國國有企業的投資，中國成為非洲能源基礎設施最重要的投資夥伴。但要提醒的是，中國對非洲的外商直接投資，需更重視與中國經濟發展的互補效應，而不是單純複製中國的發展模式。

今天非洲經濟體已處於穩定上升的發展階段，經濟持續成長、人口紅利爆發、市場逐步開放，作為「第三世界國家」，非洲正不斷拉近與「新世界」的距離，網路也將作為催化劑加速此進程。國家也好、企業也好，非洲的投資未來正緩緩到來。可以預期，在 2035 年之前，世界各國博弈的焦點除了台海問題之外，其中最關鍵的區域就在非洲（亞太地區在 2035 年之前將會在國際關係上出現一種相對平衡的局面）；不論是中國還是以美國為首的西方國家，都會傾注大量的資源及資金進入非洲，設法在政治體系、文化教育以及資源控制方面獲得影響力與話語權。

在 2035 年之前，預料美國將在非洲繼續與中國針鋒相對，對中國在非洲的投資造成不同程度的威脅；不論是經濟、政治、文化、軍事各層面，非洲都將成為中美兩國下一個博弈的焦點。中美俄及歐洲各國都希望在非洲獲得相應的主導權，其中最關鍵的影響則是中美兩國在非洲的較量。

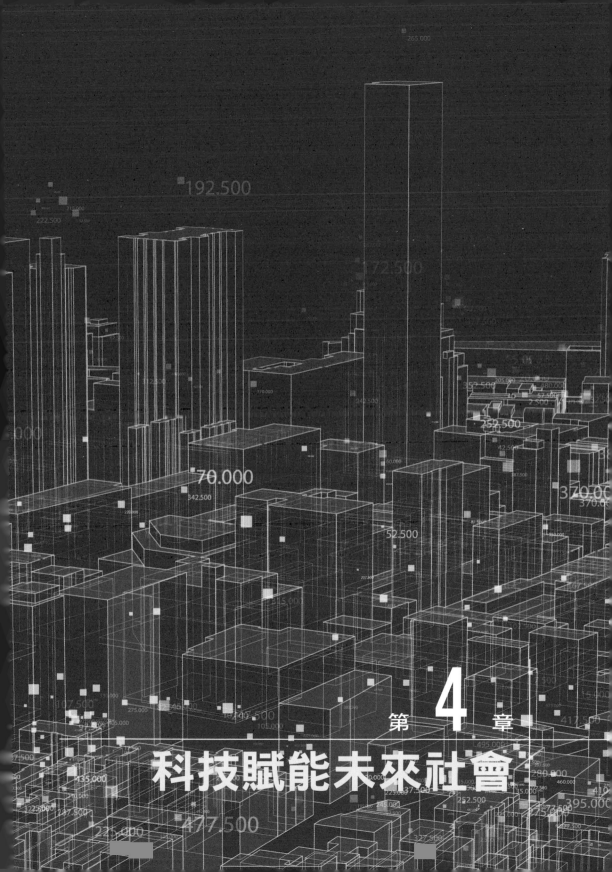

第 **4** 章

科技賦能未來社會

工業革命是現代文明的起點，是人類生產方式的根本變革。工業的發展讓人類有更大的能力去改造自然並獲取資源，生產出可運用的消費性商品，提升了人們的生活品質。迄今為止，以科學理性和科技進步為標記的工業化時代是人類發展最輝煌的階段；可以說，自工業文明發展以來，工業在某種程度上決定了人類的生存與發展。

在前三次工業革命的長期累積和孕育下，以智慧化為特點，人工智慧、量子通訊、生物技術、虛擬實境等前沿技術為代表的第四次工業革命正以前所未有的速度興起。第四次工業革命是繼蒸汽技術革命、電力技術革命和資訊技術革命後，再一次使人類社會經濟生活全面改觀的世紀大事。

這場技術革命的核心是網路化、資訊化與智慧化的深度融合，它在提高生產力水準、豐富物質供給的同時，也重塑人力與機器力結合的勞動形式和要求，在各產業政策方面增添新內容和新方法，以賦能未來世界。

4.1　萬物互聯重塑數位世界

有賴通訊技術的發展，我們正在擁抱一個前所未有的數位世界。

早在 2015 年的 ITU-RWP5D 第 22 次會議上，國際電信聯盟（ITU）就對第五代行動通訊技術（5G）的願景進行了闡述：一是增強型移動寬頻（enhanced mobile broadband, eMBB）；二是大規模機器類通訊（massive machine type communication, mMTC）；三是超可靠低延遲通訊（ultra-reliable and low latency communications, uRLLC）。其中，增強型移動寬頻即是已有 2G/3G/4G 技術的升級，要求行動通訊速率在 4G 的基礎上提升十

倍，以支援更高資料傳輸要求的應用，如 VR/AR、8K 影片、人工智慧等。

而大規模機器類通訊和超可靠低延遲通訊——統稱為行動物聯網應用場景——則是 5G 時代以前從未提出過的應用願景，是現在和過去最大的不同之處。如今，數以萬億的感測器嵌入社會的各個角落，形成了「萬物互聯」的景象。從「網路」到「物聯網」，後者「連接一切」的屬性正在引發新時代的資料核爆。

在手機多於馬桶的時代裡

目前，智慧手機的滲透率已達空前飽和；以中國為例，根據中國工信部的資料，中國每一百人擁有行動電話的數量達到了 112.2 支，已經超過了人手一支手機。隨著 5G 時代到來，作為使用者端的核心產品，手機仍將保持全球消費電子產品龍頭地位。

過去四十年，自 1981 年開啟 IBM 個人電腦時代、1992 至 1995 年間微軟發布以滑鼠移動為核心的 Windows 作業系統，到 2007 年以手指滑動為基礎觸控介面的蘋果手機，使用者介面發生了三次大進化。而隨使用者介面而變化的，則是設備形態的全方位變化：軟體升級、硬體換代、市場格局劇變。從硬體來說，使用者則是經歷了從桌機到筆電、行動電話到智慧手機的過程。

以手機行業來說，經歷了行動電話時代向智慧手機時代的轉變。iPhone 出現之後，業界一直在尋找智慧手機的下一個終端消費商品，如智慧眼鏡、智慧手錶等，但它們都無法完全取代智慧手機。無論從市場價值還是使用頻率來看，智慧手機依然是用戶的日常生活必需品首選。

2019 年起，全球進入 5G 時代，從智慧手機時代進入手機消費為主的物聯網時代版圖，手機仍是 5G 時代的核心產品。疫情與各國的封鎖政策促使人們有更多的時間與手機及電腦培養深厚的感情，顯然手機成為人們生活中不可或缺的「工具」，比馬桶多自然也不奇怪了。

基於智慧手機而催生出來的各種應用，使得手機成為日常生活中甚至比睡覺還重要的生活要素；電腦的數量及功能將高過人腦的角色與作用。在後疫情時代，終端行動裝置將扮演生活中不可或缺的祕書角色。

人機混合未來將至

5G 的推廣與普及，讓大規模機器類通訊和超可靠低延遲通訊的行動物聯網場景成為現實。隨著智慧化社會的普及，計算晶片和連接能力正源源不斷內嵌在任何可以通電的設備上，感測器數量將遠超過人類眼睛數，數以萬億嵌入社會的各角落，形成了「萬物互聯」新景象。

萬物互聯的本質正是順應了資訊技術產業過去五十年從雲端向終端不斷擴展的大邏輯，從服務到 PC 再從筆電到手機演化規律的自然延伸，萬物智慧不斷升級。物聯網將大幅擴展資訊技術在全社會的滲透率，提升整體社會的資訊化程度以及運轉效率。

在這樣的背景下，作為連接人與物的智慧鑰匙，可穿戴設備將發揮它最大價值，也就是讓人體的生命特徵資料化。未來，人機混合將更普及，無處不在的智慧穿戴產品將人與萬物相聯，再借助智慧穿戴拓展人體的生理功能——從外在功能性肢體到內在器官。

例如，透過智慧隱形眼鏡或智慧眼鏡來拓展我們的視覺感官功能；借助機械肢體來拓展我們的肢體功能。在正常情況下，一個人能

夠負重的重量非常有限，但藉由智慧穿戴的機械肢體，可以大幅拓展我們的負重能力。在不久的將來，我們將可能植入晶片來追蹤生命體態特徵，並讓身體健康管理永遠保持線上模式。例如，內臟器官的一部分功能將由智慧穿戴產品所取代，心跳率、生理期、避孕和腫瘤監測等。

此外，可穿戴設備還將成為行動網路新入口，帶領個人區域網路全面升級。可穿戴設備之所以吸引人，是因為它可以讓人類擺脫電腦和智慧手機的限制，催生新的行動網路入口。

目前，依賴智慧手機的行動網路比較局限，智慧手機不但充當聯網伺服器，還要充當輸入和輸出終端，而可穿戴設備將能改變這個現狀，此後智慧手機僅需充當聯網伺服器，而可穿戴設備取代成為行動網路輸入和輸出終端，解放雙手，讓人們隨時隨地連結網路。

例如，透過智慧手錶自動輸入人體健康狀態和運動狀態，透過智慧眼鏡輸出視覺效果極佳的 3D 畫面，人們的生活、工作、娛樂體驗將迎來革命性的蛻變，可穿戴技術即將大舉進入我們的生活，為人類帶來重大的科技變革。但可以預見的是，2035 年之前元宇宙時代不會正式到來，因為屆時元宇宙仍屬基礎載體技術，也就是可穿戴設備產業的完善與發展期。預計到本世界中葉，隨著可穿戴設備產業的發展，人體的物理功能將會獲得極大的拓展，包括人類的性生活方式都將在形式上發生巨大改變，遠端的虛擬性愛時代將會到來。

從網路到物聯網

從 PC 網路、行動網路到物聯網，每一次的資訊革命浪潮都指向同一個關鍵字──「連接」。如果說網路帶來的是「人與人」、「人

與資訊」的連接，那麼物聯網則更進一步實現了「人與物」、「物與物」的全面連接。

當然，物聯網的發展也經歷了漫長的導入期、沉澱期和驗證期。2008 年第一屆國際物聯網大會舉行，物聯網設備數量首次超過人口數；在物聯網導入階段，主要表現為物聯網相關概念的導入和早期物聯網設備的連接。

2013 年 Google Glass[3] 的發布，讓物聯網和可穿戴技術發生革命性的進步。到了 2016 年，左右物聯網產業生態的各種要素已具備；物聯網沉澱時期，主要表現為一些傳感、通訊等技術試錯和沉澱。

在物聯網產業鏈上的各種要素基本完善之後，對於國民經濟產業變革的規模效應很快就會初步展現。2018 ～ 2019 年開啟了市場對物聯網技術方案落地的驗證期，技術、政策和產業巨頭的推動對於物聯網產業的發展依然重要，但不可忽視的是，市場需求因素的影響正在增強。

從 Kevin Ashton 在 1999 年提出「物聯網」一詞至今，物聯網已從雛形初現逐步發展為拉動全球經濟成長的新引擎；新的技術浪潮開啟了通往新時代的大門，也為時代奠定了特有的基調。

雖然從連接的物件來看，物聯網只是加入了各種「物」，但它對連接內涵的拓展和昇華帶來了極其深遠的影響。物聯網不再以「人」

---

❸ Google Glass 是由 Google 旗下團隊所開發的 AR 眼鏡，然而因外型笨重且價格過高並未獲得市場青睞，2015 年便宣告停產、黯然走下舞台。六年後，Facebook 與 Ray-Ban 也合作推出智慧眼鏡「Ray-Ban Stories」，搶攻智慧眼鏡市場的企圖心可見一斑。

為單一的連接中心，物與物無需人的操控即可自主連接，確保了連接所傳遞內容的客觀性、即時性和全面性。

此外，物聯網將實體世界的每一縷脈動都連接到網路上，打造了一個虛擬（資訊、資料、流程）和實體（人、機器、商品）之間相互映射、緊密耦合的系統。物理實體在虛擬世界建立了自身的數位孿生，使其狀態變得可追溯、可分析和可預測。

在物聯網環境下，一方面，萬物皆為入口。除了使用者主動交互產生的資料外，使用者的許多被動資料被即時、無感地記錄了下來，企業因此可以全面、立體、動態地瞭解使用者需求。另一方面，物聯網時代的智慧工廠可以透過柔性生產線、透明供應鏈等模式，快速地滿足使用者不斷迭代的定制化需求。

與行動網路大約 50 億[2] 的設備接入量相比，物聯網的連接規模將擴大至少一個量級，所涉及的領域涵蓋可穿戴設備、智慧家居系統、自動駕駛汽車、互聯工廠和智慧城市的一切。可以預見，物聯網引領的這波新浪潮將從根本上改變我們習以為常的生活方式，也將重構全球產業經濟的格局。

物聯網延伸網路

網路是物聯網的基礎，物聯網則是網路的延伸。物聯網的提出和應用使得人與物以及物與物之間的有效通訊成真，最終可望實現整個生態系統高度智慧特性的願景。因此，儘管物聯網是一個年輕的概念，至今發展歷程不過三十年左右，但全世界都極為重視。

作為新一代資訊技術的集成和綜合應用，物聯網將引發新一輪的產業變革，是推動經濟發展的新動力。隨著電腦技術及通訊技術的成

熟，日本、美國、韓國以及歐盟等多個國家和地區相繼提出物聯網發展戰略，將其視為未來經濟發展的主要推動力。

中國為了把握未來經濟科技發展的主動權，進行了戰略布局，不斷加大對物聯網的政策支持。2011 年 5 月工信部首次發布了《中國物聯網白皮書》，綜合分析中國物聯網面臨的機遇和挑戰；在「十二五」和「十三五」規劃中指出中國要在物聯網核心技術和產業化應用取得顯著成就，實施網路強國戰略，加快建設「數位中國」，推動物聯網向各行業全面融合滲透。

根據《2020 年中國信通院物聯網白皮書》，如今中國物聯網連接數全球占比高達 30%；2019 年的物聯網連接數為 36.3 億，其中移動物聯網連接數占比較大，已從 2018 年的 6.71 億增加到 2019 年底的 10.3 億。到 2025 年，預計連接數將達到 80.1 億、年複合成長率 14.1%。

物聯網根據技術架構不同，可分為感知層、網路層和應用層。

感知層是物聯網的底層，也被認為是物聯網應用和發展的基礎，主要由基礎晶片、感測器、射頻器件等構成，負責資訊的獲取。網路層則透過通訊技術把感知層所得資訊進行高效傳輸，被認為是萬物互聯的核心；網路層的關鍵技術，是物與物之間的通訊技術，包括有線傳輸和無線傳輸。應用層將物聯網技術實際應用到各行各業當中；物聯網產業的終端應用場景非常廣闊，涉及社會生產和生活各方面。

進一步來看，應用層可粗略分為三大主線——以需求為導向的消費性物聯網、以供給為導向的生產性物聯網、智慧城市應用物聯網。根據 GSMA Intelligence 行動智庫預測，從 2017 年到 2025 年，產業物聯網（包括生產性物聯網和智慧城市物聯網）連接數將達到 4.7 倍的成長數字，消費物聯網連接數達到 2.5 倍成長。

事實上，過去有很長一段時間，物聯網應用都以羽量級為主，5G技術推動下，重量級物聯網才得以應用，例如萬屏互聯，又或者邊緣運算。

其中，邊緣運算是 5G 網路與 3G/4G 標準的重要區別，其將雲端計算平台從核心網網元遷移到無線接入網靠近終端的邊緣，配套移動接入網搭建貼近使用者和終端的處理平台，提供 IT 或者雲端的能力，以減少業務的多級傳遞、降低核心網和傳輸的負擔。

簡言之，邊緣運算架構允許資料只在來源資料設備和邊緣設備之間交換，不再全部上傳至雲端計算平台，大大釋放了物端資訊交互的潛力，給了資料設備產生和傳輸大量資料的權利。顯然，未來的物聯網時代，入網的設備將更加智慧、資料應用更加豐富，而不僅僅限於目前簡單的物品狀態和位置資訊。

如今，物聯網的發展動能不斷豐富，市場潛力獲得產業界普遍認可，發展速度不斷加快，技術和應用創新層出不窮，其高速發展已成必然之勢。物聯網被中國明確定位為新型基礎設施的重要組成部分，成為支撐數位經濟發展的關鍵基礎設施，在建構萬物智慧連結的同時，人類也得以擁抱一個前所未有的世界。

因此，預計在 2035 年之前，監測用途的感測器具有巨大商業價值，將至少提升三倍以上的市場需求與使用量。中國在城市（環境與人）監控與監測方面的投入會是同期西方國家的兩倍以上，且普及速度將遠超過西方國家。西方國家由於受制於公民隱私權，因此數位化城市建設的進程較緩，但商品的物聯網化趨勢已不可阻擋。

4.2 數位孿生承載人類野心

科技不僅是一個時代的標籤，它所引導的產業變革更是在雕刻這個時代。

數位時代下，數位孿生（digital twin）是最重要的數位技術之一，在人類社會數位化的進程中具有不可替代的重要性，也因此頻繁出現在各國高峰會議和論壇的演講主題中，備受世人關注。

此前在紐約，微軟執行長納德拉（Satya Nadella）就將數位孿生稱為最大的科技趨勢之一。全球著名 IT 研究機構 Gartner 更是在 2017 年至 2019 年連續三年將數位孿生列為十大新興技術之一。

隨著數位孿生概念的成熟和技術的發展，從部件到整機，從產品到產線，從生產到服務，從靜態到動態，一個數位孿生世界正在不斷構築。當前，基於感測器、智慧裝備、工業軟體、工業網路、IoT、雲端計算和邊緣運算的成熟以及更廣泛的商業實踐累積，數位孿生也走到了一個新的時間節點。

數位孿生將實體的資料即時轉移到虛擬空間，為實現數位化、智慧化、網路化的產業模式提供了一個虛擬的底座，也承載著人類的野心，為人類的未來想像提供了一條更加清晰的探索之路。

數位孿生的概念演進

數位孿生的概念誕生於美國，2002 年，密西根大學教授 Michael Grieves 在產品全生命週期管理課程上提出了「與物理產品等價的虛擬數位化表達」概念：一個或一組特定裝置的數位複製品，能夠抽象

表達真實裝置並可以此為基礎進行真實條件或模擬條件下的測試。其概念源於對裝置的資訊和資料進行更清晰表達的期望，希望能夠將所有的資訊放在一起進行更高層次的分析。

而將這種理念付諸實踐的，則是比該理念提出時間還要早的 NASA 阿波羅計畫。在該計畫中，NASA 需要製造兩個完全一樣的空間飛行器，留在地球上的飛行器稱為「孿生體」，用來反映（或做鏡像）正在執行任務的飛行器空間狀態。

時下，許多業界主流公司都對數位孿生給出了他們自己的理解和定義，但實際上，人們對於數位孿生的認識是一個不斷演進的過程。

這從 Gartner 在過去三年對數位孿生的論述中便可見一斑。2017年，Gartner 對它的解釋是：實物或系統的動態軟體模型，在三到五年內，數十億計的實物將透過數位孿生來表達。在 Gartner2017 年發布的新興技術成熟度曲線中，數位孿生處於創新萌發期，距離成熟應用還有五到十年時間。

2018 年，Gartner 對數位孿生的解釋則是：數位孿生是現實世界實物或系統的數位化表達；隨著物聯網的廣泛應用，數位孿生可以連接現實世界的物件，提供其狀態資訊回應變化，改善運營並增加價值。

到 2019 年，Gartner 對數位孿生的解釋變為：數位孿生是現實生活中物體、流程或系統的數位鏡像；大型系統例如發電廠或城市，也可以創建其數位孿生模型。

在數位孿生概念的成熟和完善過程中，數位孿生的應用主體也不再局限於依據物聯網來洞察和提升產品的執行績效，而是延伸到更廣闊的領域，例如工廠的數位孿生、城市的數位孿生，甚至組織的數位孿生。

橫向來看，在模型維度上，從模型需求與功能的角度，一類觀點認為數位孿生是三維模型、是物理實體的複製，或是虛擬樣機。在資料維度上，一些人認為資料是數位孿生的核心驅動力，側重了數位孿生在產品全生命週期資料管理、資料分析與挖掘、資料集成與融合等方面的價值。而在連接維度上，一類觀點認為數位孿生是物聯網平台或工業網路平台，這些觀點側重從物理世界到虛擬世界的感知接入、可靠傳輸、智慧服務。對於服務來說，一類觀點認為數位孿生是模擬，是虛擬驗證或者視覺化。

儘管對數位孿生存在多種不同認識和理解，目前尚未形成統一的定義，但可以確定的是，物理實體、虛擬模型、資料、連接和服務是數位孿生的核心要素。

展開來說，數位孿生就是在一個設備或系統「物理實體」的基礎上，創造一個數位版的「虛擬模型」，這個「虛擬模型」在資訊化平台上提供服務。值得一提的是，它與電腦的設計圖不同，其最大的特點在於對實體物件的動態模擬；也就是說，數位孿生體是會「動」的。

同時，數位孿生體「動」的依據，來自於實體物件的物理設計模型、感測器回饋的「資料」，以及過去執行的歷史資料。實體物件的即時狀態，還有外界環境條件，都會「連接」到「孿生體」上。

從虛實映射到全生命週期管理

數位孿生的核心要素加上共同社會需求，使得這種超越現實的概念被視為一個或多個彼此依賴的重要裝備系統之數位映射系統，在後疫情時代熱度不斷攀升。

其中，虛實映射是數位孿生的基本特徵：透過對物理實體建立數位孿生模型，實現物理模型和數位孿生模型的雙向映射；這對於改善對應物理實體的性能和執行績效無疑具有重要作用。

事實上，對於工業網路、智慧製造、智慧城市、智慧醫療等未來的智慧領域來說，虛擬模擬是必要的環節，而數位孿生虛實映射的基本特徵，則為工業製造、城市管理、醫療創新等領域由「重」轉「輕」提供了良好路徑。

以工業網路為例，在現實世界檢修一部大型設備，需要考慮停工的損益、設備的複雜構造等問題，並安排人員進行實地的排查檢測，顯然，這是一個「重工程」。然而透過數位孿生技術，檢測人員只需對「數位孿生體」做資料回饋，即可判斷實體設備的情況，完成排查檢修目的。

其中，美國 GE 就借助了數位孿生的概念，提出物理機械和分析技術融合的實現途徑，並將數位孿生應用到旗下航空發動機的引擎、渦輪以及核磁共振設備的生產製造過程中，讓每一部設備都擁有一個數位化的「雙胞胎」，實現了運維過程的精準監測、故障診斷、性能預測和控制優化。

而在新冠肺炎疫情期間聞名世界的雷神山醫院，便是利用了數位孿生技術建造的。2020 年，中南建築設計院（CSADI）臨危受命，設計了武漢第二座「小湯山醫院」——雷神山醫院，該建築資訊建模（BIM）團隊為雷神山醫院創造了一個數位化的「孿生兄弟」。

根據專案需求，採用 BIM 技術進行指導和驗證設計來建立雷神山醫院的數位孿生模型，為設計建造提供了強大的支撐。

近年數位孿生城市的建造，引發顛覆性創新的城市智慧化管理和服務。例如，中國河北的雄安新區融合了地下給水管、再生水管、熱水管、電力通訊纜線等 12 種市政管線的城市地下綜合管廊數位孿生體讓人驚豔；江西鷹潭「數位孿生城市」更榮獲巴賽隆納全球智慧城市博覽會的全球智慧城市數位化轉型獎。

此外，由於虛實映射是對實體物件的動態模擬，也就意味著數位孿生模型是一個「不斷生長、不斷豐富」的過程：在整個產品生命週期中，從產品的需求資訊、功能資訊、材料資訊、使用環境資訊、結構資訊、裝配資訊、工藝資訊、測試資訊到維護資訊，不斷擴展而愈趨向完善。

數位孿生模型愈完整，就愈接近其對應的實體物件，進而對實體物件視覺化、分析並優化。如果把產品全生命週期各類數位孿生模型比喻為散亂的珍珠，那麼將這些珍珠串起來的鏈子，就是數位主線（digital thread）。數位主線不僅可以串起各個階段的數位孿生模型——包括產品全生命週期的資訊，以確保在發生變更時各類產品資訊的一致性。

在全生命週期領域，西門子借助數位孿生的管理工具——PLM（product lifecycle management）產品生命週期管理軟體，將數位孿生的價值推廣到多個行業，並在醫藥、汽車製造領域取得顯著的效果。

以葛蘭素史克藥廠（GlaxoSmithKline, GSK）疫苗研發及生產的實驗室為例，透過「數位化雙胞胎」的全面建設，複雜的研發生產過程可以做到完全虛擬的全程「雙胞胎」監控；企業的品質控制開支減少 13%，它的返工和報廢減少 25%，合規監管費用也減少了 70%。

從虛實映射到全生命週期管理，數位孿生展示了各個行業的廣泛應用場景。2018 年《電腦集成製造系統》「數位孿生及其應用探索」一文，就歸納了包含航空航太、電力、汽車、石油天然氣、健康醫療、船舶航運、城市管理、智慧農業、建築建設、安全急救、環境保護在內 11 個領域、45 個細分類的應用。

這也使數位孿生成為數位化轉型進程中炙手可熱的焦點。Gartner 和樹根互聯共同出版的產業白皮書《如何利用數位孿生說明企業創造價值》中預測，到 2021 年，半數大型工業企業將使用數位孿生，效率可望提高 10%；到 2024 年，將有超過 25% 的全新數位孿生作為新 IoT 原生業務應用的綁定功能被採用。

走向數位孿生時代

人類工業發展史就是實物製造的歷史。過去的愛迪生試錯法根據設計藍圖和生產工藝製造出實物產品，反覆實驗、測試以滿足對於功能和性能的要求；電腦和軟體的出現，改變了這一切。

1980 年，法國達梭系統（Dassault）3D 設計軟體 CATIA 之父 Francis Bernard 開創了曲面設計簡單實體設計，透過操作光筆在電腦螢幕上用 3D 曲面和簡單的實體表現形式，遠超過去的表達形式，奠定了世界工業設計從 2D 到 3D 建模的轉變。

隨後，達梭飛機公司使用簡單的 3D 建模技術生產了飛機零部件。1986 ～ 1990 年間，波音公司使用 3D 建模技術進行飛機裝配驗證，並形成大量初步規範來指導 3D 設計的使用。隨著電腦性能提高、積體電路小型化、計算速度提高、UNIX 工作站出現，3D 設計成本得以大幅降低。

數位化設計技術從早期的 2D 設計發展到 3D 建模，從 3D 線框造型進化到 3D 實體造型、特徵造型，產生了諸如直接建模、同步建模、混合建模等技術，以及建築與施工行業導向的 BIM 技術（建築資訊模型）。

隨著數位化技術的發展應用，人們在用數位孿生技術重建一個物件、系統、城市甚至一個世界的同時，數位孿生也充分曝露人類的野心。

回顧過去二、三十年製造業數位化的過程，數位孿生從過去飛機、汽車、船舶等技術複雜的製造業到製造這些產品的工業裝備業，發展到高科技電子業的電子產品，消費及生活產業的衣飾鞋帽、化妝品、家具、食品飲料等消費產品。在基礎設施產業中，數位孿生的應用也日益增加，包括鐵路、公路、核電站、水電站、火電站、城市建築乃至整個城市。

而今年年初，達梭系統更提出了數位化革命從原來物質世界中沒有生命的「thing」擴展到有生命的「life」。從造物角度來講，人體比機械要複雜得多。人體有 37 萬億個細胞，每一個細胞生命週期裡又有 4,200 萬的蛋白質；人體數位化，即是根據相關多學科、多專業知識的系統化研究，並將這些知識全部注入人體的數位孿生體中。這項技術有利於降低各種手術風險，提高成功率，改進藥物研發，提高藥物的效用。

數位孿生終於從原子、器件應用擴展到細胞、心臟、人體，甚至於未來整個地球和宇宙都可以在虛擬網路空間重建數位孿生世界。可以預見，數位孿生體將經歷數位化、互動、先知、先覺和共智的演變過程，不論是從航空航太到人體健康管理，從地球治理到國家或企業

到群體治理，從建築施工到使用後的管理等，數位孿生將成為後疫情時代全球治理的主流技術，帶領人類進入數位孿生時代。

預料到 2035 年，全球數位孿生的市場規模將超過 1,000 億美元，主要集中在政府的城市治理、航空航太、軍事科技及企業的動態管理應用中。數位孿生的醫學應用，也就是人的應用也將開始受到重視，並且會誕生一個獨立的超千億美元市場，隨之而來的資料管理安全需求也將進一步擴大。

4.3　腦機介面從科幻走進現實

透過在腦後插管，人們能夠暢遊電腦世界；只需　個意念人們就能改變「現實」；學習知識不再需要透過書本、影片等媒介，也不需要再花費大量時間，只需直接將知識傳輸到大腦當中即可；以上是 1999 年的經典科幻電影《駭客帝國》描繪的科幻場景。看起來天馬行空的幻想，卻是根據早已存在的「腦機介面」技術合理設想，科技的加持讓科幻走向現實。

事實上，腦機介面技術並不是新奇的技術，偉大的科學家霍金一直是腦機介面技術的使用者。隨著腦科學、腦神經以及電腦技術不斷進步，腦機介面技術也會跟著成熟，不僅僅是用在一些身體機能有殘缺的人身上，而可能成為未來人類大腦讀寫的一種常態技術。

腦機介面終於登場

要知道，腦機介面本質上是一種全新的資訊溝通與交互介面，而要理解資訊溝通的本質，就需要理解人類語言。

語言是人類大腦高級認知活動的產物，紐約大學心理學和神經科學教授 David Poeppel 在《科學》雜誌子刊《科學進展》（Science Advances）上的論文中提到：「語言處理就是，聲波如何把資訊塞入你的腦子裡」。

　　當人們聽別人講話時，耳朵將聲波轉化為神經訊號，這些訊號被不同的腦部區域處理和翻譯，最先處理的區域是聽覺皮層。多年的神經生理學研究結果顯示，聽覺皮層的腦電波會對應聲波強弱變化的頻率，將聽覺訊號分節並鎖定。基本上就是，腦電波像上網者般在聲波裡起伏，大腦很可能是透過聲波的強弱變化來區分音節、辨識語義，將長串的語言資訊分節裝載，轉化為易於處理的小塊資訊。

　　然而，人類語言經歷了漫長的演化。從神經肽、神經元到神經網；從神經節到幾個神經節融合在一起形成腦，再到原始大腦的形成；從掌管身體器官並且精細分工的爬行腦出現，到能夠處理愛、憤怒和恐懼等複雜情感的邊緣系統出現，再到能夠理性思考的新皮層出現。可以說，神經系統經歷了從無到有、從簡單到複雜、從低等到高級的發展過程。

　　正因為人類大腦新皮層擅長思考——尤其擅長抽象，並且能對事物的本質屬性進行歸納和演繹。大約十萬年前，人類掌握了一項突破性的工具，就是能夠用一種特定的抽象聲音來指稱某個具體事物。

　　例如，「石頭」這個詞的發音並不是石頭本身，而是透過發音來指稱這個物體的代表符號。就這樣，原始的語言誕生了。很快，世界上各式各樣的事物都有了對應的名稱。到了西元前五萬年，人類已經能夠完整使用複雜的語言進行交流；從此，語言不僅能把人類大腦中各種奇妙的想法轉換成一串聲音符號，而且透過空氣振動將它們傳遞到其他人腦中，讓他人能夠理解。

人類語言的出現，為世界萬物打上了符號標籤，同時還產生一個極其重要的功能：讓人們能夠學習自己沒有親身經歷過的事情，以此形成間接經驗。由此，人類種族的生存能力大大提升。

　　正是透過語言的學習，經驗與智慧得以代代傳承下去，不斷累積到部落的知識庫中，讓後代可以根據祖先的智慧繼續探索。就這樣，語言賦予部落強大的集體智慧，同時個人也能從集體智慧中獲益。隨著知識累積，生產力跟著提升，勞動生產率逐步成長，人類也進入了城市時代。

　　人類文明的演化、大量的知識儲備，為人類工業革命創造了條件，科技也因此而獲益不斷進步著。如今，已然進入資訊技術高速發展的時代，人工智慧技術的突破讓我們意識到了，人類學習能力遠不及人工智慧，無法從大量知識中快速獲取知識。

　　而這種缺陷正是曾經為人類文明做出傑出貢獻的語言所造成，這是因為人類的語言天生就有兩方面缺陷：一是精度低；二是效率低。

　　從語言的精度角度來說，無論是哪一種語言，精度都相當低。語言的社會性和模糊性造成人與人之間的溝通準確性很低，人們因此耗費大量的時間在溝通上，在溝通過程中，資訊大量損耗。從語言的效率角度來看，人們無法像電腦一樣快速地將客觀資訊輸入大腦，而倚靠語言和文字進行傳播的速度確實非常慢。

　　進入全新的數位時代，人類的弱點和局限性就開始放大了。時代車輪滾滾向前，歷史發展的內在需求推動著技術的進步與發展，終於輪到腦機介面粉墨登場。

腦機介面那些年

腦機介面作為一種不依賴外周神經和肌肉正常傳出路徑的通訊控制系統，可以採集並分析大腦生物電訊號，並在電腦等電子設備與大腦之間建立交流與控制的直接路徑。儘管腦機介面近年來才成為尖端科技研究的熱點技術，但著眼更長遠的未來會發現，腦機介面研究的整體歷史相對更漫長，且複雜得多。

首先，腦機介面的第一階段為腦結構的理論理解。1924 年，德國神經科學家伯格（Hans Berger）首次記錄了人類大腦的電波活動，並於 1927 年發表了關於人類腦電波（electroencephalogram, EEG）的開創性著作。作為腦機介面技術的第一種常用方法，EEG 腦波神經回饋已使用了幾十年。

簡單來說，當腦神經開始處理資訊，就會產生相應的電磁訊號。而電磁訊號的變化，則反映出當前皮層區域的活躍程度。這些訊號經過放大、編譯變成了包含資訊的訊號，這樣研究人員就可以進行資料分析，用演算法推測出大腦想表達的東西。最初人們對 EEG 在時域上的波形進行分析（尖峰分析法），之後研究者使用傅立葉變換或小波變換分析 EEG 訊號在頻域上的能量分布（能量譜分析法，可以將腦波分成 alpha、beta、gama 及 delta 波）。

二十世紀中後期以來，混沌動力學興起，人們發現由於腦神經天然的複雜度，腦波更具有不穩定及非線性的特性，所以愈來愈多的研究者開始用混沌動力學的研究方法分析腦波及腦皮質結構，其中分形維數（fractal dimension, FD）就是混沌動力學在腦波分析用到的工具之一。

腦電波的第二階段是大腦訊號的解碼應用。1970 年，美國國防高級研究計畫局（DARPA）啟動了使用 EEG 探索大腦交流的計畫。1976 年，加州大學洛杉磯分校的 Jacques J. Vidal 發表了有關「直接腦機交流」的開創性理論和技術建議，創造性給出了腦機介面沿用至今的標準定義，並將研究與開發重點放在輔助患者恢復受損視力、聽力及運動的神經修復之上。

　　第一批人類用神經修復設備在 90 年代中期出現。1998 年則是腦機介面研究的另一大里程碑，研究人員 Philip Kennedy 首次將腦機介面裝備植入人體內，使用無線雙電極獲得了高品質資料，腦機介面因此受到了更多的關注，而其不依賴周邊神經與肌肉的參與便能實現大腦與電腦之間的通訊，則突顯出該技術在輔助治療腦中風、癲癇等失能患者上的價值。

　　腦機介面的第三階段是從實驗室邁入市場。2006 年，美國布朗大學（Brown University）研究團隊完成第一個大腦運動皮層腦機周邊設備植入手術，能夠用來控制滑鼠。2012 年，腦機周邊設備已能夠勝任更複雜和廣泛的操作，得以讓癱瘓病人對機械臂進行操控，自己喝水、吃飯、打字與人交流。

　　2014 年巴西世界盃開幕式，半身癱瘓患者 Juliano Pinto 藉助腦機介面與動力服（power suit，或稱 powered exoskeleton 動力外骨骼）技術開出了一球；2016 年，癱瘓男子 Nathan Copeland 利用意念控制機械手臂和美國總統歐巴馬握手；2017 年，BrainGate 團隊實現了透過植入式腦機介面控制植入式功能性電刺激裝置，相當於在原本神經迴路的斷口處利用外接電腦進行修復連接，使得脊髓損傷病人可以透過大腦活動控制自己的手臂，自主進行一些日常活動。

至此，這種閉環的腦機介面操縱才在本質上接近了人們過去在科幻作品中看到的未來感形象，腦機介面成為人類自然身體一部分、延伸人類器官的想法才真正成為可能。

腦機介面前路何在？

　　當然，腦機介面的發展不會是一蹴可幾。

　　初級的腦機介面是使用腦神經的訊號控制體外裝置、進而滿足特殊需求的系統。早期美國國防部資助的專案就提出了「腦控機械臂」需求，期望以腦機結合的手段幫助戰爭中那些有殘疾的傷兵；借助腦機介面和機械臂，讓他們能夠自理生活。

　　2019 年中旬，馬斯克公布了第一代腦機介面，也可以簡單描述為一個「腦後插管」技術，透過一台神經手術機器人，像微創眼科手術一樣安全無痛地在腦袋上穿孔，向大腦內快速植入晶片，然後透過 USB-C 介面直接讀取大腦訊號，並可以用 iPhone 控制。

　　一年後，馬斯克在發布會上展示關於腦機介面的最新成果，其中包括簡化後硬幣大小的 Neuralink 植入物和進行設備植入的手術機器人。Neuralink 推出的新設備命名為 the Link v 0.9 版，較之初代的設備，植入步驟並沒有相差很多，但升級版的腦機介面尺寸更小、性能更好。它和 Apple Watch 等智慧手錶一樣能夠待機一整天，在睡覺的時候無線充電。

　　值得一提，作為植入性的醫療器材，無線技術已經有十多年的歷史，包括心律調節器或者深度腦刺激的設備都會有無線傳輸，但是寬頻沒有那麼大，傳輸資料並不多，且不能無線充電。Neuralink 的無線設備既能傳電能又可傳資料，這意味著 Neuralink 是功能完善的電子設備，這也是電子設計的一大進展。

馬斯克此次所展示的晶片有 1,024 個通道,而上個版本則有 3,072 個通道。1,024 個通道可以理解為 1,024 個神經訊號採集點。與 3,072 個通道相比,雖然採集點少了,但在給定的腦區和範圍內(2x1 釐米範圍的運動皮層)採集到的有效資料未必受到影響。此外,新的腦機介面搭配新版的手術機器人,比去年的「縫紉機」看起來有了很大進步,它會對大腦結構進行掃描,小心避開危險區域,所以植入過程也不會對大腦產生傷害。

馬斯克在發布會上還表示,未來人人都可以在腦部植入一個晶片,解決記憶力喪失、聽力喪失、失明、癱瘓、抑鬱、失眠、極度疼痛、焦慮、成癮、中風、腦部損害等等問題。

但這都還只是第一步,馬斯克長遠的目標是迎接「超人認知」(superhuman cognition)時代的到來,這源於馬斯克對 AI 人工智慧的擔憂。馬斯克認為,人類需要與 AI 結合為一體,才能避免未來 AI 變得過於強大而摧毀人類的最糟糕情況出現。

這涉及到更高級的腦機介面,意即,可以在人的控制下,對自己的意識和記憶進行改造,並且可以和外界(網路或個人伺服器)進行雙向交流,而人腦也可以變成一個可有限訪問的節點伺服器進行資訊傳送。

更高級的腦機介面是增強對人類功能。透過它,我們可以在短時間內擁有大量的知識和技能,獲得一般人類無法擁有的超能力。

記憶移植就是這個領域研究的重點。現在,美國科學家已經發現大腦海馬迴的記憶密碼,開始嘗試用晶片備份記憶,然後把晶片植入另一個大腦,達成記憶移植;而這個實驗已經在猴子身上成功了。這項技術的終極目的,正是透過腦機介面技術,把大量的資訊和資料傳

輸到大腦，或把大腦的意識上傳到電腦，最終實現人類意識和記憶在數位世界的永生。

當腦機介面下潛至深層時，則真正達到了馬斯克所構想的人機結合，人類不用透過語言，僅靠大腦中的腦電波訊號就可以彼此溝通，實現「無損」的大腦資訊傳輸。這種腦腦交互、彼此傳遞的本質是神經元群的活動，不像語言的模糊和詞不達意，它是一種毫無資訊扭曲的徹底「心領神會」。

事實上，腦機介面這項新技術已經站在時代的風口，除了要面對技術壁壘外，還有可預期的傳統倫理拷問。未來，人們將透過腦機介面技術來直接寫入人們需要記憶的知識，例如雅思、託福的單字，純粹生理性記憶將不再重要。但是，因為大腦意識受到腦機介面技術的讀寫所影響，意識形態教育也將成為各個國家關注的重點。

2035 年，估計腦機介面技術將獲得巨大突破並實現初級的應用。再過十來年，腦機技術不再局限於當前的大腦意識控制軀體或者大腦意識的操控上，而會逐步實現與電腦、網路連結，我們得以藉此隨時隨地與手機、電腦建立連結，以解決知識獲取、分析、運算等問題，手機也將會以一種資訊處理器的方式存在於人類生活中。

4.4　無人駕駛成為主流

技術只有在與人類命運緊緊相繫時，才能展現技術的革命性意義。在人工智慧時代以前，交通工具的發展經歷了幾個重大階段：從最原始的徒步方式，進展到被人類馴化的動物騎乘工具——如馬車、牛車、轎子與畜力工具，再隨著蒸汽機出現，汽車、火車又代替了原始的交通工具。

人工智慧的發展，使得與汽車相關的智慧交通出行生態的價值正在重新定義，出行的三大元素——人、車、路——被賦予類人的決策、行為，整個出行生態也會發生巨大改變。強大運算力與海量高價值資料構成了多維度協同出行生態的核心力量。隨著人工智慧技術在交通領域的應用朝智慧化、電動化和共用化方向發展，以無人駕駛為核心的智慧交通產業鏈將逐步形成，推動人類社會走向智慧交通時代。

無人駕駛走向落地

時間回轉到 1925 年 8 月，人類歷史上第一輛無人駕駛汽車正式亮相。這輛名為 American Wonder（美國奇蹟）[4] 的汽車駕駛座上確實沒有人，方向盤、離合器、煞車等部件也是「隨機應變」的；而在這輛車後方，工程師 Francis P. Houdina 坐在另一輛車上靠發射無線電波操控著它，穿過紐約擁擠的交通，從百老匯一直開到第五大道。這場「超大型遙控」的實驗，帶著對無人駕駛車輛機械化的理解，到今天依舊不被業界普遍承認。

1939 年，摩天大樓在美國土地上如雨後春筍般出現，「大蕭條」後逐漸恢復信心的人們懷揣著對未來的美好願景。在這一年的紐約世界博覽會上，通用汽車搭建的「Futurama」（未來世界）展館前排起了長龍，人群爭相湧入，希望一探「未來」。

美國設計師 Norman Bel Geddes 在自己 1940 年出版的《Magic Motorways》一書中進一步解釋：人類應該從駕駛中脫離出來。美國高速公路都會配有類似火車軌道的東西，為汽車提供自動駕駛系統。

---

❹ 由美國無線電設備公司（Houdina Radio Control）所改造的汽車，嚴格說起來只是一種人為遙控的概念，並不能算是真正的無人駕駛汽車。

汽車開上高速公路後就會按照一定的軌跡和程式行駛，離開高速公路後再恢復到手動駕駛功能。對於這個構想，他給出的時間表是 1960 年。

也許是理想比較豐滿，現實相對骨感。二十世紀 50 年代，當研究人員開始按照構思進行實驗才認清了困難。但此後，無人駕駛的技術探索開始在各地大肆展開。

1966 年，智慧導航第一次出現在美國史丹佛大學研究所裡。SRI 人工智慧研究中心研發的 Shakey 是一個有車輪結構的機器人，在它身上內建了感測器和軟體系統。這項發明，開創了自動導航功能的先河。

1977 年，日本筑波工程研究實驗室開發出了第一個根據攝影鏡頭來檢測前方標誌或導航資訊的自駕車輛，意味著人們開始從「視覺」角度思考無人車的願景。導航與視覺共同聯手讓「地面軌道派」壽終正寢。

1989 年，美國卡內基梅隆大學率先使用神經網路來引導自駕車，即便那輛行駛在匹茲堡的翻新軍用急救車伺服器有冰箱那麼大，且運算能力只有 Apple Watch 的十分之一，但從原理上來看，這項技術和今天無人車控制策略一脈相承。

和全球的發展節奏相近，中國從二十世紀 80 年代也開始了針對智慧行動裝置的研究，起始專案同樣源於軍用。1980 年，政府立項「遙控駕駛的防核化偵察車」專案，哈爾濱工業大學、瀋陽自動化研究所和國防科技大學三個單位參與了該專案的研究製造。二十世紀 90 年代初，中國也研製出第一輛真正的無人駕駛汽車。

自 2000 年以來，關於汽車的智慧功能開始出現，GPS、感測器為無人駕駛提供了資料和應用上的支援和準備。從 GPS 的推廣開始，各科技和汽車廠商開始了大規模個人出行的資料累積，這些資料使人工智慧得以透過海量資料學習駕駛要領。感測器在汽車中的應用，使汽車具備了局部即時感應和判斷的能力，例如汽車的 ABS、安全氣囊、ESC 都從功能上輔助並提升了汽車舒適度和安全性。真正的汽車智慧化始於二十一世紀的第二個十年，隨著 Google 在 AI 技術上的率先發力，應用於汽車中的人工智慧也相繼出現，主要功能體現在變換車道、停車入庫等多方面。

無人駕駛的現況與未來

關於自動駕駛車輛的描述，美國汽車工程師協會（SAE）將自動駕駛分為六個等級 —— 無自動化、輔助駕駛、部分自動、有條件自動、高度自動和完全自動。

- L0_ 無自動化（no automation）：是駕駛人具有絕對控制權的階段。

- L1_ 駕駛輔助（driver assistance）：在 L1 階段，系統在同一時間最多擁有「部分控制權」，不是控制轉向，就是控制油門或煞車。當有突發緊急情況時，駕駛需要隨時做好立即接手控制的準備，並且需要對周圍環境進行監控。

- L2_ 部分自動（partial automation）：與 L1 不同，L2 階段轉移給系統的控制權從「部分」變為「全部」，也就是說，在普通駕駛環境下，駕駛者可以將橫向與縱向的控制權同時轉交給系統，並且駕駛者需要對周圍環境進行監控。

第 4 章 科技賦能未來社會

- L3_ 有條件自動（conditional automation）：是指系統完成大多數的駕駛操作。唯有在緊急情況發生時，駕駛者視情況給出適當應答的階段，此時系統會接手對周圍環境進行監控。

- L4_ 高度自動（high automation）：是指自動駕駛系統在駕駛者不做「應答」的情況下，也可以完成所有駕駛操作的階段。但此時系統僅支援部分駕駛模式，並不適用於全部場景。

- L5_ 完全自動（full automation）：與 L0、L1、L2、L3、L4 最主要的區別在於，系統能夠支援所有的駕駛模式。在這個階段中，可能將不再允許駕駛者成為主控者。

從技術的發展來看，目前智慧駕駛技術多處於 L2 至 L3 的等級。值得注意的是，從 L3 開始意味著車輛在該功能開啟後，將會完全自行處理行駛過程中的一切問題，包括加減速、超車甚至迴避障礙物等；這也代表若發生事故，責任認定歸屬會從人變為車。

因此可以說，L3 處於自動駕駛承上啟下的階段，該等級是自動駕駛技術中區分「有人」和「無人」的重要分水嶺，是低級別駕駛輔助和高級別自動駕駛之間的過渡階段。

L2 主要還是以人為主體，該級別的自駕系統僅為輔助之用，其對應的功能為目前常見的 ADAS 先進智慧輔助系統，包括了諸如 ACC 主動車距控制巡航、AEB 自動緊急煞車和 LDWS 車道偏移警示的輔助駕駛功能，但還是必須由駕駛者操控車輛。

而 L3 則接近無人操駕，自動駕駛系統完成了絕大部分的駕駛判斷與動作，車機系統在特定條件下開車，但遇到緊急情況還是由車主進行決策。所謂的條件包括了下面幾個元素：高速自動駕駛（HWP、0-130km/h）、交通堵塞輔助系統（TJP、0-60km/h）、自動停車、高精準度的地圖與定位系統。

無人駕駛的興起與 AI 的蓬勃發展密不可分。人類駕駛汽車的步驟大致可分為：先觀察周圍車輛情況、交通指示燈，然後朝目的地方向行駛，透過踩油門、煞車和控制方向盤，進行加減速、轉彎、變換車道、停車的操作。這個過程在無人駕駛的研究中細分為感知層、決策層和控制層；於是依據推演，感測器、機器以及 AI 演算法的結合，將完全超越人類駕駛的過程。

　　然而，這個看似完美無瑕的推演卻也面臨到技術上的困境。雖然組合式的感測器能夠以汽車為中心進行 360 度的全方位掃描；以 AlphaGo 為代表的機制智慧已經證明，機器在速度和精準度可以超越人類；當機器做出決策後，透過線控系統將訊號傳遞到汽車的轉向系統、制動系統和傳動系統，可以確保訊號快速傳遞及準確性，人工智慧下的感知、決策和控制都達到了超越人類的水準；但是，如同 AI 頂尖學者史丹佛大學的李飛飛教授在與歷史學者 Yuval Noah Harari（《人類簡史》與《未來簡史》作者）對談中強調，世界的存在不是兩個族群，真實的社會遠比這個複雜。除了演算法，還有很多玩家和遊戲規則；當無人駕駛研究進入深水區，感測器、晶片以及資料的問題也逐漸曝露。

　　從無人駕駛的感測器角度，作為外部路況探測的感測器，其收集的資訊將作為駕駛決策的輸入，是駕駛決策的重要保障。若沒有完整的資訊，就不可能支援決策系統做出正確且安全的決定。雖然眾多的感測器在單一指標上可以超越人眼，但是融合的難題以及隨之而來的成本困境，成為無人駕駛演進過程中面臨的第一個嚴峻考驗。

　　多感測器的問題同時也埋下了下一個問題的伏筆，那就是晶片的性能。如果需要更全面的外部路況資訊，就需要部署更多感測器；更多的感測器則對整合提出了更高的要求，在高速行駛情況下，路況資訊的變化所帶來的數據資訊也更為龐大。

根據 Intel 的測算，一輛無人駕駛汽車若配置了 GPS、攝影鏡頭、雷達和雷射雷達（光達）等感測器，每天將產生約 4TB 待處理的感測器資料。如此巨大的資料量必須有強大的計算設備來支撐，但即使是輝達（NVIDIA）頂級 GPU 企業，在運算力和功耗的平衡上也幾乎達到天花板，短時間內，這將是無人駕駛需要跨越的技術障礙。因此近年來，愈來愈多專用計算平台出現——Google 投入的 AI 專用晶片 TPU、中國 AI 運算平台廠商地平線推出的 BPU，包括特斯拉也投入鉅資進行無人駕駛晶片的研究。

除了現階段面臨的技術瓶頸，在後續的商業開發上，無人駕駛也將持續面臨商業和技術的矛盾。就商業上的邏輯而言，無人駕駛在一二線城市甚至都會蛋黃區，可以產生最大的商業價值，但從目前的技術條件來說，無人駕駛無法一步到位進入主要城市，需要進行更多的測試、進行更多技術驗證，以確保安全和可靠性。簡言之，當前的道路測試還不能推動大規模無人駕駛汽車普及化。

上路後的無人駕駛一旦出現事故，就將面臨用路人的信任危機，因此無人駕駛在郊區進行封閉場地測試以及公開道路測試，便成為過渡方案。目前，為了保證車輛上路的安全性，無人駕駛車輛必須要進行模擬測試和封閉場地測試，並在此基礎上逐漸在開放道路進行測試。

道路被重新定義

在城市化發展過程中，交通是經濟社會發展的命脈。如今，我們的交通方式與從前相比已經有了巨大的變化，無論是出行方式的多元化、便捷度、舒適度或安全性，都獲得全方位提升，但我們卻依舊每天面對道路堵塞、停車困難、交通事故頻繁等問題。

交通系統具有時變、非線性、不連續、不可測、不可控的特點。在過去缺少資料的情況下，人們在「烏托邦」的狀態下研究城市道路交通，隨著即時通訊、物聯網、大數據技術的發展，資料獲取全覆蓋、解構交通出行逐漸成為可能，一場交通系統的革命已經到來。

智慧交通協作發展將成為一種趨勢，車輛自主控制能力不斷提高，完全自動駕駛最終將實現，這將改變人車關係，將人從駕駛中解放出來，為人們在車內進行資訊消費提供前提條件；車輛將成為網路中的資訊節點，與外界進行大量的資料交換，進而改變車與人、環境的交互模式，即時感知周圍的資訊，衍生更多形態的資訊消費。

未來，隨著自動駕駛普及，大部分的人不再需要購買一輛屬於自己的汽車。出行可以作為一項按需提供的服務，將道路、汽車等資源充分共用，進一步提高整體交通效率。

這些根據 AI 發展出來的網聯汽車，使得人們的出行行為發生極大的改變。雙手從方向盤解放出來之後，隨之解放出來的時間為娛樂、資訊、辦公、傳媒等應用打開了龐大的服務內容市場；這些新型應用場景將產生足以重塑整個汽車產業、顛覆汽車所有權和流動性等現有概念的力量。

道路將被重新定義，未來的道路將是智慧化的數位道路，每一平方公尺的道路都會被編碼，用有線射頻辨識技術和無線射頻辨識技術（RFID）來發射訊號。智慧交通控制中心和汽車都可以讀取到這些訊號包含的資訊，而且透過 RFID 可以對地下道路、停車場進行精準定位。

依據科學技術發展的趨勢，未來的道路交通系統必然會打破傳統思維，展現出人類的感應能力，車輛智慧化和自動化是最基本的要

求，因交通事故導致的人員傷亡事件將很難見到，道路網的交通承載能力也會大幅提升。當然，這一切得以實現的基礎，是必須確保通訊技術高速、穩定和可靠。

屆時，更為先進的資訊技術、通訊技術、控制技術、傳感技術、計算技術會得到最大限度的集成和應用；人、車、路之間的關係會提升到新的階段，新時代的交通將具備即時、準確、高效、安全、節能等顯著特點，智慧交通系統必將掀起一場技術性的革命。到 2035 年之後，汽車駕駛這個職業將逐漸退出舞台，取而代之的則是全自動的無人駕駛模式。到本世紀中葉，人類社會將有機會正式全面進入無人駕駛時代，同時更立體的交通網絡也會出現，而無人駕駛的低空飛行交通亦將開始應用。

4.5　科技介入教育，教育走向未來

工具的發明創新推動著人類歷史的進步，教育方法的創新也有著異曲同工之妙。人工智慧、大數據、VR/AR 等資訊技術的蓬勃發展，使得科技介入教育正在流行。

教育科技正在流行

科技改變教育，是一個必然且正在發生的事實。就像電腦技術誕生與發展深刻改變人類的生活方式一樣，在商業、交通、金融、生產等領域都已經顛覆了傳統的模式，教育，自然也不例外。

科技教育的融合，首先體現在教育模式和方法的改變。法國學者莫納科認為，教育的變革大約經歷了四個主要階段：依靠人與人之間

直接傳遞的表演階段，依靠語言文字間接傳遞的表述階段，依靠聲音圖像記錄的影像階段，依靠人人平等互動的資訊技術階段。

不同的階段，教育的方法也各不相同──這包括了獲得資訊的方法、傳播資訊的方法以及教學互動的方法。不論是教育階段的演進還是教育方法的變化，顯然，技術都是其中驅動教育變革的關鍵力量。

在表演階段，獲取資訊的手段比較單一，完全依靠口耳相傳，其教育形態的典型代表是私塾，規模小，沒有個性化教育。

在表述階段和影像階段，造紙術、印刷術和影像技術出現，改變了口耳相傳的教育模式，教師不再是獲取資訊的唯一來源，教和學有了相對分離的可能性。這個時候的各級各類學校有了一定的規模，公立學校以服務大多數人的知識水準為主，主張大規模，強調效率優先，以知識傳播為主要目的，教師、教材、教室的「三教」中心格局相當穩定，成為教育的「鐵三角」。

而現代的資訊技術則突破了同位元集中教育模式的時空限制。尤其隨著行動網路、人工智慧、大數據、超級計算、腦科學等新科學技術出現，知識的傳遞更加快捷平等，傳授方式與模式也發生很大變化；資訊技術的賦能令教育的發展速度比近代歷史上任何時期都要快。

一方面，通訊技術透過資訊互聯，突破了傳統教育的時空局限性，尤其是 5G 的高速率、低時延、高密度、高移動性等優勢，將促使教育達成空間互聯、同步授課、遠端控制、雲端儲存四個方面的發展。

在空間互聯方面，5G 技術的支援將使物理空間之間的直接連結成為可能。借助於 4K/8K 高清影片技術，互相連結的物理空間能夠

拼接在一起；而借助 XR（AR/ME/VR）技術，這種拼接能夠更加自然、甚至融合成為一個更大的空間。

由於 5G 技術在高設備密度下也具有高傳輸速率特性，因而同步授課能夠像面對面授課一樣，展開多樣化師生間或學生間的互動。此外，5G 技術低時延優勢還能夠讓學生遠端控制設備、學具，甚至展開遠端實驗；影片等大容量資源的雲端儲存將能達到與本機存放區一樣快捷。

於是，在資訊技術賦能下，教與學不再受時間、空間和地點的限制，這也轉變了學生的學習模式，MOOC 大規模開放式線上課程（massive open online course）、混合學習（hybrid learning）、翻轉教室（flipped classroom）、U 化學習（U-Learning，又稱無所不在的學習）、行動學習（mobile learning）等線上教育模式成為大勢所趨。疫情推動了遠端教育的發展，加速了科技介入教育的進展。透過網路技術得以讓世界上更多人享受均衡的教育品質，以網路為基礎的無國界大學將會推動教育走向普惠；具有影響力的大學將自己定義教育標準，線上線下的選修學分互認亦將普及化；同時，教育不再有嚴格的年齡劃分，不分年齡、時間、地點隨時完成線上教育將成為一種普遍現象。

另一方面，以人工智慧為代表的新技術在教育中的應用，正在重新定義人類的知識和能力價值，令教育內涵朝內容精準化、學習自主化、教學交互化方向發展。

人工智慧賦能教師，將改變教師角色，促進教學模式從知識傳授轉變為知識建構。例如，AI 助教是一種「虛擬教學助理」軟體，可代替教師完成日常任務，給學生解答疑惑、批改作業、評估論文，讓老師有更多時間對學生進行一對一的個別指導與交流。

人工智慧賦能學校，將改變辦學形態，拓展學習空間，提高學校服務水準，形成更加以學習者為中心的學習環境；人工智慧賦能教育治理，將改變治理方式，促進教育決策科學化以及資源配置精準化，加快形成現代化教育公共服務體系。

糾偏科技時代的教育

顯然，接納一些現代工具和技術以變革教育、促進教育效率和提高教育品質是必要的，但教育遵循著技術應用也必然面臨倫理上的矛盾。事實上，從技術發展史來看，人類總是會遇到新的問題，這些問題往往不限於技術和應用層面，而多是人文和倫理挑戰。

毋庸置疑，科技許諾了「改進教育」的美好前景，提高教育效率，並使教育普及化有了更多可能，但人們需要確定的是，這些技術可以保證良好的學習成果，把人類尊嚴放在草率、損耗和算術度量衡之前。事實是，人們在享受技術帶來的便利時，卻往往忽略了技術背後所處的社會土壤和社會條件。當技術走向偏門左道時，其對教育本身帶來的傷害也是前所未有的。

2019 年年末，浙江一所小學因讓學生佩戴檢測分心頭環引起網路熱議。生產公司的產品經理稱，該產品為訓練專注力，會說明學童的大腦調節情況，同時，它所搜集的學生資料是回饋給老師，再由老師決定是否「分配」給家長。

變調的校園智慧系統與檢測分心頭環則有異曲同工之妙。智慧系統賦能學校，本應改變舊有學習形態、形成最佳的學習環境，然而校園智慧系統卻演變成氾濫的簽到系統、宿舍管理系統、教室點名系統、校園周邊控制系統、操場全景監測系統；尤其是智慧課堂系統，甚至早在防分心頭環上市之前就已經初現端倪。

再者，花樣百出的教育產品──不論是拍照答題神器的行動APP，還是線上輔導機構的網路授課──多少出現了「用腳做產品，用心做行銷」本末倒置的現象，加上資本逐利製造出極大的教育焦慮，這一切，都把教育推向背離初衷的境地。

在科技介入教育時代，人們不得不重新思考那個老生常談的話題：什麼樣的教育才是好的教育？技術背後往往暗示著一種理想生活方式，包含人們想瞭解最重要的問題──也是經常忽視的問題。

換言之，技術盛行的各種教育模式下，人們早已將學習成果視為利潤率，計算技術和基礎投資報酬率，甚至將學生當作工業資源般去評估他們習得「工作技能」的能力反倒漸漸忽略了透過反思、聯繫語境的手法全面創造意義的能力；和感性的詩意相比，科技讓人們更重視理性的精確價值。

在技術和教育的融合發展中，教育承載了太多的希望，因而在投入和產出之間，人們總是希望週期愈短愈好、差距愈小愈好。教育的功利化正是功利主義和實用主義的縮影，人們對教育外在目標的追求高於內在價值的渴望，技術理性幫助教育實現了短期內輸送「教育產品」的目的，教育儼然變成了一場競賽。

因此，在科技教育時代追逐「技術創新」和「傳統變革」的同時，受教育者也被迫捲入這場潮流，不斷調整學習以適應社會和教育的變革。在這個過程中，教育目的不再重視人格的養成，而淪為適應社會、市場需求的技術競賽。

教育寄託於技術，卻走向被馴化為工業化的產物與標準物件。學校系統的教育以嚴密而死板的規定對學生進行「加壓」和「塑形」，而整個社會的教育目標，也變成加速學童成人化、社會化，強調人的集體性和服從性。

如今，技術對教育的異化已不可忽視，而其進一步提出的問題是：技術為什麼總是無法盡如人意地完成最初我們為它設定的目標？

　　網路曾被賦予改變教育的遠大使命，讓全世界的年輕人獲得高水準平等教育，然而現在還是走上了「理想很豐滿，現實很骨感」的無可奈何。錯的不是技術，而是我們，是使用技術來教育的人。

　　由於過分注重一門技術的創新或一種科學理論的研發，所以經常會忽略掉它們如何被使用──被使用的過程、被使用的方法，以及是在什麼樣的社會條件下被使用。這些問題遠比「誰發明一項技術」以及「誰創造這些理論」來得重要太多。

　　只有注重技術應用於教育的過程和方法，以及在什麼樣的教育生態下使用，才能夠發揮技術的真正效用，因為在這個過程中，重要的不再是技術，而是回歸到教育本身。技術只是工具，教育才是目的。

　　但反觀現代社會，孩子們接受的教育多半是「灌輸式」的教條式學習，而非著重啟發性思考，按照這樣的教育方式，就算飽讀詩書也未必能靈活應用。教育若僅僅遵循市場邏輯讓學生的腦袋裝滿知識，卻忽略了他們的判斷力和品德的培養，那麼學生也只不過是從一字不識的無知，變成滿腹經綸的無知而已。

　　從孩童到成人，都需要教育。教育應該讓被教育者懂得如何一步一步前進，以及適應一代一代的變化。就如美國著名哲學家杜威（John Dewey）在一個世紀前所說的：「教育的目的是要使人能繼續受教育。」或者說，學習的目的與從學習中得到的報償，是繼續成長的能力。

　　教育就是生活，是一切經驗的重組；人類的教育不能受技術約束，也不應由技術來定義；教育受技術驅動，但不是技術本身。有鑑

於此，教育既應積極擁抱新技術，將技術進步作為高等教育變革的有效動力，也需在技術理性與價值理性的權衡與融通之中，始終守住教育本真生命體的底線。自始至終，人都是教育的原點，育人是教育的根本；這也是人之所以為人的奧義。

從教育形式來看，可以預見到了本世紀中葉，虛擬大學、虛擬課堂、虛擬課程將會成為所有主流大學的標準教育模式，校園實體空間疆界將被打破，任何人都可以申請進入網路大學、網路課程進行學習，並且將取得與實體校園同等水準的教育資源、學分及學位證書。這些變化將加速國際教育的競爭，對發展中國家的教育帶來影響，但亦能大幅提升貧困國家的教育水準。

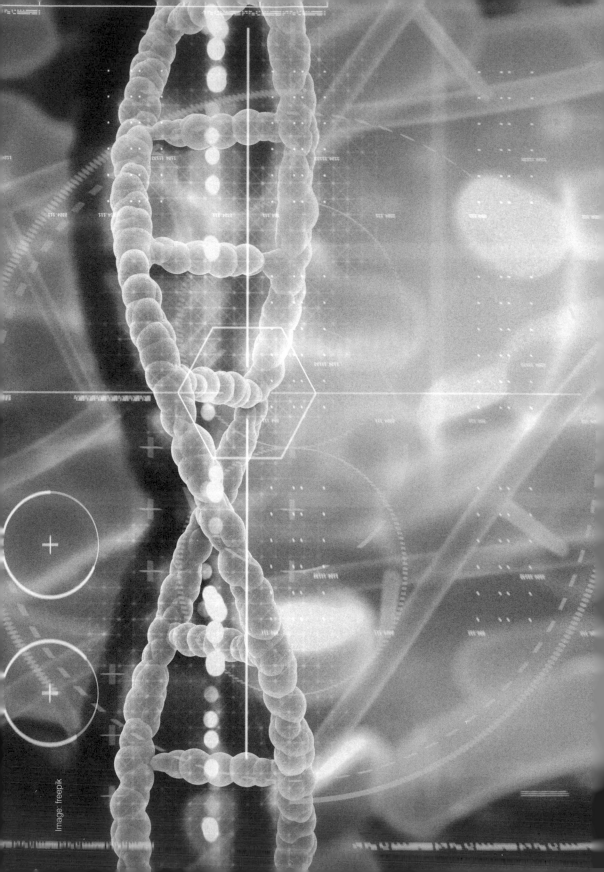

第 **5** 章

大健康時代加速到來

在現代醫學的幫助下，人類平均壽命與日俱增。現代醫學改變了人與疾病、痛苦和死亡的聯繫，也改變了人們對「健康」的定義。現代醫學的發展使得診斷與治療分離，於是更靈敏的醫療技術設備、不斷湧現的診斷理論和術語，迸發過去不曾有的科學研究，締造出大健康時代。

大健康時代裡，智慧醫療產業還會繼續出現爆發式進展，區塊鏈、雲端計算、人工智慧等醫療技術的支援應用，進一步促進智慧醫療的發展。伴隨著新一代資訊技術問世、集成和快速普及化，智慧醫療的基礎建設愈趨完善；疫情期間，基因療法逆勢增長，它將對人類生命、疾病治療產生深遠的影響與改變，並逐漸成為後疫情時代治療的關鍵技術。

在大健康時代，輔助生殖技術將成為生命科學的重要方向，基因檢測將從篩檢到人工受孕，從胚胎移植技術到體外子宮環境培育。未來，人類生育將不再依靠人體懷胎十月，精子、卵子的交易將成為新興市場，體外孕育會成為一門新生意。

除此之外，人類將面對「與癌共存」的未來，並食用更多的合成食品。

5.1　智慧醫療面臨重塑與再造

由於創新技術的普及化與醫療保健消費的成長，智慧醫療市場正穩定發展中。過去三年，疫情加速了智慧醫療的需求，快速提升了消費者對智慧醫療的認知度。在疫情期間，智慧醫療產業的每個要素——從使用者、服務端到支付方——都出現主動積極的長期變化，疫情成為智慧醫療的催化劑，也將進一步重塑與再造全球醫療體系。

醫療業為何生變？

醫療健康產業的發展關乎國計民生，更與群眾健康息息相關。目前各國普遍都面臨工業化、城鎮化、人口老齡化以及疾病譜、生態環境、生活方式不斷變化，致使醫療衛生事面臨前所未有的挑戰。與此同時，網路資訊技術方興未艾，互聯技術為人類生活開闢了第二空間，也推動了社會各界的生產關係發生變革，例如數位經濟、虛擬社交的興起，而以智慧技術作為支援的衍生產品，也逐漸滲透到生活各個領域，智慧醫療自然也不例外。

從用戶端來看，智慧醫療優勢顯著。從線下到線上，新冠疫情明顯加速了智慧醫療在 C 端的滲透；線上交流與問診能夠避免面對面接觸和高危險族群群聚，同時有效分流實體醫院的就診壓力，協助解決諸多防疫痛點問題，同時滿足交通管制情形下慢性病患者和輕症患者的居家治療與用藥需求，漸漸改變了人們的就醫習慣。

根據中國諮詢機構艾瑞的監測資料，中國自 2019 年 11 月疫情出現到 2020 年 4 月，疫情逐漸好轉，醫療健康類 APP 與網頁的有效使用時間明顯增加，較具代表性的是京東健康，其平台承載的線上問診量在疫情之前是平均每日五萬次左右，疫情期間飆升到 15 萬次，疫情獲得基本控制之後仍維持了 10 萬次的水準。這個疫情將線上診療的市場教育時間至少提前了 5 ～ 10 年，也讓美國的線上醫療獲得了飛速的發展。

服務端則經歷了從保守到積極的轉變。在中國，政府高度肯定了智慧醫療在此次抗疫過程中的重要作用，因此也鼓勵地方政府、公立醫院展開智慧診療服務。在政策的鼓勵支持下，原本對於網路使用態度較為保守的公立醫院與醫生也轉而主動接觸。波士頓諮詢公司 BCG 與騰訊聯合發布的《2020 數位化醫療洞察報告》顯示，在疫情前，中

國約有 170 家公立醫院可以提供網路服務，截至 5 月，該資料達到了 1,000 家以上。從區域來看，目前已有黑龍江、寧夏、山西、四川等十個省份實現區域化網路醫院平台。

《2020 數位化醫療洞察報告》的資料也顯示，在疫情的影響下，已有超過一百萬名醫生（中國境內醫生總數為兩百多萬）開始透過協力廠商平台或網路醫院提供診療服務。以三大網路醫療平台之一的阿里健康為例，其最新發布的《2020 網路醫生生態報告》顯示，截止 2020 年 8 月，活躍在阿里健康網路醫院上的醫師超過 60,000 名，與前年同期相比增加 40%。

疫情期間，許多國家推出了數位化抗疫措施：中國加大資訊與通訊技術（ICT）基礎建設投資，啟用了人工智慧醫療保健服務來說明診斷和資料分析；英國國家醫療服務體系更與亞馬遜、微軟和 Palantir 等美國科技公司合作，建立有效數位模型讓呼吸機、病床和醫護人員等醫療資源獲得最佳分配。此外，礙於嚴格管控的社交隔離措施和門診服務資源不足，遠端醫療服務需求的增加也促使數位醫療平台愈來愈受歡迎。

同時，智慧醫療器材走進更多家庭。疫情期間，透過智慧醫療器材聯結的資料與線上醫生服務的模式進一步試水溫後得到驗證，將會採集應用大量的醫療健康資料。伴隨 5G 的應用發展和普及化，家用智慧醫療器材將成為新的消費市場，婦女、幼童以及新發的慢性疾病族群是主要客群，龍頭製造廠商將成為重點合作對象。

整體而言，智慧醫療的經營效率大大提升，產業得到重塑，未來可望透過公私合營模式迎來進一步發展的機遇。

優化醫療資源配置

智慧醫療時代出現以前，治療模式都是圍繞著醫院而展開，導致大病小病、不論輕重都要親自前往醫院進行排隊、檢查、諮詢、領藥的流程；患者預約掛號難、醫院人潮擁擠、醫療效率低下、醫療服務品質參差不齊等問題出現是必然現象，尤其在一些人口大國。

但顯然，真正的醫療核心並不是醫院，而是醫生，智慧醫療則是有機會改善這種情況，透過網路將實體醫療診所虛擬化，也就是目前正在嘗試的線上問診與遠端醫療。

首先，線上問診直接解決了線下受時間空間限制的診斷模式。換句話說，若是在目前的醫院治療體系，想找特定醫生看診必須要跑到特定的地點、在特定時間經過漫長的候診流程。但是透過線上問診，患者可以隨時隨地向相關專科醫生進行諮詢，也較能夠詳細描述自己的病況，甚至根據醫生要求在任一家符合要求的醫院完成診斷所需要的相關檢查報告，並將這些報告傳送到線上問診系統。醫生在接到患者的相關檢查報告與病情描述之後，可以在他的片斷空檔時間對患者進行診斷，並將診斷結果及相關處方發送給患者。

對於某些特殊患者，醫病雙方還可以彼此協調時間進行線上影片診斷，然後給出診斷結果以及對應的治療處方；患者再根據醫生的處方籤在當地任何藥房、診所或醫院領取藥品，並由該單位藥劑師協助說明如何使用。

這種線上看診模式，醫生該如何收取診斷費用是一個值得思考的問題，這也關係著醫生願不願意將把個人的時間花在額外服務上。因此，線上看診還需要建立一套明確的診斷費用，就算是諮詢，不同的醫生、不同的問題、不同的需求都應該有相應的收費標準。

作為市場化的產物，必須要用市場化的手段來調節；比如，平台可以對醫生的服務做出管理和評價。此模式將釋放出大量的醫療資源，而市場化的收入將激發醫生投入線上問診的熱情，也激發起自身提升醫療水準的熱情。

另外，則是遠端醫療。遠端醫療更側重於醫療機構之間的互動，假設今天有一名住上海的患者在當地醫院會診時無法掌握具體病情與治療方案，而香港則有這方面的專業醫生，此時便可透過遠端醫療進行會診，這是其一。

其二是遠端診斷之外的遠程手術，例如，美國波士頓有一位全球頂尖的心臟病手術專家，但由於種種原因無法來到中國上海為患者進行手術，此時可以透過遠端醫療來完成。上海的手術執刀醫師只要戴上類似於 Google 眼鏡的智慧醫療設備，身在美國的這名權威醫生就可以同步即時觀看手術過程，並即時指導在上海手術室裡的醫生進行相關的操作。不僅如此，借助於遠端手術機器人，美國的醫生就可以在美國對設備進行操作，進而完成患者的遠端手術。

未來醫療機器人發展起來之後，一般具有普遍性特徵的手術或許不再需要人類自己來完成，而是交由機器人去執行。

最後，對於醫病雙方而言，一旦進入治療環節就意味著醫護人員要為患者提供說明和服務。不論是住院治療、居家治療還是社區治療等，在治療的過程中對於治療管理以及康復管理方面等都不可少。導入智慧醫療，一方面透過對特定場所——例如醫院的內部管理系統——智慧化，另外一方面，則是借助可穿戴醫療設備對患者進行全程管理。

這將對現在的醫院管理造成深遠的影響與改變。例如，目前各大醫院的住院服務、管理、需求很難滿足所有患者的需求，而智慧醫療

系統的導入能將醫護分離：護理將由專門的機構進行，這些機構利用可穿戴設備、網路、大數據、雲端平台等數位科技將醫生和患者連接起來，並根據雙方需求進行醫護。

網路、遠端醫療、手術機器人等智慧技術，將使得全球的醫療資源如同二十世紀的全球產業鏈再造分工一樣，世界各國都將在醫療產業鏈上發揮各自的優勢，醫療業可望實現產業鏈化。

可以預見的是，到 2035 年左右，全球將藉由網路技術初步建立一個具有優勢的資源分享診療產業鏈，進一步縮小不同國家之間的醫療與診斷能力差距。這個全球診療平台預料將來自於美國、歐洲或中國的企業家，目前美國或中國都已經有了相應的基礎應用，只是還需要一些時間進行完善、拓展與整合，而歐洲在網路醫療方面的發展則有待提升。

借助於全球性的網路診療平台，就能實現優勢醫療資源的整合與分配。例如：德國的外科手術具有領先全球的技術水準，那麼可以利用遠端手術機器人，將一些複雜的外科手術透過網路醫療平台交由德國的醫生治療：印度在 X 光片的解讀最具優勢，就可以利用網路系統將患者的 X 光片傳到印度，交由印度的醫生解讀並給出診斷結果。靠著網路醫療平台全球化，各個國家的醫生都將成為醫療產業鏈中更專業的專科醫生，為全世界人類提供最優質的醫療服務。

進入未病時代

傳統醫療三維方式，大部分患者通常都是在明顯察覺到身體不舒服才會選擇到醫院就診。例如，女性乳癌患者通常都是已經明顯感到不適才到醫院就醫，結果可想而知，要面對的多半是末期癌症，錯過了最佳治療時機，而治療成本與治療難度自然大幅增加。

如果能利用可穿戴醫療設備，透過在女性內衣中植入感測器來監測女性乳房的變化指標，一旦出現乳癌的可疑症狀，設備就能及時提醒需就醫診斷治療；這對於女性而言，不啻為一種超越所謂「剛需、痛點」之上的需求。

　　通常，一個人對於心臟的感知、出現心絞痛或心率不整等症狀時，自我覺察度並不是很高，尤其是在夜間深度睡眠狀態下，我們更無法感覺心率變化，因此很多心臟病引發的死亡都在睡眠中發生。但是，透過與醫院後台大數據連接的可穿戴設備，我們就可以隨時隨地監測心率，當發生異常變化時，系統透過可穿戴設備就能自動識別、評定我們的病情屬於輕微或重度，甚至會預判趨勢。

　　因為生命體態特徵的變化，在醫學領域往往都會出現一些前兆，而可穿戴設備能夠監測到這些前兆，並根據醫院的大數據系統做出診斷。如果一個人在深度睡眠狀態下心率出現了心臟病的前兆，可穿戴設備就會喚醒用戶，或是自動連接至醫院進行急救報警。目前，蘋果智慧手錶 Apple Watch 在醫療健康監測方面有較先進的探索與應用。預測到了 2035 年左右，根據生命體態特徵與健康管理監測的智慧穿戴設備將會成為人類生活中的標準配置，其重要程度不亞於手機。

　　因此，智慧醫療的未來，其中一個很重要的特性就是將目前的疾病治療模式前移至疾病預防，整個醫療服務的重心也將從短期急性病醫療漸漸朝著慢性病治療和預防性健康保健轉變，健康管理方面的專業人員將受到市場重視。而且，透過可穿戴設備與大數據、雲端平台、人工智慧結合，還能對用戶日常生活行為、飲食習慣等方面的監測做出分析、預測、判斷，及時提醒用戶進行相對的調整，達到預防疾病的目的。

5.2　基因療法的逆勢增長

　　基因療法聽起來是一個充滿了未來感的詞彙，但事實上，基因療法開始應用於人類疾病治療可以追溯到二十世紀 70 年代。1972年，《科學》雜誌上一篇題為「Gene Therapy for Human Genetic Disease ?」的文章正式提出了基因療法，並受到認可作為人類遺傳疾病的一種治療方式。此後的幾十年間，關於基因治療的研究數量激增，儘管基因療法也曾經歷輝煌和黯淡，但在長足的研究下，基因療法逐漸褪去光環與汙名，成為人類對抗疾病的重要武器。

　　2020 年，美國再生醫學聯盟（Alliance for Regenerative Medicine, ARM）發布了 2020 年上半年報告，名為「新冠疫情下的創新」。報告指出，再生醫學領域（包括基因療法、利用基因工程改造的細胞療法和組織工程）在新冠疫情的挑戰面前展現了出色的韌性。2020 年上半年，全球在這個領域所完成的融資金額高達 107 億美元，超過 2019 年全年的融資金額。疫情下基因療法的逆勢增長，昭示了生命科學技術的突破與眾望所歸的潛力，將為人類帶來更多福祉。

我們為什麼需要基因療法？

　　人類的疾病可以大致分為三種類型：第一類是由遺傳因素主導的疾病，也就是我們所說的遺傳疾病，大多數遺傳疾病的發病率非常低，通常在千分之一到百萬分一；第二類疾病是由環境因素主導的疾病（受遺傳因素影響的程度非常小），例如細菌感染、病毒引起的感冒或者骨折；第三類疾病則是由遺傳因素和環境因素共同主導的疾病，例如癌症、高血壓。

對於第二類疾病——環境因素主導的細菌或病毒感染，由於抗病毒藥物與抗生素的存在，加上人體強大的免疫系統功用，可以完全治癒。然而類似癌症、阿茲海默症等由多基因以及環境因素共同主導的第三類疾病，或單純由遺傳因素主導的第一類疾病，以現代的醫學水準想要完全治癒有極大的困難。

對於遺傳因素主導的疾病，儘管小分子藥物和大分子抗體藥物已經取得了很大的成功，但這些藥物的發展也面臨著諸多困境。例如小分子藥物（即化學藥）有著組織分布、親和力特性等難題，而抗體藥物的作用靶點多位於膜表面，對於胞內靶點甚至是染色體上的核酸靶點束手無策。況且，為了維持人體穩定狀態，往往需要長期輸入治療性蛋白質，工藝複雜、開發難度大；而且對於很多患者來說，終身注射是一件很痛苦的事情。

因此，作為一種可以實現治療性蛋白長期表達和組織特異性表達的治療方法，基因療法便應運而生，它能夠治療傳統藥物所無法治療的疾病，或者大幅改善治療疾病的方式。事實上，對很多先天性遺傳疾病患者來說，這是唯一的希望。

基因療法提出後，有多項臨床研究取得突破性進展：1990 年，一名患有 ADA-SCID 疾病的四歲小女孩接受了基因替代療法的治療；這是一種由於腺苷脫氨酶（ADA）缺陷所導致的嚴重複合性免疫缺乏症。對這名小女孩來說，周圍的世界無處不存在著危險，哪怕和普通人共飲一杯水，甚至是在同一間房間裡呼吸，都可能造成致命的嚴重後果。

科學家們使用病毒載體作為遞送方法，透過體外基因工程，將健康的 ADA 基因導入她的身體細胞內，並將編輯後的細胞重新注射回她的體內。經過半年治療，小女孩體內的免疫 T 細胞功能恢復了正

常，並在接下來的兩年內，健康狀況持續改善，得以過著與同齡兒童幾乎沒有差異的童年。

此案例被認為是基因治療發展史上一個重要的里程碑。科學家們透過人體試驗完成了對基因療法的概念驗證，證明它的安全性和可行性，鼓舞了更多臨床試驗的展開。但是，短暫的輝煌並沒有持續太久，1999 年，出現了第一名基因療法死亡病患；這名患者在接受基因治療後，出現了致命的免疫反應。

隨後，許多早期試驗結果接連不斷曝露出基因治療嚴重的副作用，包括針對載體的免疫反應以及載體介導的原癌基因插入啟動引起的惡性腫瘤等，這一連串的負面報導，無疑讓基因治療一時間陷入低谷。

這些失敗的案例也讓研究者們開始反思基因治療的風險因素，進而陸續推動更多基礎研究的發展，包括病毒學、免疫學、細胞生物學、動物模型建立和疾病標靶治療等；這些領域的快速發展，使得基因治療在二十一世紀初開始逐漸走出困境，在長足的研究下，現在的基因療法已經成為人類對抗疾病的重要武器。

基因療法的三種形式

狹義上的基因療法是指將功能基因導入患者體內，以矯正或置換治病基因的一種治療方法。在這種治療方法中，目的基因被導入到標靶細胞（target cell）內，它們或與宿主細胞（host cell）染色體整合成為宿主遺傳物質的一部分，或不與染色體整合而位於染色體外，但都能在細胞中得到表達，產生治療疾病的作用。

廣義上來講，凡是採用分子生物學的方法和原理，在核酸水準上展開的疾病治療方法都可稱為基因治療。因此，RNA 藥物也可以算是基因療法。

　　目前，基因療法主要有三種形式：一是將正確的基因導入細胞來替代錯誤的突變基因；二是直接修復錯誤的基因，也就是我們常說的基因編輯；三是在體外透過基因技術修改細胞，然後把修改的細胞導入人體發揮作用。

　　將正確的基因導入細胞來替代錯誤的突變基因即基因修飾，又稱基因增補（gene augmentation）。想要做到基因修飾，首先需要一種載體把基因帶到細胞中，最常見的方法就是利用經過改造後無法增殖的病毒；這是因為病毒天生有將基因序列整合到宿主基因組中的能力。

　　目前有兩大類病毒載體最為常用，一類是反轉錄病毒（retroviral, RV）載體，另一類是腺相關病毒（adeno-associated virus, AAV）載體。早期（1980 年代至 1990 年代早期）的反轉錄病毒載體多使用 γ- 反轉錄病毒和 C 類反轉錄病毒，後來科學家又開發出慢病毒（lentivirus, LV）和腺病毒（adeno rivus, AV）載體；這些病毒不但能感染非分裂的細胞，而且能攜帶更大片段的基因。

　　透過遺傳改造，例如去除增強子等方式，這些病毒被改造得更為溫和，大大降低了遺傳毒性；腺相關病毒載體不易整合到宿主基因組，因而更加安全，在此原理下，利用基因療法具有長期表達和組織特異性表達治療性蛋白的特點，有兩種藥物設計思路：

　　一是將基因療法作為長效的給藥方式，根據治療性蛋白反向設計基因序列，完成藥物設計，例如在 wAMD 中的應用；二是將基因療

法作為全新的治療方式，針對過去無法治療或難以治療的疾病，從基因出發設計藥物，例如罕見遺傳性眼盲藥物 Luxtuma、脊髓性肌肉萎縮症新藥 Zolgensma。

相對於外源導入基因，直接修復突變的基因無疑是更安全的選擇。透過切割需要修改的基因片段，然後利用細胞本身的 DNA 修復機制，科學家可以按照需要改變細胞原有的 DNA 序列，這也就是基因編輯技術。

基因編輯在近幾年得以快速發展，歸功於 CRISPR 技術的出現。CRISPR 最令人驚豔之處在於，這把基因編輯剪刀可接收人類程式設計指令，只搜索、綁定和剪切特定的 DNA 序列，這其中也包括人類的基因組序列。因為高效、便捷、適用範圍廣，CRISPR 技術的突破使得基因組編輯也跟著起飛。

需要注意的是，儘管基因編輯的治療方法在設計上最為理想，但技術上仍未突破，操作難度也極大，且用於生殖細胞時招致了倫理爭議。其中一個熟悉的案例就是，2018 年中國南方科技大學的賀建奎對一對雙胞胎嬰兒（露露和娜娜）進行基因造改後引起軒然大波，受到全球各界質疑。雖然目前鹼基編輯（base editing）技術是該領域的寵兒，但基因編輯依舊還有一段很長的路要走。

把經過基因改造的細胞導入人體發揮作用，是第三種形式的基因治療，較常運用在腫瘤治療。這種技術主要是利用 CAR-T 或 T 細胞受體（TCR）嵌合型 T 細胞（TCR-T）的形式，以離體（ex vivo）基因治療方式達到殺死腫瘤的效果。

以 CAR-T 為例，這是一種新型細胞免疫療法，利用白細胞分離技術從患者的血液中提取免疫 T 細胞，體外透過基因工程技術給 T 細

胞整合一個能夠識別腫瘤細胞並且同時啟動 T 細胞殺死腫瘤細胞的嵌合抗體基因，再進行體外擴增改造的 T 細胞並回輸到癌症患者體內，從而識別並攻擊自體的腫瘤細胞，達到治療的目的。

從罕見疾病到常見疾病

不可否認，在罕見疾病領域，基因療法讓愈來愈多原本無藥可醫的患者開始受益。

以萊伯氏先天性黑矇症（Leber congenital amaurosis, LCA）為例，這是一種在新生兒出生一年內就發病的罕見遺傳病。出生時，患病嬰兒的目光不會追隨懸掛晃動著的玩偶，對刺眼的光源卻毫不避讓，漸漸地，會陷入永久失明。這種疾病只要糾正了有缺陷的基因，失明的患者就可以重見光明，而基因療法的治療策略十分有效，透過把病毒載體放到視網膜的一小塊區域上，使一些基因發生轉移。

在單基因遺傳病方面，如 SCID、鐮狀細胞貧血症、血友病、地中海貧血、苯酮尿症等也有愈來愈多的基因治療參與其中，治療原理則是基因修飾。由於單基因突變的存在，標靶細胞會產生異常蛋白或不產生正常蛋白，基因療法透過病毒載體將外源基因導入標靶細胞內，以表達正常蛋白，達到治療目的。

除了罕見疾病，相較於傳統藥物是直接補充人體所需的重要物質（蛋白質、無機物、多肽等等）或調節訊號通路中的蛋白靶點，事實上基因療法的作用位點更「上游」，在核酸水準上展開治療。根據中心法則，理論上由蛋白質異常導致的疾病，都可以透過核酸的作用來治療。基於此，基因療法可治療的領域非常廣泛，在罕見遺傳病以外，更多的常見疾病也有基因療法的用武之地。

前不久，巴塞爾分子與臨床眼科研究所（IOB）的科學家以及德國靈長類中心（DPZ）- 哥廷根的萊布尼茲靈長類動物研究所的同事，一起開發了一種根據基因療法的全新治療方法。他們設法使用近紅外光重新活化已退化的感光器，透過基因療法恢復視力，這項研究後來發表在《科學》上。

此外，西雅圖兒童研究所研究人員展開的一項實驗療法——首次人類臨床試驗過程，也讓用於第一型糖尿病的工程 T 細胞更接近臨床。在《科學轉化醫學》上的論文，顯示了該研究團隊如何使用基因編輯技術來靶向 T 細胞中的 FOXP3 基因。透過打開 FOXP3，他們為 T 細胞配備了專門針對 Treg 的說明。

在小分子藥物時代，大分子抗體的出現打開了新世界的大門，讓藥物能觸達更多的靶點，治療更多疾病，提升人類壽命，而基因療法的出現也為人們開啟了另一扇大門。無論是基因編輯還是基因修飾，都為罕見疾病提供了新的治療方案，為延長人類壽命及提高存活率提供了更多可能性。

基因療法與幹細胞療法將對人類生命與疾病治療產生重大的影響。當基因技術與幹細胞技術不斷突破與成熟，也將逐步成為後疫情時代人類疾病治療的關鍵技術。當然，任何前沿技術都需要面對倫理的考驗，從基因編輯的性質、效應和制度來看，我們需要更多的謹慎和設計，只有安全和效率並行，基因療法的發展才有可持續性。

隨著基因技術被解碼，各國科學家大量投入研究，可以預見到了2035 年左右，以基因療法為基礎的 mRNA 癌症疫苗將會出現。透過基因測序找到可能潛在的癌症病變基因後，就可以針對性提前注射預防癌症病變的疫苗，而根據基因療法的癌症標靶藥物將會成為癌症臨床治療的主流方式。同樣地，到本世紀中左右，幹細胞療法也不再是

神祕的技術，而是將加入現代醫學為人類提供更多治療選擇，並且，幹細胞治療將從專業的醫院走入家庭，幹細胞培育機器將會如微波爐般成為家庭的必備器材。

5.3　生育成為新生意

繁衍，是生物生存的本能，也是為人父母的人生樂趣之一。然而，隨著工業社會發展以及人類社會城鎮化，這項規則正在被打破。

一方面，全球各國低迷的出生率使得政府當局紛紛祭出獎勵生育辦法。例如，中國不久前才公布「放開三胎」的消息，中央政府宣布進一步優化生育政策，實施一對夫妻可以生育三個子女政策及配套措施。

在三胎政策的另一方面，卻有愈來愈多家庭「想生而不能」的生育隱痛。這是個龐大的族群，平均每六到八對夫妻就有一對面臨不孕問題，以至於中國成為世界輔助生殖技術治療第一大國，每年試管嬰兒的數量逾二十萬例次。

在這樣的趨勢下，輔助生殖技術日漸成為生命科學的重要方向，孕育相關於生育的新興市場。

人口增加呈斷崖式下滑

兩百多年前，英國經濟學家馬爾薩斯（Thomas Robert Malthus）創造性地提出了「馬爾薩斯陷阱」的概念。他認為人口按照幾何級數增加，而糧食只能按照算術級數增加，這樣一來，人口增

加到一定程度便會造成糧食短缺、人地矛盾。因此，多增加的人口總是要以某種方式消滅掉，人口不能超出相對的農業發展程度。

然而自西方工業革命開始，人類成功衝破了「停滯的陷阱」，搭上增長的快車，跳出了馬爾薩斯陷阱。工業革命後經過了一百多年的時間，西方人口上的「兩高一低（高出生率、高死亡率、低成長率）」就逐漸被「三低（低出生率、低死亡率、低成長率）」趨勢所取代。

不僅僅是西方國家，近年來東南亞國家也陷入了低生育困境。中國前不久才公布的第七次全國人口普查主要資料受到民眾廣泛熱議，根據國家統計局統計公報資料顯示，2020 年中國出生人口為 1,200 萬人，比 2019 年減少了 265 萬人，創下歷史新低，較 2019 年的 1,465 萬大幅下降了 18%；人口成長出現斷崖式下滑。

更值得關注的是，總生育率也在下降。從國際經驗來看，一名育齡婦女一生平均生 2.1 名小孩，也就是總生育率維持 2.1，才能保證下一代的人口總數不下降，如果低於 1.5，就可能會進入低生育率陷阱。日本的總生育率為 1.4，已經連續十幾年人口負成長。

中國的生育率比日本還低，意味著中國即將進入人口負成長行列。中國社科院曾經做過測算，如果中國的總生育率保持在 1.6，則將在 2027 年出現人口負成長，而中國如今的總生育率就已經跌到 1.3 了，人口負成長的時間點近在眼前。

為了積極應對人口老化問題，各國相繼推出各項政策以鼓勵生育。在中國，中共中央政治局 5 月 31 日召開會議，會議中指出，進一步優化生育政策，實施三胎政策及配套措施，以改善中國人口結構、落實積極應對人口老化國家戰略、保持中國人力資源稟賦優勢。

日本是全球人口老化危機最嚴重的國家之一，為了鼓勵生育，日本政府更是奇招百出。例如，產前福利和產後福利，懷孕可以享受免費孕期檢查、免費育兒講座，只要懷孕 85 天以上（無論是否流產、死胎）都可獲得 42 萬日圓（約新台幣十萬元）的補助。

在法國，婦女最長可以申請三年的無薪育嬰假。此外，法國男性在妻子生產時享有 14 天的產假，期間可領取全額薪資，以便父親能給配偶提供經濟支援以及照顧嬰兒；自 2021 年 7 月開始，小孩出生時父親的休假天數擴增至 28 天，是目前休假天數的兩倍。此番舉措，是為了減少父母尤其是母親在工作和家務勞動時間安排上的衝突，增加民眾的生育意願。

世界各國都在為恢復出生率而做努力。然而，除了面臨「生或不生」的抉擇，那些「想生而不能」的家庭依然遭遇生育的困境。

不孕不育，生育隱痛

以中國為例，《中國不孕不育現狀調研報告》顯示，中國育齡夫妻的不孕不育人口超過 4,000 萬，占育齡人口的 12.5% ～ 15%。而在二十多年前，中國育齡族群中的不孕不育率僅為 3%，這代表每六到八對夫妻中就有一對遭遇不孕不育問題。

「妊娠」是懷孕的專有名詞，完整的妊娠期是指從受孕到分娩的全部生理過程。過程中，精子和卵子從相遇結合形成受精卵、分裂成為一百個左右囊胚細胞團、成功著床、發育長大直到最終分娩；中間每一步出現問題，都有可能導致妊娠失敗。

根據《中國經濟週刊》記者調查，即使是完全沒有問題的一對夫婦，半年之內大約有 40% 懷不上孕，一年大約 20%。根據相關統

計，造成不孕的原因中，男女雙方的因素占比差不多，都在 30% ～ 40% 左右，夫妻雙方因素占 20%，剩下 10% 原因不明。

造成不孕的原因有很多，一般來說，男性不孕的主要原因與精子品質、數量以及性行為能力有關；而近年來，男性精液品質的不合格率正逐年遞增。事實上，針對人類男性精子數量的研究已經持續幾十年，這些研究普遍顯示，人類精子數量從二十世紀開始至今不斷下滑，且男性睪酮等性徵激素水準也在持續下降。

2017 年，哈德薩希伯來大學的 HagaiLevine 進行了一項大數據分析，其團隊篩選出 1973 年至 2011 年間的 185 項研究，對其中四萬多名男性的精子數量進行精確分析，這些資料來源包括北美、歐洲超過五十個國家的男性。結果令人驚訝，在過去四十年間，北美、歐洲、澳洲和紐西蘭男性的精子數量下降了 53%。

在中國，男性精液濃度和精子總數自 1995 年後的 14 年以來，亦呈現顯著下降趨勢。世界衛生組織甚至兩次下調合格精液的標準，《人類精液處理和檢驗實驗室手冊》中，男性精子數量從 1970 年的平均每毫升一億個下修到目前的每毫升 1,500 萬個。

從女性角度來看，女性不孕的原因更為複雜，如多囊性卵巢症候群或卵巢早衰導致排卵障礙、輸卵管堵塞阻礙卵子與精子結合、子宮疾病甚至自身免疫導致受精卵無法著床等等。即使成功懷孕了，孕期女性的激素水準、身體狀況乃至壓力，都有可能導致胎兒停止發育，妊娠失敗。

其中，多囊性卵巢症候群在不孕症患者中是非常普遍的一種情況。患有多囊性卵巢症候群，容易出現卵泡不成熟、持續性不排卵、雄激素過多和胰島素抵抗等情況，多表現在月經紊亂、閉經、不孕、

多毛、肥胖等問題上。而且即使查清了原因，治療過程仍然十分漫長。

輔助生殖技術孕育新興市場

不孕症成為生育的隱痛，而且沒有減緩趨勢。輔助生殖技術在這樣的情況下登場，並孕育著新的商機。2014 年至 2018 年間，全球輔助生殖技術市場規模由 204 億美元增加到 248 億美元，年複合成長率（CAGR）達到 5.1%。

中國市場規模由 23 億美元增加到 38 億美元，CAGR 為 13.6%；美國市場規模從 29 億美元成長到 37 億美元，CAGR 為 6.6%。預計 2018 年～2023 年間，全球市場可望由 248 美元增加到 317 億美元，CAGR 為 5.0%，其中美國市場規模從 37 億美元增加到 49 億美元，CAGR 為 5.9%；中國市場規模可望由 38 億美元成長到 75 億美元，CAGR 為 14.5%，中國地區的市場滲透速度繼續提高。

目前，輔助生殖技術可分為人工授精、禮物嬰兒（GIFT，輸卵管配子植入術）和試管嬰兒（IVF）三大類。人工授精是一項透過非性交方式將精子送到女性生殖道中使其受孕的技術；禮物嬰兒是透過腹腔鏡或腹部小切口將配子（成熟的卵子及活躍的精子）直接放進輸卵管的壺腹部或子宮腔，使精子和卵子在人體正常輸卵管內自然受精；試管嬰兒則透過人工方法使得卵子和精子在體外受精，早期胚胎發育成熟後，再移植到母體子宮內發育、分娩。

其中，試管嬰兒技術是輔助生殖的主流選擇，也是生殖中心的主要盈利項目。試管嬰兒綜合妊娠率最高，約 40%～60%，女性對胚胎品質的整體影響比重為 80%。透過對輔助生殖技術的核心評判指標綜合妊娠率統計來看，常規藥物治療、人工授精、試管嬰兒技術的整

體妊娠率分別為 15%、20%、40% ～ 60%，試管嬰兒技術的妊娠成功率遠高於其他技術，因此也成為現今主導的輔助生殖技術。

除了試管嬰兒技術，隨著單身時代來臨，愈來愈多的單身女性拒絕走進婚姻，單身女性的生育問題也愈發突顯。在歐美國家，女性「凍卵」呈現增長趨勢。

2012 年，美國生殖醫學會（ASRM）正式摘除凍卵技術的「試驗性」標籤，卵子冷凍臨床應用正式開放。2014 年，Facebook 和 Apple 兩大公司更宣布，旗下員工將獲得非醫療用途的卵子冷凍保險，作為企業員工福利。美國輔助生殖技術學會（SART）公布的資料顯示，2017 年美國凍卵案例達到 10,936 例，預計近幾年凍卵案例將以每年 25% 的速度增加。比利時、瑞士、西班牙等歐洲國家的凍卵市場也正不斷擴大。

相對於女性生育力保護，男性生育力保護更成熟。精子冷凍為保存男性生育力的主要方式，自精凍存是指將精子冷凍保存起來，是目前臨床上最主要的生育力保存措施，而精原幹細胞凍存技術目前尚處於實驗室階段。在中國，相較於前衛生部頒發的《人類精子庫基本標準和技術規範》中的說明：男性無論是否已婚均可根據「生殖保健」或「需保存精子以備將來生育」目的申請保存精液；但以延遲生育為目的，為單身女性凍卵則不符合中國法律法規的有關規定。

現代社會不孕、不婚不育、多元成家、失獨家庭日益增多，關於代孕的爭議話題也倍受關注。代孕即有生育能力的女性（即代孕母親）借助現代醫療技術（人類輔助生殖技術及其衍生技術），將受精卵植入子宮內，為他人（委託方）完成妊娠、分娩的行為。

代孕是一種極具爭議但也在現實中發生過孕育下一代的不得已手段，它之所以倍受爭議，主要就在於涉及了技術、倫理、法律等多方面問題。

「代孕」違背了傳統「母親」的定義，同時也將我們認知中神聖的「孕育」能力變成一種可以用金錢交易的商品。雖然它滿足了夫妻雙方形成家庭的願望，符合倫理道德，但捐精捐卵的程序因不能確定孩子的父母是誰，勢必對傳統婚姻倫理造成衝擊。商業性代孕行為中，把子宮當作生育工具作為商品出租，也同樣衝擊著人們傳統的家庭觀。

因此，雖然代孕可以幫助無法生育的女性實現成為母親的願望，但代理孕母的選擇、她們的隱私和權利、親子關係、未來嬰兒與代理孕母的接觸是否受限也將成為新的挑戰，同時會進一步引起嚴重的社會、法律和倫理問題。

此外，代理孕母必須具有成熟健全的生育能力，並且必須是自願代孕。然而，非法「代孕」行為以追求高額利益為目的將受到公評，亦不可避免要面對更大的健康問題。

代孕的商業化將可能造成以利益為依歸的代孕仲介機構無視代理孕母的實際身體狀況，要求她們進行頻繁妊娠、多胎妊娠、有性接觸的妊娠等代孕活動；這不僅影響到受孕胚胎的健康狀況，也增加代理孕母面臨更高的妊娠死亡和妊娠後遺症風險。

當然，它不僅影響代孕本身而已，對婚姻倫理的衝擊同樣非常巨大。代孕給單身人士提供了一種獨立生育建立家庭的機會，可以讓單身男士透過捐卵和代孕獲得獨力養育孩子的機會；沒有婚姻關係也不需要男女關係，擁有子女就沒有任何撫養權的爭議可能。而所有的社

會及倫理問題，歸根究底，都需要健全的制度和法律來進行約束。目前，社會各界對代孕的態度正處於變動的時期，隨著時代發展出的需求和各國法治的演變，未來代孕還會面對更多的爭議。事實上，在法律文化革新和醫學科技進步的雙向作用中，醫學科技是最根本的推動力，而法律終將規範並引導醫學的發展方向。

可以預見的是，到了 2035 年，全球透過代孕出生的人口將會比目前增加至少三倍，而在 2035 年之前的主要代孕手段還是借助人類母體進行孕育。但到本世紀中葉左右，人類輔助生殖將會在根本上發生改變，從母體轉向體外受孕與體外孕育的方式。基因編輯與重組技術的進階成熟，將使得更多人選擇體外基因編輯受孕，而非自然受孕。儘管目前這個話題在全球都面臨著倫理的挑戰，但仍不影響地下代孕產業鏈的發展。

不論你接受與否，人類生育將在這個世紀進入工業化生產的模式，生命科學技術的發展將不斷刷新人類社會過往所建立的生命倫理標準，並不斷重構新的生命倫理認知。

5.4 在「與癌共存」的時代裡

癌症，正在成為一種可以控制的常見疾病和慢性病。

根據世界衛生組織下屬國際癌症研究機構（IARC）的有關資料，2020 年新增癌症病例約 1,929 萬人，其中男性 1,006 萬例，女性923 萬例，代表全球五分之一的人一生中將會罹患癌症。癌症患者族群日益龐大的同時，癌症存活率也跟著不斷提高。

《新英格蘭醫學期刊》（NEJM）就曾明確指出，近四十年來癌症存活者的人數不斷增加。以美國為例，美國癌症存活人數由 1975 年的 360 萬上升至 2016 年的 1,550 萬。據估計，到 2040 年存活人數將進一步增加到 2,600 萬，且多為 50 ～ 85 歲的年齡層。

從「談癌色變」到「與癌共存」，癌症一改以往的「來勢洶洶」，成為一種不是非治癒不可的疾病。

癌症成為常見疾病

所有癌症都在細胞中開始出現，歷經擴散到轉移的演變過程。其中，基因突變是癌細胞發展的關鍵因素。

在細胞分裂時，突變可能偶然發生，而當細胞產生突變時，表示人體中一些健康細胞不再接受身體的指令，並且很有可能已經失控了。突變賦予了突變細胞相對於鄰近細胞的某些選擇性優勢，當其出現在一組基因中時（稱為「癌症驅動基因」），其突變形式會影響一連串細胞關鍵功能的穩態發育。

這也是為什麼癌症種類多，治療難度大，費用高，而其發病風險與年齡階段有著密切關係。畢竟年紀愈大，隨著時間的累積，愈容易在環境和個人行為因素影響下促使基因發生突變而引發癌症。在這樣的基礎上，社會人口老化的到來也連帶使得癌症族群跟著擴大。

並且，隨著人口老化的同時，癌症與年輕人的距離也沒有想像中的遠。癌症的年輕化趨勢已成為醫學界公認的結論，它正不知不覺地向年輕族群逼近。

例如，2020 年 2 月，一項由國際癌症研究機構（IARC）的研究人員參與的研究，對 1998 年至 2012 年期間登記的 185 萬年輕癌症病例——來自亞洲、歐洲、非洲、美洲（南、北美洲）和大洋洲的 41 個國家——進行了分析；結果發現，在研究期間，41 個國家的 15 ～ 39 歲人群中，有 23 個國家的癌症發病率呈上升趨勢，包括中國。在中國，除黑色素瘤外，年輕男性的癌症發病率每年增長約 0.75%，女性每年增長約 1.82%。

有 16 個國家的癌症發病率保持穩定，只有兩個國家呈下降趨勢。在年輕族群中，甲狀腺癌、睪丸癌以及三種與肥胖有關的癌症——結直腸癌、乳癌、腎癌——發病率每年增加最多。

甲狀腺癌的發病率在 33 個國家中有顯著上升趨勢，其中韓國的年成長率最高，男性 26.30%、女性 21.28%。睪丸癌發病率增加較多的國家主要在亞洲，增加幅度最大的是科威特（10.47%）。女性乳癌中，大部分國家的發病率都在增加，主要見於西歐、東歐和亞洲。

2020 年 12 月，一項發表於《美國醫學會雜誌》JAMA Network Open 平台上的研究，再一次證實了癌症年輕化的趨勢。結果顯示，在 1973 年，青少年和年輕成人每十萬人約有 57.2 例癌症患者，而到了 2015 年，這個數字增加到 74.2 例；1973 年至 2015 年間的青少年和年輕成人癌症發病率上升了 29.6%、將近 30% 的驚人幅度。此外，以性別來看，整體而言女性比男性容易罹患癌症。除了 15 ～ 19 歲的年齡層，在 20 ～ 35 歲年齡層中，被診斷出癌症的女性患者也多於男性。

現代醫學認為，環境因素是主要的致癌因素之一。隨著環境與發展的矛盾日趨激烈，人們已經深刻認識到大氣污染、吸菸等對健康的

不良影響。以肺癌為例，肺癌是全球最常見的癌症，其發病率和病死率均呈現出逐年增加的趨勢。

而飲食因素導致的腫瘤則多見於消化道腫瘤。食品烹飪時採用煙燻、燒烤、油炸等方式，或速食食品中加入的防腐劑、添加劑均有可能致癌。現代人由於生活步調快，一般人日常飲食中的速食比重愈來愈高，飲食不健康會顯著增加癌症的風險。此外，高熱量、膽固醇的食物也可能增加癌症的發生風險，而多食用蔬菜、水果則能夠降低癌症發生的風險。

此外，心理因素更可能是造成癌症年輕化的主要因素。過重的工作、生活壓力大、婚姻關係不和諧等因素均會使人產生負面情緒——焦慮煩躁、悲觀失望等。這些不良的社會心理因素會造成內分泌系統、神經系統、免疫系統功能失調，進一步增加癌變發生的可能。

癌症成為慢性病

事實上，早在 2006 年，世界衛生組織就正式宣布將癌症納入慢性病的範疇。慢性病即慢性非傳染性疾病，如高血壓、高血糖、高血脂，高尿酸等，癌症與慢性病的共同特點就是：不會傳染、起病緩、病程長、經常反覆發作。

從癌症發病過程來看，癌症是人體內長時間演化的結果。即便突變的癌細胞已誕生，發展成癌症還需要與免疫系統長期作戰，躲過免疫系統攻擊的癌細胞會停留在它們已經發育的身體組織內。

例如，膀胱內襯或乳房導管。這種表淺性癌症（carcinoma in situ）稱為原位癌，癌細胞生長和分裂以產生更多細胞並最終形成腫瘤，腫瘤可能含有數百萬個癌細胞。所有身體組織都有一層基底膜，

可以保護組織內的細胞，而當癌細胞突破基底膜這道防線跨越到正常細胞時，就稱為侵入性癌症（invasive carcinoma）。

隨著腫瘤變大，中心愈來愈遠離其生長區域的血管，而腫瘤中心的氧氣和營養成分愈來愈少。跟所有健康細胞一樣，癌細胞不能沒有氧氣和營養物質，於是癌細胞們會發出訊號，也稱為血管生成因子，鼓勵新血管生長到腫瘤。

一旦癌症可以刺激血管生長，它就會變得更大更快，並刺激數百種新的小血管（毛細血管）生長，再次帶來營養和氧氣。此外，腫瘤會在人體內占據更多空間以至於對周圍結構造成壓力，包括從它開始的地方再隨機發展。

這個過程叫做「浸潤」，是真正的癌症，也就是所謂侵入性癌症，表示癌細胞已經從發生部位向更深處侵襲浸潤。癌症漫長的發病過程，讓它具有慢性病的特徵。

從治療角度來看，早在 1981 年，世界衛生組織就提出將癌症視為一種慢性病，其中三分之一可以預防、三分之一可以透過及早發現、及早診斷、及早治療達到治癒結果，雖然有三分之一不能治癒，但透過適當治療可以控制並獲得較好的生活品質，進而延長存活期。

在可治癒方面，從癌細胞出現到長成直徑 1cm 的腫瘤組織，至少需要三年以上時間，緩慢的生長過程讓人們有充足的時間做到「早發現、早診斷、早治療」，也是癌症的二級預防方式。根據 2014 年癌症美國癌症協會（ACS）統計資料，癌症死亡率已經穩定下降，整體死亡率下降了 20%；正是歸功於積極預防、早發現和規範治療。

對於剩餘的三分之一晚期癌症患者，雖然不可治癒，但隨著醫學進步，化療、標靶治療、免疫治療等愈來愈多的抗癌手段，癌症

患者的存活率已經大大提高。例如，慢性骨髓性白血病（chronic myelogenous leukemia, CML）患者的五年存活率就從十五年前的 30% 提高了 90%；只要按時服藥，就可以使患者存活期延長近二十年。

再例如早期肺癌，透過外科手術切除以後，五年存活率可以達到 90% 以上，十年存活率也很高；要知道，在二十世紀 80～90 年代，中國晚期肺癌的中位存活期一般不超過十個月。不斷攀登的醫學高峰讓愈來愈多的癌症逐漸轉變為「慢性病」。

後癌症時代

在癌症逐漸成為常見疾病與慢性病的基礎下，如何預防癌症、與癌症共處，則是人們需要重新思考的問題。

如同上面所述，三分之一的癌症可以預防——30% 以上的癌症透過不吸菸、健康飲食、保持身體活動、嚴格限制飲酒等健康生活方式就可以避免。然而，科學技術在提供更便利生活方式的同時，也導致人們失去自我約束與節制。

《2014 年世界癌症報告》就曾指出：「儘管醫學界在很早以前就已經明確認定很多導致癌症的風險因素，例如吸菸、酗酒、不健康飲食、肥胖、缺乏運動等，但這些問題在中低收入國家依然存在。反之，已開發國家由於近年來積極宣導健康生活方式，癌症發病率和死亡率均出現大幅度下降。」

事實上，全球死亡率最高的四類慢性疾病，前兩名就是癌症（28.1%）與心血管疾病（27.1%），不難看出，心血管疾病的死亡率與癌症旗鼓相當。但大多數人對心血管病處之泰然，面對癌症卻如

同判了死刑，對癌症的恐懼遠遠超過了心血管疾病；這種恐懼的根源，正是大眾對於癌症「未知和誤解」。

因為未知和恐懼，也造成了過度治療。2017 年 7 月，《新英格蘭醫學期刊》曾刊登了一篇關於前列腺切除術與早期前列腺癌觀察隨訪的前瞻性臨床研究。經過近二十年的隨訪，研究者發現手術組與觀察組相比，並未顯著降低全因死亡率（all-cause mortality）或前列腺癌死亡率。

其中，手術組有 61.3% 死亡，而觀察組有 66.8% 死亡（HR 0.84；P=0.06）；手術組有 7.4% 死亡歸因於前列腺癌或治療，觀察組為 11.4%（HR 0.63；P=0.06）。也就是說，手術並沒有顯著降低死亡風險。然而，在腫瘤的實際治療中，不少人卻認為腫瘤的手術應該「大而全」。

癌症患者身體狀況本來就很差，以手術作為治療手段，當然也存在手術失敗、術後併發症、恢復期生存品質較差的情況，特別是晚期癌症患者，若經過評估後發現手術對患者的生命品質提高和減緩疾病發展過程沒有足夠幫助，手術顯然不是最好的選擇。

其實，在心理上承認得了癌症，然後積極治療、採取恰當的措施控制癌症縮小或消失，與癌形成新平衡、長期帶癌生存幾十年，這樣的例子並不少見。顯然，與癌症共存需要告別過度治療、走向適宜治療，不以切口大小論英雄，鬆動「無瘤」生存的絕對主義立場，真正接納癌症。

可預見的是，到 2035 年之前，醫學界將發起對癌症的討論，探討重新定義癌症治療成功的標準，屆時標準不再是絕對意義上腫瘤組織的縮小或消失，而是存活期的延長與生存品質的提升。人類對於癌

症的認知將從當前的「談癌色變」轉變為「與癌共存」；切除腫瘤並非完全康復，身體達到平衡和諧狀態才是真正的康復。當未來尋找到更多致癌基因的抑制藥物和抑癌基因的啟動方式，我們將從消滅與對抗癌症，走向與癌症共存的新觀念。

5.5　未來風潮人造肉

　　人類是不會放棄吃肉的。隨著食品生物技術的進步，市面上出現了人造肉這類新商品，以滿足人們多元的肉食需求。過去幾年，人造肉產業的熱度有目共睹，吸引了比爾蓋茲、全球食品製造龍頭嘉吉（Cargill）、泰森食品（Tyson Foods）等企業投資了數千萬美元，帶動了人造肉市場快速發展。

　　眾多初創企業順勢崛起，推出全球首款素肉餅、人造肉漢堡、細胞培養牛排、細胞培養雞肉等產品；肯德基、星巴克、漢堡王、雀巢等傳統食品巨頭也紛紛宣布進軍該產業，以合作或獨立研發的方式推出人造肉三明治、植物蛋白素雞塊等。這些產品的風靡一時，一度帶動了人造肉概念在二級市場走紅。可以大膽預測，隨著生命科學技術不斷探索以及合成食品技術的成熟，人造食品取代目前的自然食品將是一種必然趨勢。

植物肉與蛋白肉

　　根據使用的原料及加工手法，人造肉首先可以分為植物肉和細胞肉兩個類別。其中，植物肉是指利用大豆、豌豆等植物的植物蛋白，透過特殊工法生產加工成類似動物肉品口感、味道或外觀的食品；例如，手撕豆干、素肉、素雞、齋肉等豆製品。

相較於傳統素肉，人造植物肉與其最大的區別在於使用的原物料及加工手法不同。人造植物肉生產中最重要的兩個環節：一是大豆、豌豆蛋白的獲取，二是人造植物肉企業合成、加工等核心技術的研發。

具體來說，傳統素肉多以大豆、豆腐衣為主要生產原料，多半不進行深度加工提取植物蛋白，後期也僅透過熱加工物理術形成類似肉的口感；而人造植物肉則是採用大豆、豌豆分離出來的植物蛋白為原料，且後續的生產工藝更加複雜，需要透過先進的合成生物技術並進行發酵、擠壓等多個流程。

相較於細胞肉，植物肉是目前人造肉最主要的商業方向。目前市場中比較知名的 Beyond Meat[5]、Impossible Food[6]、珍肉、星期零等公司，都是植物肉領域的代表。以 Impossible Foods 的植物肉餅為例，其大豆血紅蛋白的萃取是一項特殊技術——這種存在於所有活細胞中的帶氧含鐵化合物，可以使肉呈紅色，一個售價 12 美元。Impossible Foods 目前在美國已經和 1,400 家漢堡店合作，其中高級連鎖漢堡品牌 Umami Burger 已售出超過二十萬個。

相較於植物肉，細胞肉似乎更接近真實的肉類。細胞肉也叫動物肉，是從動物中提取出全能幹細胞或肌細胞，在營養液中進行培養，透過細胞增殖生長形成組織類物質。按照細胞農業領域專家的設想，這種透過提取動物細胞從實驗室「種」出來的肉，從外觀、口感到營養成分都能媲美真肉。

---

❺ 知名連鎖品牌星巴克、肯德基、摩斯漢堡都曾與 Beyond Meat 合作，推出各種植物肉餐點。2021 年，該植物肉大廠更與百事集團聯手成立合資公司，企圖攻佔人造肉市場。

❻ 美國植物肉大廠，曾在 2019 年與漢堡王合作推出無肉華堡試水溫，根據實際吃過這個無肉版華堡的消費者表示，口感幾乎一樣，吃不出差別。

早在二十世紀 90 年代初，人造肉就是美國 NASA 資助研究的項目之一，他們試圖用細胞肉技術來解決太空旅行的食物問題。直到 2013 年，荷蘭生物學家馬克波斯特（Mark Post）才從實驗室內做出了世界上第一個細胞肉漢堡，耗資 32.5 萬美元。距離第一塊細胞肉誕生五年了，但美國的人造肉企業 Memphis Meats 一磅雞肉的成本依然高達 9,000 美元；作為對比，無骨雞胸肉在美國的生產成本為每磅 3.22 美元左右，這也是為什麼人造細胞肉至今未能上市的原因之一。

儘管人造肉價格依然高不可攀，但細胞肉成本降低幾乎是必然。以色列細胞肉公司 Future Meat Technologies 就曾嘗試使用培養基過濾再生專利技術克服成本難題：2019 年，FMT 實驗室中培養雞肉一磅的價格是 150 美元，經過一年多的技術突破，一份雞胸肉的價格已降到 3.9 美元。

日前，該公司宣布其位於以色列雷霍沃特的中間性試驗工廠已經竣工，FMT 也成為業界少有利用培養基過濾再生技術實現規模量產的公司；該公司總裁 Rom Kshuk 則表示，預計再過 12 ～ 18 個月成本可降至 2 美元以下。其成本下降，被 Rom Kshuk 形容為「用 129 元購買一輛特斯拉 Model X」。

毋庸置疑，一旦突破技術瓶頸便可規模化的實驗室細胞肉，將掀起未來人造肉市場的風暴。

食物的必然未來

生命科學技術以及合成食品技術的雙雙突破，將使我們預見到人造食品取代自然食品的一天。

有部分人士質疑人造肉的安全性，不過現有的人造肉和現在市面上其他普通的加工食品一樣，都是安全的。只要生產中用到的原輔料和食品添加劑依照標準添加，生產環節中避免交叉污染，出廠時做好品檢，流通中做好監管，就屬於合格的產品，這樣的人造肉也可以保障安全。

除了保證安全性以外，人造食品還能根據需要保留人體所需的有利元素，剔除一些有害及無效的食品元素，對於提升人類壽命或許將有幫助。以市場上的植物人造肉來看，Beyond Meat 官網就主打其產品「蛋白質含量和肉一樣甚至比肉還高，且含有更少的飽和脂肪酸和零膽固醇」。

例如，在低飽和脂肪酸方面，世界衛生組織、中國營養學會、美國心臟協會都建議飽和脂肪酸的比例控制在百分之十以內。人們平時吃的豬牛羊等紅肉飽和脂肪酸含量較高，而以不飽和脂肪酸來替代飽和脂肪酸，有利於改善血脂異常。

基於此，植物肉在模擬真肉的脂肪含量過程中，就可以透過各種植物油的配方比例，來控制植物蛋白肉中的飽和脂肪酸含量，並增加不飽和脂肪酸含量；可以說，植物肉的營養幾乎能夠做到比普通肉還要高，進一步迎合了人們對於健康、品質、個性化的需求和消費理念。

此外，從宏觀層面來看，人造肉可以有效減輕對環境的負面影響，更加符合現在的環保理念。傳統畜牧業是兩大強溫室氣體（甲烷和一氧化二氮）的主要來源，其產生的溫室氣體甚至超過了車輛、飛機、火車和船舶的總和，直接影響到全球氣候暖化。

再者，發展傳統畜牧業還會消耗大量的土地、糧食作物、水資源等自然資源，造成資源浪費。近年來，人類對環保問題愈來愈重視，各行各業都引入了 ESG 企業運營——環境（environmental）、社會（social）、公司治理（governance）三指標——的評量標準。在這種時空背景下，傳統畜牧業的變革在所難免，而人造肉的出現就是這種變革中的必要一環。

Beyond Meat 招股說明書的資訊顯示，人造肉替代普通食用肉可以減少 90% 的溫室氣體排放，並減少 99% 水資源、93% 土地和 46% 能源資源。聯合國糧農組織（Food and Agriculture Organization of the United Nations, FAO）發布的資料顯示，傳統肉類生產溫室氣體排放的占比為 18%，使用土地的占比為 30%，水和能源消耗的占比為 8%。

儘管到目前為止還缺乏人造肉對環境影響的系統評估，但至少它減少了養殖業的資源消耗和溫室氣體排放，也減少養殖過程中使用獸藥造成的環境污染。

開高低走的人造肉

近幾年來，人造肉的概念不可謂不熱門，大量資金的挹注，植物人造肉公司一個接一個出現，有些公司的連續融資刷新歷史速度，風口論[7]甚囂塵上。與資本熱背道而馳的是，在當下核心技術和落地場景暫未明朗的情況下，不少植物肉產品大都曇花一現。

---

❼ 小米創辦人雷軍說過的「站在風口上，豬也能飛起來」一段話，用以比喻創業就是要站在對的風口上；日後外界將它解讀為「風口論」或稱「飛豬理論」。

然而，受疫情及 B 端企業型客戶零售業績下滑等多方面影響，頭號人造肉食品大廠 Beyond Meat 近幾個季度以來虧損幅度也不斷擴大，而在 C 端消費市場中，「消費冷場」就是當下的尷尬；在中國星巴克，「別樣牛肉經典千層麵」的價格已經從最初發售的人民幣 69 元降到了 49 元。即使外國企業開始搶灘中國人造肉市場，但目前人造肉在中國市場中還未得到消費者廣泛認同，市場的接受度和普及性仍然非常有限。

從概念火爆到現實骨感，開高低走的植物肉要反彈向上，仍需要時間。一般來說，食品領域有著深重的傳統力量與固化思維，與其他領域創新大多受熱捧相比，人們對食材創新總是投以更慎重的審視眼光。

一份名為《中國植物肉市場洞察》的報告揭示了中國人造肉消費群體的基本特徵：他們多在一線城市，年齡介於 30 ～ 40 歲之間，較易接受新奇事物，追求高生活品質，也注重健康管理，價格則不予過多考慮。這意味著，人造肉想成為肉類市場的消費常態尚需時間。

此外，對於大多數消費者來說，價格才是最重要的因素。《南方日報》曾披露過一組資料：在美國，一公斤加工肉類的價格為 7 美元，植物肉則為 15 美元。同樣在美國大型連鎖超商 Walmart，由食品工廠生產的牛肉漢堡零售價是每磅 2.8 美金，而 Beyond Meat 的植物肉漢堡卻要價 6.25 美金。

率先進入中國市場的植物肉品牌 Omnipork 每公斤售價約人民幣 60 元，而某生鮮電商平台最便宜的豬肉每公斤約為 50 元；這樣的價格，顯然不符合中國消費者對植物肉產品的期待。況且，購買過植物肉的受訪者大都表示「口感、味道不佳」。

在食品安全層面，目前人造肉暫時未有國家、地方、產業及團體標準，企業多是自行制定標準或參照國外標準執行生產，這也導致市場對人造肉疑慮重重。目前整個中國的人造肉還沒有完善的供應鏈和產業鏈，基本上以引入、合作為主。除了知名大企業有非常強的公信力背書，其他企業在短時間內投奔人造肉賽道，很有可能面對消費者的懷疑和不夠認同。

整體來說，植物肉在中國仍處於初期發展，還需要大量資金用以研發產品和建設供應鏈，如果能夠大幅提高產能，有效降低成本及市場售價，同時滿足消費者的味蕾要求，才可能得到市場的認可；無疑這是對企業的技術提出了更高的要求。

人造肉，一定是未來食品的機會。作為剛剛起步的消費市場，人造肉還需要各方的參與和努力，包括消費者的教育和認知、連鎖餐飲企業的背書和市場產品的推動以及人造肉創業公司的迭代技術和生產方案。隨著環境污染對天然食品所帶來的傷害不斷加劇，人們將會意識到人造食品帶來的好處。可以預期，到 2035 年左右，已開發國家將有相當一部分的人造食品來取代天然食品；到本世紀中葉，則會有更多帶有基因療法的基因改造食品與人造食品進入超級市場，人類也將對基因工程更加瞭解而漸漸接受基因改造食品。

EXIT

Utopia ↗

第 **6** 章

倫理價值問與思

高度發達的網路技術帶來了愈來愈多的數位裝置——智慧手機、平板電腦、智慧手錶等，數位產品紛紛進入我們的生活中，將人類推向一個前所未有的資訊盛世。然而，數位技術在重塑社會觀念並帶來高效資訊的同時，也帶來了更多挑戰。

媒體裏挾流量製造的資訊一邊高唱著後工業時代的偉大口號，鼓吹精緻生活、提倡活出個性、哄抬花式炫富；一邊又以階級固化、消費降級、靠爸族等社會現狀操縱著大眾的不安。新冠疫情作為人類發展史上的重要分水嶺，已經深深改變了我們的思考方式與價值認同，將人類推入倫理價值的真空地帶。

生活的兵荒馬亂、信仰的分崩離析、道德的無所適從，能帶給人類心靈慰藉的恐怕唯人文學科當仁不讓。人文學科的本質是「人文精神」，它是有別於「科學」的另一種文化現象；人文學科並不教人如何成功，而是教人如何質疑成功。一個國家的進步也不僅體現在經濟或科技的發展上，更呈現在人文素養的提升以及社會治理的文明程度上。以善為美，這才是人之所以為人的奧義。

6.1　人工智慧挑戰人機邊界

在人工智慧大勢所趨的背景下，人工智慧面對的監管挑戰和倫理困境成了一個全球性難題。從運用神經網路「一鍵脫衣」顯示出裸體，到性愛機器人出世與性愛機器人商業化運用，人工智慧的發展也加深了社會的焦慮。除了對未來倫理產生擔憂，對於未來社會巨變未知的恐懼，人工智慧真正撼動人類的是對人類生存的全新挑戰。

數位時代，在我們創造的資訊總量以幾何級數累積的同時，人類的精神存在及其演化方式已遠遠超過原先肉體所能承載的負荷。在這

種情境之下，我們又該如何延續自己的適應能力、在自己所編織的這個全新世界上活下去？

機器人技術的高度發展使人類從體力勞動中解脫，腦機介面研究的不斷突破讓我們看到未來機械人的可能成果。人類的大腦運作效率將大幅提高，甚至達到更高層次的集體運作，屆時，人類還是世界的主導嗎？生存的真相究竟是什麼？

人工智慧的技術狂想

不論是弱人工智慧還是強人工智慧，潛藏在這些科技背後的還是「腦」這個靈魂的實體形象，因而技術狂想首先一定是來自人與人性。

腦是人類最獨特的器官，若把人的腎臟和豬腰子擱在一起，恐怕大部分人都無法區分得出來，但如果換成人腦和豬腦花，幾乎誰都不會認錯。

雖然人類的腦看起來就像一大塊雕成核桃仁造型的豆腐，但人腦的本質是一個由神經元（neuron）構成的網路，而人工智慧領域的「神經網路」正是模仿了人類的大腦架構。按照量級，科學界一般認為人腦有 1,000 億個神經元；假如一個神經元是一秒鐘的單位，人腦的神經元則需要 3,100 年。

每一個神經元向四面八方投射出大量神經纖維，而處於中心的胞體，則接受神經纖維傳來的任何訊號。這些神經纖維中，負責接收並傳入訊號的「樹突」（dendrite）占了大多數，而負責輸出訊號的「軸突」（axon）則只有一條（但可分叉）。當樹突接受到大於興奮閾值的訊號後，整個神經元就將如同燈泡點亮一般爆發出一個短促但

極為明顯的「動作電位」（action potential），這個電位會近乎瞬間就沿著細胞膜傳遍整個神經元——包括遠離胞體的神經纖維末端。

之後，上一個神經元的軸突和下一個神經元的樹突之間名為「突觸」（synapse）的末端結構會被電訊號啟動，「神經遞質」（neurotransmitter）隨即被突觸前膜釋放、在兩個神經元間傳遞訊號，並且能依種類不同對下一個神經元起到或興奮或抑制的不同作用。

神經元組成人腦的基本結構，包含負責處理大部分思維活動的大腦、負責協調運動的小腦以及連接其中的腦幹。

腦幹則將大腦、小腦與脊髓連接起來，大腦與軀體間幾乎所有的神經投射都要透過這裡。此外，腦幹本身還調控著呼吸、體溫和吞咽等最重要的生命活動，甚至大腦的意識活動也需要由它的「網狀活化系統」（reticular activating system, RAS）來維持。因此，腦幹可以說是人體最致命的要害，沒有之一。一旦損毀，就是字面意義上的「秒殺」。

大腦的結構更加複雜。我們所看到皺巴巴的表面，就是迅速擴張後折疊蜷曲的大腦皮層，各部分皮層有著不同的功能劃分；在皮層之下，還有丘腦、杏仁核、紋狀體、蒼白球等等名稱古怪的神經核團。現代科學認為，人的大腦皮層最為發達，是思維的器官，主導身體內一切活動過程，並調節身體與周圍環境的平衡，所以大腦皮層是高級神經活動的物質基礎。事實上，人類的大腦已經經過了數百萬年的演化，而更早之前的人類大腦並非如此。

人類進化的思想質問

在人類祖先查德沙赫人（Sahelanthropus tchadensis）七百萬年前行走於非洲時，他們顱腔內的大腦和其他動物沒有本質區別。幾百萬年後，當東非奧都萬峽谷的猿人笨拙地敲打出可能是最早的一批石器時，他們那顆比黑猩猩強不了多少的大腦也並沒展現出過於驚人的智力。

之後的進化道路上，人科物種不斷強化自己使用工具和製造工具的能力，大腦也在穩健發展中，但似乎一直缺少點什麼，因而被埋沒於自然界宏偉的基因庫之中。直到二十萬年前，現代智人（homo sapiens）的大腦出現了飛躍性的發展，對直接生存意義不大的聯絡皮層尤其是額葉出現了劇烈的暴漲，帶來的就是高昂的能量消耗（人腦只占體重約 2%，但能量消耗卻占了 20%）以及痛苦的分娩。但這些代價換來的結果，使大腦第一次有了如此多的神經元來對各種資訊進行深度的抽象加工和整理儲存。

陳述性記憶（declarative memory）和語言出現了。人類具備了從具體客觀事物中總結、提取抽象化一般性概念的能力，並能透過語言對其進行精確的描述、交流甚至學習。甚至，借助語言帶來的思維方式轉變，使人類獲得了「想像」的能力。

如日本著名科幻作家伊藤計劃在《虐殺器官》中所言，語言的本質，就是大腦中的一個器官。但就是因為這個腦結構出現，人類的發展速度呈現爆發性的成長，人類也從偏安東非一隅的裸猿變成擴散到全世界的超級生態入侵物種。

之後，建立在語言基礎上的「想像共同體」出現了，人類的社會行為隨之超越了靈長類本能的部落層面，一路朝向更龐大且複雜的趨

勢發展；隨著文字的發明，最早的文明與城邦誕生在了西亞的兩河流域。

而另一項獨特的能力 —— 工作記憶（working memory）—— 則讓人類具備了制定計劃並將其分段執行的能力，這對於人類的發展有著難以估計的意義。精神分裂症患者在這個項目的評分上顯著低於正常人，可能就是其認知行為錯亂的原因之一。而在這些抽象認知能力之上，人腦還出現了一種極為罕見的能力：「自我認知」。

正如古巴比倫神廟刻著蘇格拉底的雋永萬世名言「認識你自己」一樣，自我意識對於一般性的決策任務來說並非必需品，甚至也不一定和智力完全劃上等號。但這種能力卻讓人類意識到了自己的「存在」，並開始思考三個問題：我是誰？我從哪裡來？我將要到哪裡去？而這三個問題，貫穿了人類數千年的哲學思考。

毫無疑問，無論科技和人工智慧怎麼發展，都逃不過人類思想底層又核心的邏輯質問，而這，正是我們在面對人工智慧高速發展而產生焦慮的根源所在。

人機邊界的重新界定

2020 年，在全球抗疫的背景下，人工智慧在醫療、城市治理、工業、非接觸服務等領域都在疫情中扮演著關鍵性的角色，提高了抗疫的整體效率。人工智慧與產業前所未有的緊密結合，再一次驗證了其作為新一代科技革命和產業變革的重要驅動力量，以及對社會的真正價值。

從應用角度來看，得益於電腦視覺、圖像識別、自然語言處理等技術的快速發展，人工智慧已廣泛滲透並應用到諸多垂直領域，切入不同場景，提供產品和解決方案，產品形式也趨向多元化。

疫情成為人工智慧的試金石。在疫情之下，AI 公司不再是以往的旁觀者，而是扮演起關鍵角色、提高抗疫的整體效率。在醫療方面，從 AI 影像辨識開始，提升了醫療效率，AI 應用醫藥篩選協助新藥研發，AI 還推動了遠端問診與醫學資訊線上科普發展，使得人們可以更有效率且快速地觸及醫療資源。

經過了疫情洗禮，世界上已經不再有純粹的「傳統產業」，每個產業或多或少都啟動了數位化。受疫情用人難、成本增加、勞動力感染等風險因素的影響，製造業和服務業正在加快人機結合的發展，朝向製造、服務智慧化進一步轉型。可以說，疫情為 AI 發展打開了新的視野和豐富的實踐場，加快實現「泛智慧化」的新世界。

隨著技術、演算法、場景和人才的發展，人工智慧正在滲透到各個領域，也已經在工業、醫療、城市等領域都驗證了它的價值。毋庸置疑，未來會有更多產業將與 AI 技術進行創新融合，催生出更多新型態、新模式的產業。

在這樣的背景下，人工智慧將會取代人類大部分的工作——文學創作、智慧駕駛、建築施工、投資理財、社會治理、智慧製造等各個領域，AI 替代人力勞動的現象會愈來愈普遍，並且是一種不斷取代的長期趨勢。

顯然，在現代科學加持下的人工智慧已經擁有人類想不到的驚人力量，而我們在接受並適應這些驚人力量的同時，究竟變成了什麼？人和機器的邊界又該如何重新界定？這些問題雖然從笛卡爾時代起有

很多思想家深思探討，但現代科技的快速更迭，卻用一種更具衝擊性的方式將問題直接拋給了普羅大眾。

某種意義上來說，我們與機器的聯繫愈來愈緊密，把道路的記憶交給了導航，把知識的記憶交給了晶片，甚至性愛機器人的出現能幫我們解決生理和精神的需求。於是，在看似不斷前進的又便利的生活方式背後，人類的獨特性在機械的輔助下也產生了不可逆轉的「退化」。我們借助科技所做的事情愈多，也就意味著在失去科技之後所能做的事情愈少。

儘管這種威脅看似遠在天邊，但真正可怕的，正是對這一點的忽略。人工智慧的出現誠然讓我們得以完成諸多從前無法想像的工作，人類的生存狀況也顯然獲得了改善，但是當這種改變從外部轉向內部、進而撼動人類在個體層面的存在意義時，留待我們思考的，或許就不再是如何去改變這個世界，而是如何去接納一個逐漸機械化的世界了。

在人工智慧的挑戰下，人類必須重新思考人機新世界裡關於人與機器之間的分工與界限，以及人類所處的位置。顯然，科技業需要從現今的技術本位主義模轉為技術人文協作模式，人工智慧的研究與發展也需要廣泛吸納不同種族、性別、文化和社會、經濟階層以及不同領域人員的思考和顧慮。

可以預見，當人工智慧與機器人技術成熟與完善，約莫在 2035 年左右，人類社會現存的 50% 工作都將被機器人取代。到了二十二世紀中期之前，機器人將有能力勝任人類 90% 的工作。到那時，機器人擁有獨立思考的能力，並與人類共同探討、思考關於哲學與生命的話題。

6.2 機器伴侶重塑婚姻倫理

人工智慧不斷重塑著人們對未來的設想。其中,「機器伴侶」為未來智慧型機器人發展最廣闊的領域,已經深入人們的生活,扮演助手、朋友、伴侶甚至家人的角色。在眾多類型的機器伴侶中,性愛機器人特別受到了人們的關注。

從單身主義到需求難避

單身,正在成為現代人的「主義」。

有資料顯示,英國結婚人數已跌至近 150 年來最低點;日本 30 ~ 34 歲男性未婚率為 47.1%,女性為 32%;在瑞典首都斯德哥爾摩,此一比例更高達 60%。16 歲以上的美國人當中,約有 50.2% 的保持單身,即 1.246 億人;60 年前的二十世紀 50 年代,美國成年人的結婚率可是高達 70%。身為人口大國,中國的單身人口則更龐大:不久前才公布的第七次全國人口普查資料中,中國單身成年人口已高達 2.4 億人,而在這 2.4 億人之中,又有超過 7,700 萬人目前處於單身且獨居的狀態。

在中國社會學家李銀河看來,單身社會首先代表個人主義上升,婚姻從一種普世價值變成了純粹個體的選擇,家庭觀念、家族主義愈來愈薄弱。綜觀歷史,人類的生活和生計通常涉及三個基本架構:由內向外推分別是核心家庭(小家庭)、擴展家庭(大家庭),以及由家庭組成的地方社群。家庭為社會的基本單位,其地位不容挑戰,一個新家庭的起始點——婚姻,更是焦點所在。

但現在，由地方政府及機關提供的服務，取代了過去家庭所肩負的責任——照料三餐溫飽、健康、教育及居住；傳統家庭在照顧個人方面所扮演的角色，逐漸被蓬勃發展的國家及市場力量所取代。由於家庭不再是個人生存所必需，於是乎一連串影響家庭及婚姻的變化開始出現。

即使有這些轉變，身體對於性的需求卻是人們無法迴避的。世界知名媒體 Business Insider 消息顯示，自新冠疫情以來，全球首款 AI 性愛機器人 Harmony[8] 銷量激增，即便售價高達 12,000 美元（約新台幣 360,000 元）。2019 年，未來學家皮爾森博士（Ian Pearson）曾發表一份關於未來性愛的預言報告，他認為在 2050 年左右，人與機器人的性愛將會普遍流行，機器人甚至可能會取代人類性伴侶。

皮爾森博士的預言似乎正在成真。隨著性愛機器人成本不斷下降、功能提升，性愛機器人時代已不再遙遠。其中，Harmony 2.0 已經更像一個真實的伴侶，它不僅面部表情更加豐富多彩、肢體更加靈活，身體皮膚也更逼真。由於其擁有內部加熱器，Harmony 2.0 還能夠模擬真實的體溫。

此外，Harmony 2.0 結合了亞馬遜的 Alexa 語音系統，接收到聲音資訊後能夠及時分析，快速做出精準回饋，各種話題都可以做簡單回應。同時，Harmony 2.0 還配有智慧化軟體系統，可以對以往的聊天內容進行儲存、記憶，進而確定伴侶的習慣和喜好；也就是說，在長時間的陪伴累積後，Harmony 2.0 對伴侶的瞭解會愈來愈深。而未來的性愛機器人，將會愈來愈多元，也愈來愈性感。

灼見：疫情後全球局勢預測

---

❽ Harmony 是美國機器人公司 Realbotix 於 2017 年所開發出的性愛機器人，用戶可以對其進行性格與樣貌設定，它擁有語音功能，能夠記憶、學習並發揮性格特色。

人類婚姻受到倫理挑戰

單身社會的趨勢，讓性愛機器人受到了格外關注，疫情更是催生了對性愛機器人的需求。資料顯示，疫情大規模爆發期間，Harmony 的市場銷售額至少增加了 50%；而另一家玩偶公司 Silicone Lovers 也表示，自疫情爆發以來，性愛機器人的訂單一直在湧入。

但是，隨著性愛機器人的發展和市場的打開，人類婚姻恐將受到倫理的挑戰。性愛機器人走進人類社會之際，首先帶來改變的必然是婚姻關係的變革。婚姻制度不必然會取消，卻必然成為一種多元化的存在。

當性愛機器人能夠代替伴侶時，男性女性一直穩固的「共生關係」即將變成一種持平的「競爭關係」。或許「家庭」觀念再不復見，因為每一個由夫妻雙方組成的家庭，屆時都將變成社會上一個又一個獨立的「個體」。在這個過程中，人類為了傳承生命將會選擇購買精子卵子，並由他人進行代孕；而人作為社會關係總和的這一個概念也許將不復存在，因為未來時代背景下的「家庭」成員，是每一個具有相同社會競爭力的個體與其人造伴侶，頗有「小國而寡治」的感覺。

與此同時，人們對於性需求的渴望也會大大降低，因為不管男性女性，人造伴侶都能夠絕對服從、並且高度客製化，但是性行為功能卻不及人類獨具的多樣性。這個世界上對異常性行為感到滿足的人不在少數，性愛機器人最終會不會因為機械的局限性而損及了人類對性的探索與好奇，目前還不可知。

或許，對於性愛機器人來說，在人們得到控制的快感同時，可能也失去了失控的快感。人們獲得絕對的安全感——永遠不會被拋棄、

被拒絕、被冷落，但同時也拒絕了那種獨屬情感的不安。有需求的地方就會有市場，性愛機器人的到來毋庸置疑。性愛機器人將不可避免地成為未來性產業的一部分，科技的潛入也會給性產業帶來革新，進而影響人類的性文化。

而除了性愛機器人之外，虛擬性愛也將成為主流。透過虛擬實境設備，分隔兩地的情侶就可以藉由性愛輔助工具進行遠端性關係，並且還可以在對方不知情的情況下根據各自的想法改變場景與人物特徵，以滿足各自身心需求。此時，婚姻將成為一個哲學話題，而現今的婚姻制度將會被逐步忽視而最終走向完結。

6.3 懸而未決的隱私難題

一開頭，我們先來想像一種日常情況：你常瀏覽的一個手機新聞APP，裡面經常會有一些廣告推薦，但不影響閱讀體驗，因此你想，那就不用太在意。後來，廣告內容有點不對勁，頻繁地顯示你所在城市的一些店家開業資訊；你感到不舒服，因為你知道你被定位了。接著，廣告的試探尺度再度延伸，你的社區名字出現在了廣告裡，內容是二手房屋買賣。

再來：購物節的前兩天，你收到的廣告簡訊爆量增加，頻率高到你需要每五分鐘打開一次手機查看一長串螢幕顯示，每條簡訊的結尾都是「退訂請回 T」。你看透了這個「退訂請回 T」套路，直接封鎖，不留給對方任何機會。然而一段時間過去了，你的簡訊數量並沒有減少，你想這不過是行動送給你的私人安慰而已。

以上的兩個場景是想像，也是現實。在網路時代，想要獲取一個人的隱私實在是太簡單了，因為有太多的環節可以洩露隱私。任何

涉及到資訊來往的平台，從交友平台到外送物流平台，從考試到家政服務，從購票到銀行保險，只要你在上面留下了個資，隱私就一定會洩露，只是早晚問題。最糟糕的感覺是，你明知道隱私會洩露，卻別無選擇，還是要低頭辦理相關手續，最後只能祈禱自己的資料平凡無奇，不會被大數據整合打包給賣出去。

事實上，疫情催化了數位革命，加速歷史拐點的形成。人類社會正從物理世界全面邁入數位世界，萬物互聯與萬物資料數位化成為趨勢；資料顯示，過去幾年中人類製造的資料占整個人類歷史資料量的95%。換言之，大數據時代已經真正來臨，而與此同時，隱私問題也逐漸成為焦點。

疫情期間，從健康數位監測系統的上線可以看出，隱私已經交織在我們的日常生活中。不論是 5G 帶來的物聯網還是智媒化，都以大數據為基礎，這些資料中自然也包含著龐大的用戶隱私。我們甚至可以認為，媒介的智慧化程度愈高，對於個人隱私權的侵犯也就愈加嚴重，過往凡「私」皆「隱」的觀念在大數據時代既不現實也不可取。智慧化系統在服務人類的同時，也使人們的生活潛藏著前所未有的隱私危機。

大數據時代的資料隱私新特徵

2019 年，世界迎來了 5G 元年，各國政府相繼發放了 5G 商用牌照，2020 年進入 5G 快速發展期。在這個過程中，5G 必將帶動上傳資料流量大幅增加，以至於更大量級、更多種類、時效性更高的資料成為現實。

大數據的特點主要為超大規模和即時性：超大規模就是可以滿足超高連接密度，根據應用需求，萬物互聯將不斷地生產、傳輸、分析

和消費資料，從資料生成主體、資料種類維度方面迅速提升了大數據時代的資料量；即時性則是在 5G 技術的賦能下使得毫秒級低時延的資料服務成為可能，即時特點更加鮮明。

毫無疑問，大數據時代的資料特點將反作用於個人資訊和隱私資料，並對其產生重大影響。

首先，大數據時代的隱私資料密度下降，數量上升。大數據時代的資料具有大規模、即時的特點，資料的數量、種類、非結構化程度以及資料收集的頻率、即時性、粒度（granularity）將巨幅提升，數位經濟發展也將在資料處理技術時代進一步釋放潛力。

5G 技術支援下的大規模資料收集會涉及更多的個人隱私資訊，雖然這些資訊在整體資訊中所占的比例會有所降低，但是從絕對數量上看，則會同步大幅增加。在智慧城市建設方面，大規模資料收集會更集中在重點區域的人員、車輛移動軌跡方面，而結合人工智慧的臉部辨識等技術，則會將大量的資料轉化為隱私資料（如生物特徵資料、身分資料），進而給予資料相關的主體帶來潛在威脅。

此外，資料高度關聯，隱私牽一髮而動全身。大數據時代眾多場景下的應用高度依賴資料的關聯操作，在創造更多價值的同時，也大幅提升了隱私資料的管理難度。相較於過去，傳統分析框架下的資料區隔較為明顯，卻也將隱私資料限定在有限的範圍和部門內。

在大數據時代，更多資料被打通並貫穿使用，與隱私資料關聯後的各類資料也很可能變得高度敏感。雖然可以採取去隱私化、去識別化處理技術在應用過程中加以處理，但由於整體環節眾多，隱私洩露的潛在威脅也隨之增加。科技確實幫助了資料準確性、即時性獲得飛躍性成長，但建立於其上的各類應用在滿足生產、生活、管理需求的

同時，也勢必更滲透到關係國計民生的關鍵領域（如醫療、健康、金融），一旦隱私資料被洩露，將產生非常嚴重的後果。

除了隱私資料密度下降、數量上升和資料的高度關聯，大數據時代的資料還具有處理專業性強的特點。隨著人工智慧快速發展，深度神經網路等新技術得到了更廣泛的運用。基於人工智慧的資料處理有很多是黑盒模式，這會導致非專業人士在瞭解資料處理過程方面變得十分困難，且容易導致數據歧視、演算法歧視等倫理問題。

我們被資料記載、表達、模擬、處理、預測，卻致使現實空間的歧視加深。從求職歧視、消費歧視到司法歧視，資料歧視前所未有地制度化和系統化。演算法暗箱顯現了使用者資料權利與機構資料權力的失衡現象——資料是使用者的，演算法卻是機構的；資料的收集和使用，對消費者個人而言是被動的，對機構而言則是主動的；機構設計的演算法是其意志的模型化，演算法賦予機構巨大的資料權力，主動權總是掌握在機構手中。

對機構而言，資料是透明的，哪裡有資料，哪裡就有機構。資料雖然是使用者的，但使用者並不知道自己的資料如何安放與使用。個體資料權利和機構資料權力的不對稱，資料處理專業性強的特點不可避免地使得個體隱私邊界近乎失守。

隱私悖論的人性根源

伴隨著大數據時代隱私新特徵出現的技術弊端，亟待資料法律的保護避免隱私遭受侵害。科技首先一定是來自人和人性，我們一邊在態度上對於洩露隱私情事極為反感，一邊卻又無法拒絕技術帶來的便利性，因此在行動上助長著此風氣，終究形成了隱私悖論。

在大數據時代，隱私並不是單指那些被故意隱藏、不能出現在公眾面前的資訊，而是指個人能夠決定哪些資訊可以公開以及向誰公開。時下，我們多數時候要保護的隱私並非醜聞，而是一些平凡無奇的事物。網路 2.0 時代使得個人的資訊隱私、通訊隱私、空間隱私都曝露在網路的前台或後台，而物聯網的發展更進一步讓生理資料等隱私也毫無保留曝露在網路後台。在萬物互聯的背景下，所有的物體都可以帶有傳感功能和媒介屬性，因而以往從未進入傳播管道的生理資訊也成為了傳播內容的組成部分。

在網路環境中，我們都變成了「資料透明人」，所有資訊都儲存於網路的後台。疫情期間，中國推廣的健康碼讓個人可以「隨身攜帶」相關的數位化資訊標籤；從一定意義上來看，這使每個人成為了「數位孿生人」，也因此帶來了隱私所有權的問題：隱私究竟是屬於個人，還是屬於資訊採集的資料公司？在這樣的媒介環境下，使用者即使可以刪除前台資料，其資訊足跡也將成為「數位腳印」和「資料影子」，被永遠保留在資訊後台並加以利用。法國哲學家 Michel Foucault 所預言的「全景監獄」（panopticon，亦稱圓形監獄）似乎已經到來。

難以偽裝的生理資訊無疑比其他回饋更能直觀反映使用者狀態和需要，當平台掌握了用戶的生理反應之後，智慧化資訊推送、精準廣告投放等都變得輕而易舉。在經濟利益的驅使下，使用者的生理資訊很容易被用於各種商業用途之中。透過與其他資訊交叉分析，商業平台將對用戶形成極為精準的畫像，可能帶來「閱聽人商品論」（audience commodity）復甦與「中彈即倒」傳播效果再現。

根據此觀點的大數據時代隱私悖論，即用戶雖然表現得比較關注隱私問題，但是這種態度卻不會影響他們的隱私披露行為，造成態度與行為分離的現象。但社交媒體中的隱私悖論與物聯網中的隱私悖論

存在明顯區別：社交媒體中分享個人隱私資訊多半因為存在感、自我塑造和社會性表演的需要，是一種主動的媒介使用，拒絕隱私洩露的主動權掌握在用戶手中，並且抵制其對個人隱私的侵入不會給個人生活帶來影響。

但是隨著物聯網出現，私人資訊的交互是物聯網建構的基礎，拒絕個人資訊輸出意味著放棄新技術給自身帶來的便利性，形成一種「如果不…則不能…」的假設關係。在這種媒體環境下，用戶要嘛放棄個人隱私、要嘛拒絕技術帶來的便利性，又形成了一種不可兼得的新隱私悖論。

目前，我們獲取使用者隱私的方式主要是「知情同意」，但「參與式同意」才是未來大數據行為的發展方向，無處不在的泛媒介讓使用者處在一種不得不同意的狀態——如果不同意，只能不參與隱私條款，就像手機中拒絕某些許可權就無法開啟的應用一樣。這與無處不在的媒介使用是相悖的，以不參與來拒絕隱私洩露在萬物皆媒介的時代，幾乎是不可能。

我們是否有可能拒絕便利性？恐怕很難。根據「影響偏差」，用戶會低估他們所喜歡事物的相關風險、高估不喜歡事物的風險。對於給生活帶來便利性的物聯網，當隱私洩露時，人們更可能採取的是一種默認默許態度。

時代無隱私

2018 年 3 月，爆發了轟動全球的 Facebook 個資外洩事件，有高達 8,700 萬 Facebook 使用者的個人資料被賣給一家叫做「劍橋分析」（The Cambridge Analytica）的公司，該公司操縱這些資料，成功透過選舉程式助英國脫歐、川普上台。

2019 年 1 月，這個事件被拍成紀錄片《隱私大盜》，在日舞影展舉行首映。影片明確提出了「個人資料也是個人資產」的觀念；「如今全世界最有權勢的公司是科技公司，因為他們掌握使用者資料，現在資料可比石油值錢多了，所以科技公司是最富有的。」

劍橋分析的「種子用戶」來自一款發布在 Facebook 上的心理測驗 APP，這個心理測驗透過分析按讚等社交行為，為個人進行心理畫像。「每個美國人身上有 5,000 個資訊點，根據這些資訊點再結合心理學分析，就足以建立一個人的性格模型。「分析 10 次按讚行為，演算法對你的個性分析就會比你同事更準確；只需要 68 個讚，就可以估計出用戶的膚色（準確率 95%）、性取向（準確率 88%）、黨派（共和黨或者民主黨，準確率 85%）；有 150 個按讚資料，對你的瞭解程度會超過你的父母；超過 300 個按讚資料，對你的瞭解就會超過你的伴侶。再者，因為每個人都有許多社交好友，演算法無需直接查看你的個人資訊，只要觸及你的朋友也能達成目的。

也就是說，即便你自己沒有使用某款 APP，只要你的朋友使用了，那麼你的資料就會一併被擷取、進入模型、被演算法分析。劍橋分析就這樣從 27 萬個用戶畫像，擴展到了 5,000 萬，該公司甚至宣稱，以這 5,000 萬個樣本為基礎，他們可以精準預測全體美國人的行為。

報告顯示，預計到了 2025 年，中國將成為全球最大的資料產出國。2019 年 5 月，中國國家網信辦（國家互聯網信息辦公室）發布的一項報告顯示，2018 年中國數位經濟規模達 31.3 萬億元，占 GDP 比重 34.8%。如今，主要經濟活動三分之一以上是數位活動。除了個人，整個社會的數位化程度也愈來愈高，常用設備包括電子探頭、人臉辨識、車載設備等等。

與此同時，資料洩露事件在中國也層出不窮：2018 年 4 月，某外賣平台被曝使用者資訊洩露，每條資訊賣價最低不到一毛錢，精確到具體點的什麼餐、用餐地點等私密資訊；2018 年 8 月，某快遞公司被曝洩露了三億筆使用者資料，暗網論壇售價兩個比特幣，資料包括寄件／收件人的姓名、位址、電話等個資；2018 年 9 月，某飯店集團被曝其住房客戶資料在暗網兜售販賣，洩露資料包括 1.23 億筆官網使用者註冊資料、1.3 億筆住客身分資訊以及 2.4 億筆詳細開房記錄，全部資料共計約五億筆，售價約為 37 萬人民幣。中國消費者協會的一項調查報告顯示，中國 85.2% 的 APP 使用者曾遭遇資料外洩。

　　2019 年上半年，網路資料洩露事件激增至 3,800 多起，達到有史以來的最高峰，8.7 億筆個資在暗網出售、7.73 億個郵寄地址及密碼遭竊、5.9 億中國人的簡歷被洩露。被公開的不只是姓名電話，還有身分證字號、戶籍、婚姻狀況、家庭住址等。從手機支付、人臉辨識到定位分享等，我們在享受便利的時候，卻也付出了巨大的隱私代價。

　　一分錢就可以買到一筆個人資料，39 元可以駭進 WiFi、獲取你的個資，詐騙電話打進來時，對方似乎比你還要清楚你的履歷。個人隱私被明碼標價，而我們被出賣了還毫不知情。電影《鷹眼》裡有這樣一幕，兩人在屋內對話，聲波導致水杯中的水紋，監控透過水紋的波動轉錄成了語音資訊進而竊聽兩人的對話內容。或許這種情節永遠不會出現在現實生活中，但隨著科技的發達，人們對隱私的侵蝕根本防不勝防，電影裡演的那一天會不會到來，誰又能肯定呢？

　　現今是最講究隱私的時代，也是最沒有隱私的時代。大數據的隱私戰爭是一場需要人類聯合行動的戰役。從個體到社會，我們都需要建立隱私的意識和保護的機制，監管怎麼做，如何在監控與隱私之間獲得平衡的關係，社會將有很長一段時間必須面臨並解決這些問題。

文明總是螺旋式發展的，一個時代在進步的同時必然伴隨著各種危機與陣痛。大數據似乎帶來了隱私的終結，我們用隱私作為通貨來交換生活的便利，但社會頻繁發生的「隱私危機」也無時無刻不給我們敲響警鐘——我們自己該怎麼做？社會層面該怎麼做？國家監管該怎麼做？關於隱私的戰爭才剛剛開始。隨著數位化的推進，到 2035 年，所有的發達經濟體幾乎都可以借助大數據建立每個人的數位化特徵，並且從數位化預測中提前判斷犯罪的可能性，而公民的隱私權將會成為民主社會抗議與爭論的焦點。只要政府願意，就隨時能透過大數據來獲得所需要的所有公民資訊，人類將在 2035 年之後正式進入「透明」時代。

6.4　性別走向平等化

隨著女性社會角色的豐富，加上消費能力與認知能力提升，「她經濟」崛起成為未來不可逆轉的一大經濟趨勢。愈來愈開放與平等的教育讓女性能夠不斷完善由性別所造成的職位勝任陷阱，並成為未來經濟與消費的主力。當女性所掌握、擁有或可支配的財富愈多時，在網路時代也更能展示個性、閱歷、知識量和對當下的思索，同時也將催婚、催生、身材焦慮、職業女性等與現實處境相關的話題帶進公共討論的空間。

從性別差異到性別分工

事實上，性別差異的客觀存在未必會導致性別不平等，性別差異反倒是倫理世界的基礎，才呈現出不同倫理性格和道德氣質，進而建立更生動豐富的倫理世界。作為一種倫理型文化，中國文化對倫理

世界的建立以及所追求的倫理和諧始終建立在性別差異基礎上，使得「男女有別」成為中國傳統倫理規範兩性關係的核心理念。

「乾道成男，坤道成女。乾知大始，坤作成物」。整個倫理世界的建立正是從「一男一女」的自然存在為出發點和基點，以乾坤陰陽的哲學理念對男人和女人進行文化設計和倫理引導。當然，這種文化設計與倫理引導既尊重男女之間的自然差異，同時又以實現人倫和諧為終極目標。

因此，基於兩性關係對於倫理世界的原點意義，承認和尊重性別差異、並在性別差異中建立「倫理同一性」成為人類獨有的倫理，是人類精神文明發展具有「基點」性的存在。

同時，也正是由於性別差異下的生理差異使得家庭分工有所不同，進而產生根據生理性別的公私領域性別分工以及根據社會性別的勞動市場隔離；這將使男女不平等不斷擴大和深入。

1846 年，馬克思和恩格斯就指出，「最初的分工是男女之間為了生育子女而發生的分工」，私有制也是因生育導致的分工所產生的不平等，歸根到底，因生育導致的勞動性別分工，是男女不平等的根本原因。具體來說，在原始社會，生產力低下，人們的勞動分工為自然狀態，尚未產生剩餘價值，也就沒有剝削。兩性根據生理和生活需求進行分工：男性打獵捕魚，女性從事採集與家務勞動，兩種勞動相互依賴，男女各自為政。

隨著一夫一妻制家庭制度誕生，人類進入以私有制為基礎的社會。在家庭經濟理論者看來，作為一個生產單位，家庭中每個人都有比較優勢，每個人根據自己的比較優勢確立自己在家庭中的分工。

其中，家庭內的性別分工使得女性負責較多家庭照料和承擔家務勞動，而被排除在社會的公共生產之外，家務勞動（包括生育）變成了私人事務，失去了其公共性質。

於是，男性控制了社會生產，而物質生產又成為社會發展的主要指標。人類生育這件事被擠出社會生產的公共領域，變成私人領域的家庭事務，更變成女性獨屬的專責工作，婦女因而被公共領域排除在外並圍於家務勞動之中，為男女不平等掛上了「合理性」旗幟。在父權制度和資本主義制度相互作用之下，性別分工終於導致了性別不平等。

男女之間並非零和博弈

在很長一段時間裡，已有人類精神文明根據男權社會需要，在承認、誇大性別差異的基礎上導致歧視女性的性別不平等，即以「男尊女卑」的等級理念制定道德規範。從原始儒家思想來看，「性別」不僅是一種社會分工，還代表「男尊女卑」的道德判斷。這種思想把女性局限在私領域，使之成為符合父權社會需要的工具。

隨著現代社會深度變革，現代勞動方式使力量、性別隔離逐漸消除，女性的能力和價值在參與社會生產過程中得到了認同，追求男女平等成為現代社會有別於傳統社會的重要進步之一。女性與社會發展和工作模式保持同步的需求，逐漸突顯出來。

女性從被統治、被壓迫的階層，到如今獲得自主參與社會生產的權利，從最初訴求獨立人格、生存權利到要求男女平等的政治性訴求，經歷了一段很辛苦的歷程。然而，相對於男性的生理差別，女性依舊擔負著無法推卸的生育責任。傳統觀念的禁錮也使得女性承擔較多家務，而與社會的持續性個人需求產生了無法避免的矛盾。

中國近現代在女性解放和男女平等的社會呼聲和制度努力下，女性的社會經濟地位與社會責任承擔方面，獲得前所未有地提升。改革開放以來，在農業社會向工業社會的轉型過程中，湧現一大批職業女性，她們在推動社會發展、創造社會財富方面做出了巨大貢獻。

　　但是，對女性家庭角色的傳統倫理期待和女性的生理因素，加上男性在家庭角色以及對應的道德義務規定，女性的地位並未隨著現代社會的發展得到重新定義或制度保障，使得傳統倫理在現代化的衝擊下走進真空期，導致女性面臨新的倫理困境——女性家庭角色和社會角色的雙重倫理身分產生激烈衝突。

　　另一方面，在追求自由、平等和呼籲男女平等的社會浪潮下，加上工業化、資訊化發展對人類生產及生活方式變革的助推，傳統人類精神文明中被視為理所當然的性別差異，卻在現代社會中日趨模糊甚至混亂，最終導致性別差異的倫理異化。

　　於是，對男女平等過度解讀，使男女平等理念被削弱或者消解男女之間的倫理性格差異，以致男女平等被誤解為「男女相同」。而這種誤解必然導致女性和男性根據不同倫理性格和道德氣質的倫理義務之「性別」被模糊化，進而導致新的不平等。

　　顯然，性別差異在許多情況下都是作為兩性互補的差異，即兩性各以其相異的條件、特點、專長存在，猶如硬幣的兩面不可分，各有其存在價值。社會歷史的進步就是兩性相互依賴和支撐的攜手共進，展現著男性之為男性、女性之為女性所創造的那些價值。

　　時至今日，人類精神文明對性別差異的文化解讀早也已超越男女之間的自然生理差異。在倫理世界中，男性和女性都分別具有不可替代的倫理性格和道德氣質。

在現代化衝擊下，性別議題將長期存在，未來或許也會有更多對於性別倫理的解構和建構，但不論是情緒上的互相攻訐，還是心平氣和的嚴肅討論，在眾說紛紜中唯一能確定的，是真正的「男女平等」應當是女性與男性具有同樣的尊嚴，而不是追求外在形式的「絕對相同」。

撕掉惡意與標籤，我們會發現，許多矛盾並不是性別矛盾，而男女之間也從來不是零和博弈。可以預見，到 2035 年左右，人類社會至少在一些發達經濟體中，性別將不在存在著差異化，男女平等將從過去的相對平等進入到絕對平等。

6.5　疫情下的科研浮沉

2020 年註定會因新冠疫情而被載入史冊。疫情的大流行成為影響全球經濟走勢、國際政治等最重要的變數，它讓社會增加了不確定性，不斷湧現各式各樣的問題，從教育、醫療乃至社會意識形態，均在面臨時代大考。

同時，疫情作為一個醫學事件，也引發了現代科學史上最大的轉捩點。2019 年秋天，由於沒有人知道疫情的存在，科學家們對新冠肺炎病毒的研究幾乎是零。

截至 2020 年 12 月 15 日，疫情已蔓延到兩百多個國家，超過 7,277 萬人染疫，因新冠病毒死亡的人數超過 161.9 萬人；這個衝擊引發了科學界前所未有的努力，導致科學研究重點的大轉變。

當然，疫情也曝露出科學研究的諸多問題，例如學術界的惡性競爭迫使研究人員利用疫情蹭熱點、追名逐利。如何區別和鼓勵有益研究、祛除浮躁和功利，也將成為後疫情時代科學研究的一個重要課題。

前所未有的科學努力

疫情以一種猝不及防的姿態打碎了曾經直線型、平滑、可預測的社會。對於科學研究來說，疫情導致了科學研究重點的轉變，加速了科學資訊的分享，更讓傳染病研究成果帶入公眾的視野，將其推向大眾。

首先，疫情期間，成千上萬的研究人員暫時放棄了在此之前正在努力的研究課題，轉而研究此一流行病。僅僅幾個月，科學研究就出現了新冠病毒化的趨勢。

根據醫學期刊文獻資料庫 PubMed 的統計，從 2020 年初至今，PubMed 上已登錄了 74,000 篇 COVID-19 論文，是已出現幾個世紀的傳染病脊髓灰質炎、麻疹、霍亂和登革熱加起來的數倍之多，而在 1976 年出現、最嚴重傳染病之一的伊波拉，目前也只有 9,700 篇論文。截止 9 月，最權威的醫學期刊 NEJM 在今年共接到了三萬篇投稿，其中一半以上為新冠病毒的研究文章。

就像著名的曼哈頓計畫和阿波羅計畫一樣，疫情的大流行也集中了大量科學家的精力。事實上，1918 年的西班牙大流感、二次大戰熱帶戰場上瘧疾的威脅，以及戰後幾年小兒麻痺症的興起，都引發了重大轉捩點。近年來，伊波拉和茲卡病毒的流行也促進了資金和出版物的暫時激增。新冠肺炎疫情無疑是一個新的轉捩點，導致科學研究重點前所未有的轉變。

哈佛大學的研究團隊在對美國、加拿大和歐洲 2,500 名研究人員的調查中發現，有 32% 的人已經把注意力轉移到了流感大流行上。

例如，研究嗅覺的神經科學家開始調查新冠肺炎患者為什麼會失去嗅覺。亞利桑那大學的 Michael L Johnson 通常研究銅對細菌的毒性作用，但當他得知新冠肺炎病毒在銅表面的持續時間比在其他材料上持續的時間要短時，他部分地轉向了病毒在這種金屬上的脆弱性研究。對於現代醫學來說，從沒有任何一種疾病在這麼短的時間內受到如此多而強烈的綜合學科審視。

其次，關於病毒的研究分享，在疫情期間以驚人的速度發展，這也讓科學從一種緩慢、封閉的努力轉變為更靈活、更透明的科學。傳統上，一項研究的發表要經過漫長的過程：先將論文提交給雜誌社，雜誌社再將論文發送給同行進行評論；如果論文通過了同行（通常長達數月）評審，在昂貴的付費後，論文才會被發表。

而顯然，這個系統並不適合快速傳播的疫情。於是在新冠疫情期間，生物醫學科學家可以將他們論文的初步版本或者「預印本」上傳到免費訪問的網站上，以便讓其他人對自己的研究結果進行剖析和建構。

儘管這種做法在 2020 年前已經慢慢流行起來，但疫情無疑加速了這個做法的推廣和普及。因為，分享有關 COVID-19 的資訊意義重大，更有可能成為現代生物醫學研究的主流。

預印本加速了科學的發展，大流行則加速了預印本的使用。今年年初，medRxiv（「med archive」）預印本平台的儲存庫保存了大約 1,000 份預印本；到 10 月底，已經有 12,000 多人進入此儲存庫。

此外，疫情也曝露了過去人們忽視的傳染病威脅，將小眾的傳染病研究成果推到大眾跟前。大約 90 年前，人類還不能觀察病毒；然而 2020 年在第一例 COVID-19 病例被發現後十天，中國科學家就上傳了 SARS-CoV-2 的病毒基因組序列。截止去年 11 月，已有 197,000 個病毒序列被上傳。

此外，研究人員已經開始將 SARS-CoV-2 與野生蝙蝠中的其他冠狀病毒（可能宿主）相比：研究它如何滲透和協同我們的細胞，免疫系統如何對其過度反應，進而產生新冠肺炎的症狀。可以說，人們對這種病毒的瞭解比歷史上任何一種病毒都要快。

疫情曝露科研弱點

疫情帶來了科學界前所未有的努力，彰顯了科學技術現代化的內在邏輯，但也曝露了疫情下科學界的諸多問題。這場災難，讓學術界面臨著世紀大考。

生物醫學學術界是個金字塔，每個生物醫學教授在其職業生涯中平均培養六名博士生，但只有 16% 的學生獲得終身職位。因此，疫情為許多研究學者提供了一個一舉成名的好機會：在全世界都受到波及並迫切渴望獲取資訊的重大疫情之中，任何新論文都能夠立即吸引國際媒體的目光，並可能被引用成千上百次。

政府、慈善機構和大學將巨額資金用於新冠疫情的研究，例如，2020 年 3 月，美國國會就給美國國家科學基金會（National Science Foundation, NSF）追加了 7,500 萬美金 COVID-19 專項經費。這些因素導致大量科學家湧入 COVID-19 領域，以犧牲學術嚴謹性為代價，產出了大量草率、功利和炒作性研究。

大流行的機會也不公平地落在科學界身上。科學家和其他領域一樣，女性比男性做更多的兒童保育、家務和教學工作，並且被學生要求更多的情感支持。隨著流感大流行的蔓延，女性科學家的負擔愈來愈重，她們無法投入更多的時間去瞭解新的研究領域，也無法開始一個全新的研究項目。美國聖塔克拉拉大學（Santa Clara University, SCU）的研究顯示，由於 COVID-19 的壓力，女性的研究時間比男性減少了 9 個百分點。

與 2019 年相比，medRxiv 預印本資料庫中女性作為第一作者的論文比例下降了近 44%；與去年來自同一期刊的論文相比，發表 COVID-19 論文的第一作者女性人數減少了 19%，男性在 87 個國家領導著超過 80% 的國家 COVID-19 研究小組。在美國有關疫情大流行的新聞報導中，男性科學家被引用的頻率是女性科學家的四倍。

美國的有色人種科學家也發現，由於獨特的挑戰耗盡了他們的時間和精力，使他們比白人同行更難掌握方向。黑人、拉丁裔和原著民科學家最有可能失去親人，這使他們的職責清單上增加了哀悼。

科學受到所謂的馬太效應（Matthew effect）影響，即小的成功如滾雪球般滾向更大的優勢，而不考慮優點。同樣，早期的障礙依然存在；年輕的研究人員如果因為太過忙於關心他人或為他人悲傷而無法改變自己的觀點，那麼他們可能會因為一年的低產而承擔長久的後果。

新冠疫情已經大幅改變了科學研究，包括科學研究重點的轉變和加速科學資訊的分享；同時，全球科學家應對此次疫情的通力合作，為今後面對其他全球性傳染病威脅帶來了極為寶貴的經驗。

疫情大爆發同時曝露了科學研究的弱點，諸如扭曲的激勵、浪費的做法、不平等、生物醫學偏見等，如何鑑別和鼓勵有益研究、祛除浮躁和功利，也將成為後疫情時代科學研究的一個重要方向。

6.6　社會發展亟待糾偏與更新

回溯人類文明的演進過程，整個社會在科技族譜與文化脈絡兩張「進度表」上總是呈現出強烈的對應關係。每一次科技的跨越，都再一次提供文化繁榮的機會。從造紙術到印刷術，人類知識的傳播實現了質的突破，民眾知識的普及得到好幾個量級提高。十八世紀 60 年代，英國中期出現的機器工具替代手工工具，不僅是一次技術史上的重大轉變，更在促進社會關係變革的同時引發了文化蛻變性的巨大飛躍，包括家庭、婚姻、血親觀念的改變，以及社會從強制約束朝民主化進發等。

儘管在數位社會時代，科技和文化的融合正在創造更多的可能性，然科技對文化的改變不僅體現在生產和傳播等環節，平台型生態的崛起重塑了文化產業的價值鏈構成和組織方式，也改變了原有的文化產業結構。新業態和新模式不斷湧現，文化＋相關產業融合共生，成為經濟成長的新力量，也更新了人們對文化內容的認識和看法。只是，繁榮的科學技術在重塑社會的同時，也將人類倫理推進了一個前所未見的無人地帶。

然而我們卻處在一個一切向下的時代，無論政治、經濟還是文化，標準全都朝最低處看齊、成為新的標準。隨著榮譽隕落、斯文掃地、無恥高舉，在國家功利主義和實用主義一邊倒、一刀切的思維模

式下，資本逐利的系統甚囂塵上。這樣的時代，已經迫切需要人文思想來給人們的精神生活提供指導和幫助。

人類價值體系面臨挑戰

隨著技術的進步，人們從蒸汽時代進入電力時代、原子時代、資訊時代。技術在豐富人類物質世界的同時，也讓人們看到愈來愈多的認識危機、生存危機和信仰危機。

二十一世紀之後，在突飛猛進的科學技術影響之下，人類社會的結構以及精神面貌正不斷發生劇烈的變化。通訊技術、網路、大數據、雲端計算、區塊鏈、人工智慧、基因工程、虛擬技術，造成了資訊和實體的交錯融合與資料驅動的經濟。整個社會的智慧網路化，正在引起生產方式、生活方式、思維方式以及治理方式的深刻革命。

然而，新興技術雖迎來了第四次工業革命的曙光，但也讓一些人再次陷入（理性）自負。現實生活中理性退化為演算法和計算，計算甚至蛻變成算計。當新科技革命和產業革命在大力推動社會發展的同時，附加帶來的環境、生態、倫理等風險以及個人精神迷失、信仰空缺和意義危機等問題，都亟待透過人文的精神指導實現價值重塑。

全球暖化在許多人的腦海縈繞不去。2020 年，一個由 93 名科學家組成的團隊曾發表了一份跨越過去 12,000 年的古氣候資料記錄，它包含了 1,319 條資料記錄；這些資料來自湖泊沉積物、海洋沉積物、泥炭、洞穴沉積物、珊瑚和冰川冰芯等樣本，收集自全球 679 個地點。

研究人員根據它繪製出過去 1.2 萬年來地表空氣溫度的變化圖，然後將其與 1800 年至 1900 年間的世紀平均氣溫進行比較，以追蹤工

業革命可能帶來的變化。正如預期的那樣，在該時期開始時，氣溫比 19 世紀的基線要低得多。但在接下來的幾千年裡，氣溫穩定上升，最終超過了基線。

氣溫在 6500 年前達到巔峰，從那時起，地球一直在緩慢地降溫。峰值溫暖之後的冷卻速度是微妙的，每 1,000 年只有大約 0.1℃。然而，自十九世紀中葉以來，人類活動使平均氣溫上升了 1℃ 之多，這在相對較短的時間內是一個巨大的峰值，比 6500 年前的那個峰值更高。

氣候變化使得原太陽照射到地球的光和熱及其反射過程平衡被打破，而帶來的最直接後果就是加劇了氣候災難的發生。非營利組織 Germanwatch 於 2020 年發表了一份報告，該報告分析包括風暴、洪水和高溫天氣等極端氣候事件，但沒有包含「緩慢發生的環境變化」，例如海平面上升、海水變暖和冰川融化。報告顯示，在 2000 年至 2019 年期間，全世界發生了約 11,000 次極端氣象災害。

曾經被認為已經解決的傳染病問題又回來了，氣候變化部分導致了蜱蟲和蜱傳染病原體的地理範圍擴大。由於缺乏全球治理、政策和國際合作來緩解氣候變化和促進更平衡的人與自然關係，蜱傳疾病和其他傳染病的傳播可能性進一步增加。此外，二十世紀中期以來，北極地表溫度不斷升高，與全球平均水準相比，升溫速度接近一倍；氣溫升高進一步導致海冰、積雪覆蓋率和永凍土發生變化，對將近 700 萬人的生活產生影響。例如，凍土層中儲存著汞和其他持久性環境污染物和傳染源，一旦解凍，這些物質就會釋放出來造成健康風險。

抗生素的濫用與自然進化相結合，製造出了愈來愈危險的微生物。根據美國疾病控制與預防中心的資料，美國每年就有逾 280 萬抗生素耐藥性病例，逾 3.5 萬人因此喪生；在印度，抗生素耐藥性導致

的新生兒感染，每年造成近六萬新生兒死亡。聯合國擔心，到 2050 年，全球每年會有 1,000 萬人死於耐藥性感染。

抗生素耐藥性不僅嚴重影響人類健康，更對經濟造成巨大負擔和損失，光是美國醫療系統每年就需花費 200 億美元解決耐藥性問題。英國經濟學家奧尼爾（Jim ONeill）提出警告，到 2050 年全球抗生素耐藥性問題可累計造成 100 萬億美元的經濟損失。此外，世界銀行和聯合國糧農組織的報告還指出，如果 2050 年仍未解決抗生素耐藥性問題，屆時全球年度 GDP 將下降 1.1% ～ 3.8%，等同於 2008 年金融危機的影響。

電腦化無時無刻給工作和娛樂的新領域帶來革命，但也有代價，包括失業率增加、數位鴻溝擴大、傳統社區形成和維護方式的崩潰，以及網路互動無法（現在，也許永遠）完全取代傳統的社區等。

在行動網路高度發達的今天，標籤遍地的社交媒體，依據演算法勾勒出了光怪陸離的世界；人設崩塌的男女主播，運用多媒體功能打造了侵蝕真實的假象；一切資訊、知識和觀點都觸手可及，大量資訊像隨機編碼的符號，堆疊出一幢幢資料廢墟，無不昭示著這個我們與他者分裂的時代。

法律和美學體系建構速度沒有跟隨科技高速發展的焦慮，讓身處其中的大眾感到恐懼。不論是中華幾千年傳統文化遵循著的儒家思想，還是西方自由主義下的民主制度，都隨著網路到來被逐漸打碎。於是，在機器時代的關口，人們面對這個巨大的真空期產生了對機器時代未知的茫然與踟躕。

科技在顛覆了世界與人類生活模式及固有價值觀的同時，也將人類帶入一個空前的無人境界，人們這才更深切體會到過往指引人類

的宗教、人文思想與價值觀在一定程度上已無法滿足科技所帶來的變革。或者應該說，人類當下對於宗教、人文學科的思考與解讀，已經無法滿足指引人類應對當下無人區和未來無人區之路的需要。

與此同時，實用主義在現代商業社會中的日益興盛，導致人文精神式微。隨著知識經濟時代的到來，知識依附於物品之上的附加價值，將帶來物品的明顯增值，因而在知識社會中，知識只有在應用中才得以生存。何況自二戰以來，自然科學透過資訊革命與新科技革命占據了引領社會發展的主力位置，科技文明則主宰了當代世界。相較於自然科學，人文科學的發展顯得落寞而蒼白。

在和平與發展成為時代主題的背景下，人文社會科學無法在短時間內直接創造經濟價值、成為促進世界經濟成長和技術進步的重要力量；由於人文學科沉湎於過去而未能對現況做出敏銳的回應，以至於在新形勢下面對複雜問題，無法及時提供有效的理念指導和幫助。

從具體的高等教育實踐來看，人文社會科學目前似乎正逐漸邊緣化：荷蘭阿姆斯特丹大學 2014 年公布的一份「Profiel 2016」學校規劃大綱中，計劃削減財政、廢除部分語言專業，同時，還將包括哲學、歷史、荷蘭文學等在內的其餘人文學院剩餘專業合併為「人文學位」，將學校的建設重心放到更具職業導向的專業上。美國對人文學科的撥款也從 1979 年的四億美元（以 2016 年美元計）降至 2015 年的 1.5 億美元（以 2016 年美元計）。這是一個危機與新機共存的時代，工業文明的發展亟待人文科學的指導與糾偏。

科技倫理走向更新

當科技與文化融合並逐步發展到新高度時，就是將文化的內容、理念、形式等元素與科技的精神、方法和理論等要素有效結合在一

起，進而改變產品的價值、品質，形成新的內容、形式、功能與服務。這代表一個創新的過程，也將成為一種社會秩序的更新。

美國結構功能主義流派的代表性人物默頓（Robert King Merton）曾將科技置於社會改變的視閾中，探討了文化、科技對社會的影響關係。如默頓所認為，正因為缺乏科技本身社會文化結構所需要的概念框架，科技的發展才會受到嚴重的阻礙。這是因為，不管周圍的文化如何影響科學知識的發展，不管科學技術最終如何影響社會，這些影響都來自於科技本身變化的體制和組織結構。

人文科學雖然不能代替政府和公眾來制定公共政策，也不能剝奪民眾和民選官員的決策權，但卻可以給公眾提供資訊，讓公眾在良好資訊的基礎上做出明智的決策，這，也是未來工業世界得以存續的基礎所在。

1970 年代初，美國總統尼克森發起了關於超音速運輸機的研製計畫，當時，尼克森想要像甘迺迪支援阿波羅計畫一樣，做出一個大技術政績，於是選中了超音速運輸機計畫，由政府出資與波音等飛機公司合作，研製超音速大飛機，作為民航或轟炸機之用。

科學顧問委員會的委員加爾文領導了一個政府諮詢小組對這個問題進行調查。他們告知總統，從經濟效益和環境影響（例如巨大聲震和極高空空氣污染）等因素考慮，超音速運輸機得不償失。在爭論中，加爾文遂決定到國會公開作證，反對超音速運輸機計畫，以致該計畫未在國會通過。

正是在國會上，加爾文和其他科學家指出，技術決策不能只停留在狹義的技術理性考慮上，而是要把理性、把客觀判斷思維擴展到技術層面之上、放到更廣闊的社會、經濟、政治層面來考察。換言之，

倫理學、社會學，甚至歷史學、哲學研究在社會決策層面上都要能夠跟得上時代。如果科技的領先不能輔之以人文的溫度，必然會對人類整體帶來損傷。

可以說，在科技和文化的社會語境中，科技是一種社會建制，是一個緩慢形成、緩慢改變的社會體制。顯然，科技帶給整個社會的不僅是經濟利益，更是文化的蛻變和社會秩序的更新，這在工業革命可見端倪。這意味著，以人工智慧、大數據等資訊技術為代表的泛工業革命，也將重塑一種新的、整裝待發的社會秩序，其中必定蘊含新價值與舊有價值及其成功組合的社會價值理念。

三螺旋創新模型理論（triple helix theory）受基因的三螺旋模型啟示，創造性地提出了創新的新範式。三螺旋創新模型理論認為，支援創新系統必須形成一個螺旋狀的聯繫模式，這種纏繞在一起的螺旋由三股力量構成：一是由地方或區域政府及下屬機構組成的行政鏈；二是由垂直和水平聯繫的公司構成的生產鏈；第三是由研究和學術制度組成的技術科學鏈。這三者在履行知識創造、財富生產和政策協調的職能之外，三部門之間還透過互動派生出新職能，最終孕育出以知識繁衍為基礎的創新。

顯然，科技、文化與社會秩序也切合著三螺旋創新模型理論，以此為依據生長和發展著。其中，社會秩序是文化追求和科技探尋的目標，但社會秩序的解釋意義既不在文化之中，更不可能禁錮於科技之中；社會秩序是獨立而實體的螺旋線。

在文化、科技和社會秩序的三螺旋模型中，三者交迭作用、互促創新，形成「互為因果」關係，是系統成形的核心吸引力，使創新三螺旋模式得以成立。社會秩序建立和傳播「主導」文化及科技進步，推動著創新螺旋上升，成為創新三螺旋模式成立的內在驅動力。

一方面，技術創造具有的經濟屬性，決定著技術必然存在與外部市場的緊密聯繫。與此同時，外部市場的不確定反作用著文化、科技和社會秩序。它需要文化做路徑引導，透過文化、科技和社會秩序的互相推動來真正促進社會的健康發展。

另一方面，文化、科技和社會秩序形成的主要動力，來自於三方的各自需要。文化活化的創新，需要科學技術的支撐和價值觀引領；社會秩序反映出時代新理念，需要文化內容體現和科學技術支援；而科技里程碑似的跨越發展，則離不開社會文化氛圍的整體培育和新社會秩序的引路。

人類社會的進程從表面來看，是一個又一個科技發明推動社會進步；中觀來看，是科技創新帶來文化創新，帶給人類社會新的生存與生活方式；從深層來看，是科技和文化的融合創新，創造出新的人類精神群體，催生出新的社會價值體系。

顯然，人類文明絕非外在物質的增長，而是內在精神的建立，是由個體精神自律擴散到社會整體秩序的升級。當科技在工業社會中愈來愈強勢、經歷從技術層面到商業經濟動力的轉變時，如何將科技與文化真正融合成為社會發展和文明進步的重要支撐，則是時代必然的考驗。展望未來，隨著科技社會重構，思維方式重置，世界也將為之一變，意義全新。

後疫情時代，世界格局因為疫情衝擊而引發了一次不可逆轉的變化，人類社會將進入一個全新的危機並存時期。人類打著科技進步的口號對環境的破壞達到了史無前例的境界，同時在科技、科學、生命領域的探索上也進入了無人區。地球在承受到極限的情況下，將會以它獨特的方式療養生息。如同史前的恐龍時代，當時的地球統治階層是恐龍，當恐龍的繁衍對地球生態構成極大威脅時，地球就以火山爆

發的形式重整了整個生態系統。或許，今日的疫情就是地球向人類發出的警告：如果人類不能敬天愛人、保護環境，而是繼續肆意利用科學技術無限度地破壞生態平衡，可以預見下一場人類大浩劫將會比新冠病毒來得更致命。在這次病毒的測試面前，我們是失敗的。人類社會為了各種政治目的進行對抗而非合作，而大自然到底最終會對人類的自私給予何種警告和教訓，沒有人知道。但或許，下一場危機就會發生在 2035 年左右。

後記

　　當我寫完這本書之後，俄烏戰爭爆發，並且這場戰爭從閃電戰演變成了持久戰與游擊戰。隨著戰爭的演進，過去的世界秩序發生了很大的改變，而且可能會是一種根本性的改變。比如瑞士為了攫取俄羅斯的財富，扯下其遮羞布，放棄了中立國的立場，迫不及待選擇凍結俄羅斯富豪的資產；而聯合國在動議改變安理會五常的權利，用新的規則來限制五常的投票權。面對這些新的變化，人類社會將往何處去？我不得不思考，做出如下預測：

一、美中將會加速脫鉤

　　不論中國是否願意，美國已經下定決心，並且也制定了長線戰略來遏制中國。當然美國也清楚知道中國與當今的俄羅斯不同，中國有著全球最完善的供應鏈體系，以及更為龐大的 GDP，與美國之間的資本往來也更為複雜，如果用對付俄羅斯這種簡單的制裁方式顯然並不合適，而這不合適的背後是，對美國本身的經濟利益造成的傷害也會非常大，對於美國而言不是一種利益最大化的選擇方法。

　　但是如果不扼制中國，中國的集權制度跟美國主導的自由民主體制之間差異愈發明顯，這從美國國務卿最新的對華戰略中就能比較清晰看到。布林肯說，美國擔心的並不是中國崛起超越美國，而是擔心中國的制度對美國自由民主制度帶來影響。因此，不論中國是否願意，美國已經明確了一個長線戰略，比如限制中國的留學生前往美國就讀科技相關的專業學科，更大幅度限制美國的華人科學家或美國本土與中國有交往的科學家展開一些學術與科研層面的合作。

美國是一個文化多元的國家，也是一個價值觀比較分裂、自由的國家。兩黨與兩院的民主制度設置，導致美國很難就一些戰略達成高度統一。但是在遏制中國發展上，美國朝野竟然達成了高度共識，這就值得深思：在未來三十年，中美關係是徹底脫鉤、勢同水火，再打一場「冷戰」？是打打談談、談談打打？還是加強合作，和氣生財？

　　根據中美建交前三十年的中美關係，我們可以判斷，美國會利用其目前的國力優勢，加速產業布局與供應鏈改革，採取各種方式不斷降低對華貿易依存度；在中國周邊地區加入軍力部署；加大對中國高科技產業的圍剿與封殺，以及對中國重要國際貿易管道的遏阻；在輿論上會將中國國內發生的一些負面事件以及某些官方人員對美國及西方的言論，放大給國際社會，這將會大幅影響中國的國際形象；再利用北約、情報共享組織五眼聯盟、美日同盟、美韓同盟、美澳同盟、美印同盟等各路合作夥伴，建構針對中國的新戰略，更不排除「代理人戰爭」的發生。簡而言之，2035 年前的中美關係將十分微妙。

　　而從國際秩序層面而言，當前的國際秩序是由美國與西方世界主導建立的，那麼對於中國而言就面臨一個現實的抉擇。美國與西方世界建構的社會秩序是具有一定的社會基礎，不論是其民主、法治、普世價值觀，儘管發展至今出現了各種問題，但整體而言在全世界還是屬於多數人認同的秩序制度。儘管中國有著 6000 年沒有斷層的文化，但不可否認的是，在新中國之前的舊中國，那種帝王式的統治方式已經不適合今天的社會發展。也正因為如此，包括袁世凱、孫中山之類的近代愛國人士就組織對舊中國進行改革，進而開創了新中國。

如果從新中國的歷史來看，新中國的社會主義制度與西方的民主制度運作相比較，年限更短、累積的經驗也相對更少。

那麼對於目前在經濟方面日益強大的中國，要嘛就是下定決心，以更大的力度決心二次改革開放，以擁抱並融入美國所主導的現今國際秩序；要嘛就是以更加自信的方式，建立中國特色社會主義模式下的一種秩序，但是這種秩序顯然與西方的秩序差異巨大，所面臨的壓力也將會是空前的。尤其是在以科技主導的這個世紀，中國現在所面臨的最主要困難點就是科技層面的自主創新與自強，如果中國要選擇後者，也就是建立新社會主義的制度架構體系，那麼基礎科學研究自強繞不過去的環節，中國可能面臨與要做的準備是，自己建立一個完整的科研體系。

二、台海的代理人戰爭可能性增大

當前的俄烏戰爭再過些時間，基本上應會在 2022 年結束，美國軍火商庫存也消化得差不多，到那時美國需要進行休整，包括美國選舉所面臨的問題，都將讓美國短時間之內沒有太多的時間顧及中國的相關事務。但是不排除多年之後，在美國認為金融、製造等產業鏈脫鉤完成的情況下，會利用台灣來逼中國對台發起「代理人戰爭」。

而這場戰爭在 2035 年發生的機率目前來看已經超過 30% 可能性，在 2050 年之前發生的可能性增加到了 50%。在這段期間，美國將會頻繁派遣各階層人員到訪台灣，會以明或暗的方式說明台灣建立反制中國的情報系統及軍事力量。對於美國而言，這場代理人戰爭的輸贏與最終結局並不是特別重要，真正重要的是能不能快速摧毀中國的工業基礎。對美國來說，最關心的事情是能否在短時間之內讓台灣快速反應，並且有能力發射導彈來針對於一些特殊的設施與城市，比

如三峽、上海、長三角、珠三角等產業鏈製造基地進行打擊，以摧毀中國多年來建立的產業鏈製造基地。

另外，實戰型的軍事實力，對於中國而言非常重要，同時這也是中國與美國之間的差異。二戰之後，美國陸陸續續在世界各地發動局部戰爭，不論是從戰爭的實戰經驗還是武器裝備的實戰應用層面，都有比較豐富的經驗；而中國至抗美援朝之後，就不再有實戰性的戰爭經驗。

對於中國而言，需要的是以最小的代價、最快的速度實現兩岸統一。目前所面臨的現實問題並不是在一個中國的共識層面，而是在政治體制的差異化層面。台灣跟香港有所不同，香港以鄧小平開創性提出一國兩制的制度設計，較容易解決統一的問題。其實這個背後的另外一個原因在於，香港一直以來都不是一個獨立的政體，不論是之前的港英政府，還是回歸後的香港特區政府，本質上而言，香港都沒有政治與政治土壤，只是曾經的英國或者現在的中國治理框架下的執行者而已。但是台灣不同，台灣一直以來按照獨立的「國家」體制在運行，有自己獨立完善的政治制度及體系，並且台灣在西方民主制度的探索方面，一直在西方整個民主制度中處於領先的位置。或者說，香港只是制度層面的差異，使用一國兩制的差異化制度包容就能統一；而台灣則不是制度層面的差異，而是更為複雜、系統政體層面的差異。

台灣的統一，這問題對於中國而言非常重要，也是一個歷史遺留問題。和平統一是首選，但和平統一考驗的是一種新型的開創性方案設計，這種方案設計不同於一國兩制，是一種更為智慧的設計。這種設計究竟會是怎麼樣的，目前沒有人知道，因為近代歷史上沒有出現過。而另外一種統一方案則是訴諸武力，這種方式對於台海雙方而言，所付出的代價都難以估算。而美國的目標也是要協助，或者說借

助於台海戰爭讓中國付出巨大代價，進而摧毀中國的民族復興之夢，國際制裁是其必然會做的事情。因此，不論台海的未來會如何演變，中國要實現祖國完全統一，就需要做更加充分的準備，這個準備工作絕對是全方位的，需要在政治、制度、經濟、軍事、文化、科技、外交等各個領域做好完全的準備。

三、美國的重心將在重新建構製造基地

當前很多中國的專家學者認為美國對於中國的依賴性很強，其中多數談論的都是美國對於中國製造業的依賴。其實這種依賴是脆弱的，從真正的消費需求層面而言，美國總人口數才 3.5 億左右，而中國的總人口數是 14 億；就單一生活需求層面看，美國的人口才占中國的零頭而已，要解決美國自身消費市場的問題並不困難。但是美國需要考慮的是其盟國，主要是歐洲國家。像澳洲、日本、韓國這些國家基本上是自給自足的，一旦與中國全面脫鉤，對這些國家的影響會很小，但是對於歐洲的影響相對比較大，畢竟歐洲除了德國與法國之外，其他國家的工業基礎都比較薄弱，製造業對於中國的依賴程度要比美國本身大。這也是當前與接下來一段時間，中國和美國主要的外交較量重點之一。

美國已經有一些專家在沙盤推演擺脫中國製造業之後的方案，而扶持印度和越南是一個主要方案。扶持印度主要是承接美國與西方國家的生物醫藥製造產業基地；扶持越南則主要是承接目前依賴於中國製造業產業基地。但是，這兩個地方也都存在著一定的問題。印度這個國家最大的問題在於勞動力素質與中國差距較大，宗教文化過於濃厚，導致西方這些根據制度、標準化的管理方式在印度面臨一定的實施困難。而印度人口的現代化教育普及度也不夠高，導致在宗教文化背景下，印度國民的整體社會契約精神還不夠，這對於發展產業是非

常不利的。越南最大的問題就在於國土狹小，但發展製造業需要大量的土地來建設工廠；此外，越南發展製造業的最大問題在技術層面，因為越南的人口素質相對比印度更適合於製造業發展。而台灣、韓國、日本等企業對於越南的技術輸出，就可以幫助越南搭建一個完善的現代化製造基地，但是其國土面積卻又制約了其製造業的規模；需要活絡整個東南亞地區，也就是圍繞著越南的周邊國家共同建立一個產業鏈，才有可能對中國的供應鏈帶來影響，顯然在實施的過程中並非易事。

當然，中國目前對於美國資本的重要性遠大於俄羅斯。對於中國而言，需要警惕的事情就是美國企業全部撤離中國；當然目前不會立刻實施，但是會逐步撤離。對此，中國應該預做準備，持續改善營商環境，不斷擴大對外開放，以日益成長的中國市場大蛋糕展開雙臂歡迎，擁抱更多的國際投資者，進而鞏固中美關係的壓艙石。

其中尤為重要的是香港這個國際金融中心，中國需要不斷強化一國兩制這種優越的制度。香港的優勢並不是新加坡短時間可以取代的，香港有著中西合璧的文化，有著西方的法律制度，有著天然的中英雙重語言。對全世界而言，需要香港來連接中國大陸；對中國大陸而言，需要香港來連接世界。同時，未來十年中國將會持續以 RCEP 和「一帶一路」為框架，加大對東南亞國家的投資與互聯互通建設，推動亞洲自由貿易區建設。在這個過程中，香港的角色顯得非常重要。

四、其他需要關注的一些方面

第一，聯合國組織的影響力與重要度將持續下降。主要是兩個原因：一方面聯合國本身的腐敗與不作為，導致其存在價值與重要性

愈來愈弱；另外一方面則是隨著中國在聯合國等國際組織中的影響力與話語權不斷提升，在一定程度上削弱了過去美國所主導的聯合國體制，因此，以美國為首的西方國家將會加速對聯合國的改造。例如，2022 年 4 月，聯合國 193 個成員國 26 日以協商一致的方式，通過一項改革決議，要求安理會五個常任理事國未來在投票表決中使用否決權時必須說明否決理由。這項改革方案兩年半前首次提出，俄烏戰爭的爆發顯然加速了提案通過。

目前聯合國 193 個成員原則上一國一票，但美、中、英、法、俄這五個安理會常任理事國擁有否決權，可以一票否決各自認為不符合自身利益的決議案。這項改革決議規定，今後聯合國大會應在十個工作日內，約談動用否決權的相關國家，就其否決決定展開辯論。其實這項改革的目的是為了提升聯合國重大決議的推動效率，這樣將可以讓那些使用否決權的國家為否決票付出更高的政治代價。自聯合國 1945 年成立以來，俄羅斯總共使用否決權 143 次，是使用否決權最多的國家；美國位居第二，曾 86 次使用否決權，英國使用了 30 次，法國和中國則分別使用 18 次。

但是否能夠有效實施，目前看起來並不會太樂觀，因為聯合國如果不能進行強而有力的改革，未來可能就會變成無實質功能的國際組織、淪為擺設。反而，需要關注的是美國利用其自身影響力可能在聯合國之外強化與建立其他組織體系，並在整個西方體制中強化美國的領導者地位；而中國也會在其自身影響力範圍內擴大戰略影響力，包括在非洲地區，尤其是亞太區，建立傳統的優勢影響力體系。

第二、科技的競爭。儘管中國透過改革開放，快速走完了西方兩百年所走過的路，但是中國的基礎科學尚為薄弱，教育制度面臨著很大的發展困境，教育模式還是以填鴨式教育、教條式教育為主，這樣的教育就比較難培養出具有獨立創新意識與思維的科學家。更準確的

說，中國透過四十年快速走完西方國家兩百年的路，在這個過程中，一方面西方國家將他們兩百年的發展成果直接跟中國分享，另外一方面則是靠著中國人的與勤勞好學，但顯然跟西方還是存在一定的差距，尤其是在基礎科學與制度方面。

因此，中國要想從現在的製造強國走向科技強國，需要對整個教育以及科研體系做出更全面的改革。中華民族在世界民族之林中是一個非常獨特的民族，具有獨特的優勢，中國人的勤奮與堅韌、智慧與信心是與生俱來。目前來看，中國還有非常強大的改革紅利，一旦中國將這些紅利盡情釋放，世界各國人民都將能夠充分享受到具有高 CP 值的中國產品，生活成本大為降低，生活品質大為提升。這就是中國的獨特魅力，與贏得國際競爭的優勢所在。

目前，中國在高端研發與高端製造層面，與美國之間還存在著一定的差距。在太空衛星、晶片、生物醫藥等領域，預計到 2035 年，中美差距將會逐漸縮小，在某些細分領域，中國將有可能展現「彎道超車」的優勢。但中國要注意，美國所主導的是整個西方制度下的共用體系，這表示僅僅在一些細分領域超越美國，依然難以擁有競爭優勢，因為這並不代表中國在這些西方領域超越了整個西方體系下的所有國家。

第三、沉重的歷史包袱。這一點對中國有一定程度的不利。美國同盟的國家相對都是比較富裕的國家，不論是科學技術還是現代教育體系，包括日本、韓國建立的製造體系，都具有一定的競爭優勢。美國在他的同盟國中實施的是技術、資訊共用的體系，包括科研的共用體系，這也正是今天美國所主導的西方科技之所大如此強大的根本原因。而中國所團結的俄羅斯、古巴、朝鮮、伊朗、阿富汗等，除了俄羅斯在少數一些領域擁有強大的優勢之外，其餘這些國家都是相對落後的國家。而團結與帶領這些國家對於中國而言，在科技層面只有

付出、沒有收穫。如果中國不與西方這個科技體系進行融合或者主動脫鉤，到 2050 年，中國的科技實力將會遠遠落後於美國主導的西方陣營。當然，中國的經濟規模可能會超越美國，這也是中國目前相對比較有優勢的地方。因為有了強大的經濟基礎，就能建立強大的科研與軍事力量。但是中美兩國所建立的國際兩極秩序確實存在著一定的現實差異，以美國為首的西方陣營在科研發明都有各自的優勢，然後在美國主導的共用體系中相互分享，優勢互補，比如晶片產業就是如此，美國借助於全球的優勢技術來建立與實現它的技術體系。

而中國所主導的體系，除了能夠跟俄羅斯進行一些互補之外，其他國家依靠的是中國的技術輸出，因而無法建立技術共用與互補體系，導致中國必須要靠自己建立強大的技術循環體系，但是這樣的一種獨立循環體系，顯然在資本、人才、資源等層面都更加吃力。

美國當前面臨巨大的社會問題，也是其民主制度發展了上百年之後所累積的一些矛盾與問題，主要是貧富差距的加大導致社會割裂。美國政府受到一些利益集團的綁架，比如軍火商、華爾街、藥廠等，這些利益團體對於政府的綁架導致一些惡性事件循環發生。另外，美國將過多精力分配在國際員警的角色上，導致國內的問題難以解決，反智叢生，這些情況會進一步惡化、割裂美國社會的意識形態與價值觀。

而對於中國而言，當前不必過於將美國定義為「敵人」。至少從美國目前的國情策略來看，並沒有要與中國進行全面對抗的戰略方案，而是處於相互博弈、合作的過程。中國的存在對於美國也有著獨特的價值，尤其是拜登政府也希望與中國進行更多的合作，以實現最大的利益與價值最大化。而對於中國而言，或許更進一步的開放會導致民眾受到西方自由主義影響，可能在價值觀上會面臨一些挑戰，但其實民主、自由、法治這些要素，也正是中國社會與國家所追求的方

向，本質上而言，相互優秀的方面都是值得學習的。因此，對於中美而言，相互合作有利於全球發展，相互對抗則加劇世界割裂。

從過去中國的市場換技術，到今天對美國而言依然有效。美國也需要更多自信，其本身的強大科技依然可以與中國技術換市場，實現美國資本利益最大化，而中國依然可以借助市場換技術來提升與優化自己的綜合國力。但從目前的情況來看，可以預見在 2050 年以前，中美兩國都將處於一個吵吵鬧鬧，不斷博弈的過程中，有合作也有分歧。如何處理好中美關係，不僅關係到中美兩個人民的幸福，也關係到世界人民的幸福，關係到整個地球的有序治理問題。

參考文獻

- 劉元春. 後疫情時代的全球化重塑 [J]. 中國服飾 ,2020(12):9.

- 肖琬君 , 冼國明 .RCEP 發展歷程：各方利益博弈與中國的戰略選擇 [J]. 國際經濟合作 ,2020(02):12-25.

- 張啟迪 . "分化" 之憂：美國經濟何以呈現 "K 型" 復蘇 [J]. 金融市場研究 , 2021(02):64-69.

- 張慧 , 張豔華 . 當代中國貧富差距的產生及應對 [J]. 經濟研究導刊 , 2020(25):4-5+48.

- 虞衛東 . 穆斯林移民融入西歐國家的困境和融合模式 [J]. 新絲路學刊 , 2018(02):96-108.

- 張清敏 . 新冠疫情考驗全球公共衛生治理 [J]. 東北亞論壇 ,2020,29 (04):43-59+127.DOI:10.13654/j.cnki.naf.2020.04.004.

- 穆傑 . 央行推行法定數位貨幣 DCEP 的機遇、挑戰及展望 [J]. 經濟學家 ,2020(03):95-105.DOI:10.16158/j.cnki.51-1312/f.2020.03.010.

- 李俊 , 李西林 , 王拓 . 數字貿易概念內涵、發展態勢與應對建議 [J]. 國際貿易 ,2021(05):12-21.DOI:10.14114/j.cnki.itrade.2021.05.003.

- 張夏恒 . 零工經濟發展問題研究 [J]. 改革與戰略 ,2020,36(08):46-53. DOI:10.16331/j.cnki.issn1002-736x.2020.08.005.

- 國家資訊中心 . 中國共用經濟發展報告（2021）[M].

- 蘭芸 . 共用經濟在我國發展的趨勢研究 [J]. 現代行銷 (下旬刊), 2018(10):14.

- Deloitte. 全球人工智慧發展白皮書 [M].

■ 騰訊研究院 .2020 騰訊人工智慧白皮書 [M].

■ CAICT 中國信通院 . 全球人工智慧戰略與政策觀察 [M].

■ 北京科學技術開發交流中心 . 非洲新經濟白皮書 2019[M].

■ 中泰證券 . 互聯網醫療行業深度報告：互聯網醫療，青雲直上正當時
[M].2020

■ 浦銀國際 . 互聯網醫療行業深度報告：決勝時刻到來 [M].2020

■ 財通證券 . 互聯網醫療行業報告：科技助力抗疫，互聯網醫療迎 "春
天" [M].2020

■ 李春輝 , 胡泊 , 翁鬱華 , 黃淵餘 . 基因治療的現狀與臨床研究進展 [J].
生命科學儀器 ,2019,17(Z1):3-12.

■ 魏晨紫 , 季力 . 人類輔助生殖技術及代孕監管中的困境及對策 [J].
衛生軟科學 ,2019,33(12):39-42.

■ 張尊月 , 王昆華 , 唐莉 , 龍豔喜 , 王華偉 . 人類輔助生殖技術的倫埋思
考 [J]. 醫 學 爭 鳴 ,2019,10(06):38-41.DOI:10.13276/
j.issn.1674-8913.2019.06.010.

■ 黃桂霞 . 男女不平等：從私人領域到公共領域——從《家庭、私有制
和國家的起源》談起 [J]. 山東女子學院學報 ,2017(04):1-8.